U0092924

法學啟蒙叢書

刑法系列

未遂與犯罪參與

蕭宏宜 著

CRIMINAL LAW
CRIMINAL LAW
CRIMINAL LAW

三民書局

國家圖書館出版品預行編目資料

未遂與犯罪參與／蕭宏宜著.－－初版一刷.－－臺北市: 三民, 2015
面; 公分.－－(法學啟蒙叢書)

ISBN 978-957-14-4613-4　(平裝)

1. 刑法 2. 未遂罪 3. 共犯

585.15　　　　　　　　　　　　　　104011622

© 　未遂與犯罪參與

著 作 人	蕭宏宜
責任編輯	王怡婷
美術設計	黃宥慈
發 行 人	劉振強
著作財產權人	三民書局股份有限公司
發 行 所	三民書局股份有限公司
	地址　臺北市復興北路386號
	電話　(02)25006600
	郵撥帳號　0009998-5
門 市 部	(復北店)臺北市復興北路386號
	(重南店)臺北市重慶南路一段61號
出版日期	初版一刷　2015年7月
編　　號	S 586230

行政院新聞局登記證局版臺業字第○二○○號

有著作權‧不准侵害

ISBN　978-957-14-4613-4　(平裝)

http://www.sanmin.com.tw 三民網路書店

※本書如有缺頁、破損或裝訂錯誤,請寄回本公司更換。

推薦序

　　這本書有兩個主題：未遂犯以及犯罪的參與。凡涉及這兩個主題的刑法解釋學問題，書裡大致上都做了討論。這兩個主題的內容，各自都可以成為很深入的學術論文。讀者如果閱讀一般教科書而無法滿足，也許可以從這本書得到回答或思考如何回答。作者在刑法解釋學上的耕耘已有多年，對於各種爭議問題早有定見，而且具有說服力。

　　法律上的說服力，難免受所佔位置的影響，喜歡賣弄名詞的人說這是「話語權」。許多人想要成為眾所矚目的焦點，目的就是要爭取這個發言的影響力，在媒體上、在網路上、在社會事件上博取注意，忙碌異常。不少藝人想要出名，用心露點，藉機製造新聞，有些學人的努力方向與藝人一樣。不過，敲鑼打鼓營造出來的影響力無法長久。

　　法律上的說服力必須依賴深刻思考，整理分析眾多的相關意見，再醞釀與轉化。這些都需要安靜的功夫。知止，而後有定，定而後能靜，靜而後能安，安而後能慮，慮而後能得。定靜安慮得的前提，即為「知止」。知止，就是不妄圖向外追求。

　　宏宜與我結識多年，在不妄圖向外追求的這一點上，不免沾染一些我的習性。他的刑法功底紮實，累積的學術能量很巨大，自然也與知止有關。他在自序裡提到，「在三年的寫寫停停中，總算完成了這本薄書」，好像不是學術能量巨大的寫照。近幾年來，他的絕大部分時間用來陪伴兩個小孩成長，勇於承擔，只能利用殘存的精力寫論文。如果不是受限於客觀條件，薄書哪裡需要三年的時間。

林東茂
2015.7

在三年的寫寫停停中，總算完成了這本薄書。

我曾經深刻期許自己的生命，可以如林東茂老師一般，化身為在幽暗樹叢間輕輕踱步的靈魂，不但能以四四拍子的慢板，在生活中緩緩行步，又能是如歌的行板，一路悠然。可惜我終究沒他的道行深厚。看著午後的燠熱陽光在風裡曳行，記憶裡的悲歡頓挫、點點滴滴，當下深鏤於心。

生命確實給過我們許多，好讓我們重複不停的棄置、撿拾與荒廢。只有在重新回想的此刻，才能安靜的明白，組成記憶的要素，竟是如此簡單，卻，又如此艱難。將記憶釘死，所有的狂喜與刺痛，就是這樣了。

蕭宏宜

2015.7

未遂與犯罪參與

目 次

壹　導　讀

　　法律知識通常被認為不可親近。作為大學常規課程的法律知識，因為一般人誤以為「它」非常「專業」、令人敬畏的異常複雜，搞不好還想過法律系的學生，從一出生就已經準備好要念法條了，而產生許多執念。法律知識的缺乏親切感，甚至誤把法律人當成法條人，多少與這個知識的本質有關，以刑法而言，由電影魔戒中的「亞拉岡」(Viggo Mortensen) 所主演的末路浩劫 (*The Road*) 呈現出沈重的末日世界景象：如果這個世界上只剩下你，即便在生活上會面臨許多的艱難，卻不會有「法律」問題，但只要再加入另一個人，立馬出現潛在的衝突可能，而必須尋求解決方法。

　　從人類的歷史觀察，暴力是其中一種可行的方案，可惜這絕對稱不上是個好方法，道理很簡單：稍不小心，人類的世界又將回縮為一個人，甚至不剩半個。有沒有其他的解決方式？摸索過後，我們發現：透過制訂規則，以和平的方式處理彼此間衝突的慾望，讓大家知道必須怎麼做與拒絕這樣做的後果，或許更好，「法律」因此在文明社會生根。

　　必須注意的是，刑法規範固然來自於具有民意基礎的立法機關，並且透過警察的執行將其效力具體化，不過，由於認定事實、適用法律的權限掌握在法官手上，也因此，生活上所發生種種事件最終會否成為刑法上的犯罪，

關鍵往往不是抽象的法條文字，而在於透過判決所體現出來的規範操作。同時，如果在時間與空間上進行考察，我國現行的基本法律規範，如民法、民事訴訟法、刑法、刑事訴訟法等，其體例與規範內容大致沿襲自民國初年的立法模式。從清末西化以來，不論日、韓或我國，均大量自歐洲，尤其法國與德國，繼受法律制度，我國亦隨著國民政府播遷，幾近全盤移植❶。

詳細的說，我國固然與美、英等國不同，並非以判例法 (case law) 為主體，而是以成文法或制定法的方式形成法律制度，但基於審級制度、法律適用的安定性與可預見性等要求的緣故，「判決先例」(stare decisis) 仍是司法活動中的重要基石。也因此，就我國而言，最高法院每年所做的數千則判決，對於下級法院與從事法律活動的人而言，在解釋和適用法律時，不僅具有相當的重要性，其中被最高法院所挑選出來的少數「判例」，實質上更產生莫大的拘束力。這又形成了有趣的現象：所謂「橘逾淮為枳」，透過自身的司法系統運作後，即便法律條文與制度參考其他國家，在社會環境與政治文化交互作用下，西方法治觀念卻已在我國生根茁壯。

此外，從今天的角度看，1928 年的舊刑法實際上是清末以來刑事立法實踐的持續，是暫行新刑律和中華民國刑法間的過渡。主要的進步之處在於：不論罪刑法定原則、正當防衛與緊急避難要件、故意與過失的概念等，均吸

---

❶ 現代刑法的誕生過程大致是：日本學者岡田朝太郎於明治維新後，飄洋過海到清朝協助制訂清末的大清新刑律 (1908 年完成，但由於守舊派的反對，直到 1911 年 1 月 25 日才頒布施行。)，以德國式的大陸法系架構作為刑法體例，一方面區分總則與分則，另一方面在刑罰制度上全面現代化。這部法典的大部分內容其後分別被北洋政府 (1912 年的暫行新刑律及之後的兩次刑法修正草案) 與南京國民政府 (1928 年中華民國 (舊) 刑法和 1935 年中華民國刑法) 繼承，並隨著第二次世界大戰後臺灣光復與中華民國的轉進，適用迄今。詳細的說明，可參閱黃源盛教授巨著《晚清民國刑事立法史料輯註》、《法律繼受與近代中國法》。概要可見黃源盛，〈古今之間一線牽〉，《月旦法學雜誌》，第 181 期，頁 306 以下。

收了當時最新的刑法理論與國際潮流，卻也仍存在諸多過度尊崇倫理而與現代法治精神相悖的立法，如：強姦罪與通姦罪都是以男性為唯一的規範對象，有違男女平等原則；對殺害直系血親尊親屬的處罰甚至重於一般殺人罪等。至於 1935 年的新刑法除了持續參酌外國立法例（如 1931 年的日本刑法修正案、1927 年德國刑法草案），更重要的是建立雙軌的刑事制裁體系，增設了「保安處分」專章，作為刑罰以外的其他刑法回應手段。可惜的是，許多過度注重倫理的罪名不僅依舊，甚且對於內亂罪及「陰謀」的處罰，更難脫思想刑法的疑慮。

　　拉拉雜雜的說了這麼多，主要是想提醒初學者：由於我們受到德、日的影響極深，故而在「行為是否成立犯罪」的判斷過程中，使用了極多乍看之下略帶艱澀的專有名詞，這也導致「法學」，尤其是刑法，大抵看起來都成了「萬仞群峰」。就此，我認為心態很重要；我們不應該畏其高峻，而倉皇躲開，當然也不應該只看個兩眼，就誤以為已經瞭如指掌。我們所能做的，是尊敬地在山腳下仰視、勤快地在山道口打聽，簡單說來，就是「知道點」。

一、刑法是什麼

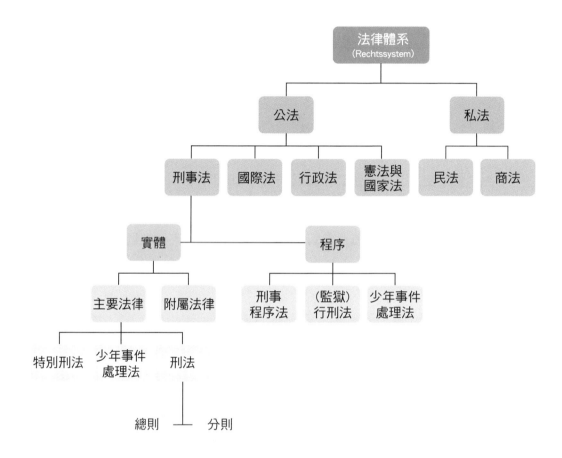

　　撇開與法律有關的基礎研究，如法律史、法哲學、法理論與法社會學等，我們可以簡單將立法院三讀通過的「法律」，區分為公法與私法兩大領域。由上圖可知，刑法屬於公法的一部分，有趣的是，對於何謂公法與私法，念法律的人吵了百年，還是無法清楚予以界分❷。此外，上面所提到的法律規範，

──────────
❷ 簡單（粗糙）的說法是：公法與私法之間，除了法律規範與適用的差異外，更有其不同的救濟程序及管轄法院；原則上，公法規範國家（或取得國家授權的機構）公權力的行使行

若牽涉到權利義務的內容與規整，又稱為「實體法」；與此相對，如果法律規範的內容只是一些規則與程序，用以確定或實現實體法，則稱之為「程序法」，如刑事訴訟法、民事訴訟法、行政訴訟法、仲裁法等，程序的參與者因此得以知曉流程的運作與參與時的權利義務。此外，不論是哪一種法律爭訟，通常都有「審級」制度的問題。簡單說，除非極端的例外，民事、刑事還是行政訴訟，都不會只提供給人民一次的審判機會而已；透過彼此獨立、不同審級的法院，不管告人的與挨告的，都擁有多次救濟的管道，可以讓同一個案件，經由不同法院的不同法官，再做數次判斷。

　　回到「刑法是什麼？」的問題。人類生活的種種目標，往往必須借助思考來發現；刑法的意義除了貫徹所謂「老天爺所決定的」善與惡之外，作為生活的共識，更是決定社會中的個人、群體、國家如何行動的準則。某程度上，人們對刑法抱有很高的期望，尤其在受到欺壓的時候。問題是，我們卻從來不關心，那些我們所謂的「權利」，是怎麼來的？現代國家普遍透過立法的方式，廣泛的介入我們的生活，小至開車要綁安全帶、騎車要戴安全帽，大至身體、自由、財產，甚至生命的限制與剝奪；我們總是在感覺沒有規範的時候，期待制定法律以解決紛爭，卻又不斷的抱怨法律的繁瑣與不公，於是，刑法就在渴望與失望之間，弔詭的反覆繚繞。然而，刑法給人的種種表面印象，未必真確的反應刑法能夠做什麼。

　　刑法主要處理兩件事：一、人的行為是否構成犯罪？二、如果犯了罪，刑法又該如何反應？換句話說，關鍵在於犯罪成立的條件與違反刑法後的代價。面對偏差行為，若要說刑法有什麼功能，大抵是作為社會控制的手段或工具。因為「法律之前，人人平等」，社會實際存在的階層差異，在刑法上若能得到公平的對待，下階層者對於法律體系與價值觀念自然不易產生疏離；

為和國家與人民間的法律關係；私法不涉及國家，而純粹處理私人間的法律關係。

同時，刑法規範作為一種外在抑制，更能產生防止個人從事偏差行為的效果。

就本書的內容而言，主要在於闡述不同的犯罪型態與成立條件。詳細點說，刑法分則規定各色各樣的犯罪，刑法總則不僅予以分類，還透過繼受自德國的三階層犯罪論體系，以「構成要件該當性」的概念，對犯罪成立的最基本條件，做出要求。這裡，我們大致上必須瞭解：做壞事不一定會成功，萬一「心想事不成」，刑法要不要介入這個已經「殘念」的狀態，自然必須考量到失敗的原因，做出不同的反應。當然，做壞事不一定什麼細節都得親自動手，也可以呼朋引伴、甚至控制、唆使、鼓勵別人去做，這種好幾個人參與犯罪實行的情形，即屬於「正犯與共犯」的問題。凡此，都會在這本小書中略做討論與說明，並嘗試針對刑法的若干重要概念與主題，提供學習者一個有限的框架與特定的角度，抱著多少知道點的前提，於群峰中標劃一條簡明線路。

✦ 二、入罪與法益保護

【侵吞筆記案】考期將屆，甲知同學乙平日頗為用功，乃向其洽商上課筆記，希能一解燃眉之急。甲借到手後，越讀越覺得受用，乃開口希望乙能割愛，乙以此為心血之所繫，嚴詞拒絕。請問：如果甲一氣之下，決定「寧為玉碎、不為瓦全」而將其撕毀，後果如何？如果甲於清償期屆至時，面告乙「有嗎？我有跟你借過嗎?」，又該如何？

刑法決定人的行為是否構成犯罪，並且對犯罪使用刑罰予以處罰。有疑問的是，日常生活中的事實，透過什麼樣的機制，竟然成為刑法所規定的犯

罪事實？

　　從書籍的毀損或拒絕返還的結果來看，甲的行為明顯對乙的財產造成侵害，依照民法的規定，乙應該可以（主張侵權行為）要求甲對其損害做出賠償。然而，金錢不僅在現實世界裡並非萬能，在法律中亦然。已碎的花瓶，無論如何也難以一如原初；由人，尤其是被害人的感覺來說，如果可以選擇，寧可不要事後補償，而希望一切如故。可惜的是，法律，尤其刑法，無能為力。

　　不過，如果說人在社會生存與發展需要一些必要的條件，那麼，對諸如生命、身體、自由（性自由）、名譽、隱私、財產所為的擾動與侵害，就未必能被大家所接受了。這個時候，國家必須適時現身，並且透過法律規範與司法制度，提供進一步的保障與解決途徑。刑法，大致上就是在「無法滿足於只是賠償」的前提之下，為了對重要利益做出足夠保護，而可以做的立法選擇；使用刑罰，是解決問題的最後手段。

　　當然，難以迴避的兩個疑問是：究竟是什麼標準，決定將特定的生活事實以「重要利益」與「難以忍受」為由，予以犯罪化？以「刑罰」作為犯罪的回應方式，是否真能解決問題？如果我們從小時候就知道：「不應該隨便毀棄、損壞或拿走不是自己的東西」，那麼在社會化的過程中，毀損或侵占便會被認為是一種偏差的行為，並且進一步以刑罰的途徑，宣告應得的社會倫理譴責。然而，為什麼要立法保護財產？又是為了什麼原因必須要處罰？

　　在今日的社會制度裡，於刑法以外，我們已同時擁有其他多種方式，對於違反行為規範者予以反應，比如，我們可以藉由對身體的直接強制以建立或回復合法狀態、賠償或補償損失、解除或終止法律關係等。刑罰作為特別的國家強制手段，除了對被強制的對象進行譴責，即在於讓其承受生活利益上的若干重大損失❸。我們可以說，制裁措施與社會行為規範間具有不可分

割的緊密關係；透過刑罰，不僅社會基本價值與法律威信得以維繫，事實上，日益複雜的社會關係也需要更強硬的手段，以對應潛藏的危險，因此，「入罪」的原因，不論是否來自長久以來的所謂社會倫理道德，為了貫徹立法者的價值判斷所形成的政策，藉口都是：對於保障社會的共同生活，也就是個人與個人、個人與團體、甚至不同團體間的互動，有其無法取代的重要性。

因為這樣的原因，前人創造出所謂「法益」的概念，不僅成為刑法保護的對象，更以此作為實現公共福祉與維持共同秩序的手段，發展出更多的國家或社會法益。與國家有關者，如：國家的組成與存續（自由民主與國家機密）、國家的公務執行（行使公權力的公正性與不受干擾）；與社會有關的法益，如：司法制度的有效運作、公眾往來的生活安全與交易安全，甚至社會善良風俗❹等。雖然如此，不論犯罪與否的決定是來自於社會長時期所累積的負面意識（而成為自然犯），抑或單純是立法者為貫徹特定目的，而將某些事實以刑事法律規定為犯罪（所謂「法定犯」），其決定的基準何在，仍不清楚，而有進一步究明的必要。

「法益」的概念雖受到廣泛的承認與使用，如何對其內涵加以說明與定義，至今卻仍莫衷一是。事實上，作為對具體生活利益的描述方式，當然是指可以帶來什麼好處，如果沒有可能無法滿足的不利益，自無所謂利益可言。利益之所以無法滿足，前已提及，根本的原因在於人與人之間，也就是由多數利益主體所組成的社會，必須面對衝突與分配的問題，因此，法益自然必

---

❸ Stratenwerth/Kuhlen, AT I, 6. Aufl., 2011, §1 Rn. 2.

❹ 舉例而言，刑法第 246 條規定：「對於壇廟、寺觀、教堂、墳墓或公眾紀念處所，公然侮辱者，處六月以下有期徒刑、拘役或三百元以下罰金。妨害喪、葬、祭禮、說教、禮拜者，亦同。」由維護善良風俗（尊重宗教）出發，法益保護的明確性已有疑慮，第 2 項的網羅範圍更加包山包海，顯有不當。

須與社會損害連結❺；侵害法益，就是製造社會損害，法益只是一個操作工具而已。換句話說，決定「人民營社會生活所需要的利益」的是情緒，而人對現實不滿的情緒，來自於比較，而不是對應於現實生活條件本身；法益保護原則對於刑法的使用只是必要條件，並非充分條件，如果法益的基本概念是利益，作為刑事立法的限制，不應有欠缺保護合理利益的刑事立法❻。也因此，儘管「法益」概念在當代受到圍剿，但在刑法解釋上，迄今已難被拋棄；釐清各類犯罪構成要件所涵蓋的法益，仍是重要的刑法分則問題❼，否則將使刑法失去其理性控制❽。

　　有趣的現象是，一個在社會倫理上值得譴責的偏差行為，如隨地小便、半夜練歌，甚至踩在公用馬桶上如廁、把圖書館禁止外借的書籍隱匿等，基於刑法的「最後手段性」特質❾，並未成為刑法規範的內容；相反的，刑法

---

❺ 參考許玉秀，〈刑法的任務——與效能論的小小對話〉，《刑事法雜誌》，第 47 卷第 2 期，頁 5。

❻ 參考黃榮堅，《基礎刑法學（上）》，2012，頁 21。

❼ 法益概念縱使不以之作為憲法限制刑事立法的工具，依然可以發揮作用——控制禁止內容，且涉及法律解釋時，法益的確定不僅是內在體系的，也可以形成歸責輪廓的焦點，並把憲法的自由基本思想直接導入法律的解釋，透過「犯罪結構的法益分析」，不僅立法者的違憲決定無所遁形，亦可以作為法律解釋的基礎——再一次部分呈現最後手段原則。Vgl. Schünemann, Das Rechtsgüterschutzprinzip als Fluchtpunkt der verfassungsrechtlichen Grenzen der Straftatbestände und ihrer Interpretation, Rechtsgutstheorie: Legitimationsbasis des Strafrechts oder dogmatisches Glasperlenspiel?, Roland Hefendehl et al. eds., 2003, S. 134.

❽ Stratenwerth/Kuhlen, a.a.O. (Fn. 3.), §1 Rn. 13. 深刻的中文文獻說明，如：許恆達，〈刑法法益概念的茁生與流變〉，《月旦法學雜誌》，第 197 期，頁 134 以下；周漾沂，〈從實質法概念重新定義法益：以法主體性論述為基礎〉，《臺大法學論叢》，第 41 卷第 3 期，頁 981 以下；Claus Roxin 著，許絲捷譯，〈法益討論的新發展〉，《月旦法學雜誌》，第 211 期，頁 257 以下。

對行為的規範考量，也不一定以道德上可以譴責作為基礎，如透過 P2P 下載未經授權的音樂或電影、將昂貴的原文書大量影印作為學校上課使用、甚至獵捕保育類動物等行為，之所以成為犯罪，背後總有其他的政策考量❿。要之，「事實」被立法成為犯罪的過程，可能是考量到侵害法益，也可能只是單純的違反刑法創造的義務❶。無論如何，一旦入罪的過程漠視道德意識的內化或用以達成服從的誘導與獎賞措施，懲罰的現實效果即經常「失靈」。

另外值得一提的是：社會學與心理學的研究成果皆顯示出，過度頻繁地使用刑法，會喪失預防效果；在犯罪化延伸至環境、企業內部控制與著作權的今日，即面臨威嚇效用的兩難：立法者清楚認知，某些產品在生產過程必然製造廢棄物、公司安全與揭露義務對經濟活動與企業經營將產生影響、著作的保護與資訊取得間各有財產權與公益維護的偏執，因此，立法者一開始

---

❾ 法律規範的對應手段很多，使用「刑罰」只是其中一個選項。侵害法益的行為如果可以透過民法或行政法上的制裁方式，達成保護的目的，便不應以「入罪」作為回應手段。然而，無法否認的是，其標準相當不明確，學說大致上是以行為的「社會道德的價值觀」(sozialethischen Wertvorstellungen)，作為刑罰權的限制框架。參考 Wessels/Bueke, AT, 42. Aufl., 2012, Rn. 9.

❿ 法益是否值得保護，取決於立法者的主觀決定。Anastasopoulou, Deliktstypen zum Schutz kollektiver Rechtsgüter, 2004, S. 17. 舉例：諸如同性戀的行為或成年人間的性行為，如果得到每個參與者的自願性同意，由於並未侵害到人類的共同生活，自然沒有理由入罪，使其受刑法的處罰。同樣的道理，也適用於近親性交甚至持有毒品的情形。此由近年各國對「持有」毒品予以部分除罪的趨勢，亦可得知。（我國毒品危害防制條例第 11、11-1 條）

❶ 少數學說認為：刑法的任務不在法益保護，而是要維護和確認規範的效力。簡單的說，犯罪人在具體的案件中，透過犯罪行為「宣告」規範的無效性，對這樣的人發動刑罰，則是為了否定其「宣告」，並進一步確認規範的效力（老虎不發威，把我當病貓嗎？哼）。據此，殺人並不是對於生命法益的侵害，而是一種對規範的不理會，必須透過刑罰，以排除試圖動搖規範效力的舉止。

在這些新興犯罪即未打算將污染、小型企業或使用他人著作的可能性控制至零，反而是努力在規範所致的成本與既存利益之間取得平衡。然而，立法者也瞭解到，要精確定義平衡的程度，現實上有其困難。簡單說，對法益造成侵害或危險的行為，我們把它稱為「構成要件行為」，至於這樣的行為是否應該被看成是一件壞事，甚至必須處罰做壞事的人，則需要更多詳細的說理與檢驗。

又，構成要件的設計固有其所欲保護的個人或集體法益 (Universalrechtsgüter)，並以此作為刑法的任務與目的，但，法益作為一種理念性的價值，與「行為的侵害對象」不同，亦應予辨明。舉例：「人」往往是殺人或傷害、遺棄、侮辱、性交等行為實行時的具體範圍，但所侵害的法益，卻分別屬於生命、身體、名譽與性自主權。再比如：把別人的書拿走或丟掉，是對他人「所有權或持有」所為的法益侵害；如果是把書拿去整本盜印，則是對他人「著作權」法益的侵害，雖然都是財產，卻因考量的價值差異，而有其不同的保護強度與密度。要之，越具有重要價值的法益，刑法越可能予以保護❷，且在介入的時間點上就越向前推移；也只有對於重要的法益，才會處罰「粗心大意」的過失（請翻閱刑法第 12 條第 2 項與第 276 條）與「未動手前」的預備行為（請翻閱刑法第 271 條第 3 項與第 173 條第 4 項）。

❷ 刑法並非全面性的對法益予以保護；作為最嚴厲的國家制裁措施，只有較為緩和的國家手段，如民事制裁、公法上的處分與禁令、運用違反秩序法或其他社會政策性措施，均無力維護社會共同生活的自由與和平時，才允許刑法的介入。刑法的任務，準確的說，是指對法益的補充性保護。白話一點說，縱使我們能確定一個人「生病了」（行為具有應刑罰性：製造了社會損害或法益侵害），治療的處方卻不只一種（行為未必具有刑罰必要性：是否必須以刑罰加以制裁？）；對於具備應刑罰性的行為，如果還有其他的社會控制方法或法律手段可以運用，刑罰的發動就應有所猶豫與隱忍；這種刑事立法政策在價值判斷上的抉擇，即「最後手段原則」（謙抑的法益保護原則）。

　　一個值得注意的趨勢是：僅因耽慮「他者」(the others)❸未來可能犯罪，刑法正在從強調有罪，質變為強調「危險」；典範的移轉，不僅來自法益理論面對現代社會的左支右絀，更可由不斷擴張的「行為犯」立法現實中察覺。對社會控制的強調，歸責的基礎不是已發生的行為與法益之間的關連性，而僅僅是規範的絕對貫徹。然而，若刑法在規範對應上為了避免結果歸責的困難而迴避因果關係的證明要求，甚至完全不考慮行為是否具有侵害法益的可能性，即會產生規範正當性的問題❹，遑論把罪責要件詮釋為危險性的證據指標。若無法畫出合理性的界線，極可能輕易以「法益保護的前置化」為名，而逾越刑法的最後手段性、補充性、不完整性甚至罪責原則，而與「合比例的法益保護」(verhältnismäßigen Rechtsgüterschutzes❺) 漸行漸遠，終對「自由」形成危險❻。

 三、刑法的解釋

　　法律解釋是一個嘗試確定法條文義的過程，每一次的法律適用就是一種

❸ Natsu Taylor Saito, *Interning the "Non-Alien" Other: The Illusory Protections of Citizenship*, 68 L. & CONTEMP. PROBS. 183 (2005).

❹ Andrew Cornford, *Preventive Criminalization*, 18 New Crim. L. Rev. 1, 1–2 (2015); Kimberly Kessler Ferzan, Preventive Justice and the Presumption of Innocence, 8 *Crim. L. & Phil.* 505, 506 (2014).

❺ Kaspar, *Verhältnismäßigkeit und Grundrechtsschutz im Präventionsstrafrecht*, 2014, S. 516 ff.

❻ Young-Whan Kim, Die Rolle des Rechts unter dem Aspekt des Verantwortungsdiskurses in der Risikogesellschaft, *in: Die Rolle des Rechts bei der Bewältigung von Katastrophen: Vorträge des 5. Trilateralen deutsch-japanisch-koreanischen Seminars*, 3.–5. Juli 2012 in Konstanz, 2013, S. 12.

解釋、一種規範的發現；換言之，透過解釋，建構出規範的意涵與射程。法典中的所有概念，除了數字、日期或計量單位外，在或大或小的範圍內均具有多義性，法官因此總是必須在各種可能的含意之間加以選擇，這種依據確定的規範所進行的創造性活動，即為概念的解釋。事實上，任何刑法規定的內涵，總是先透過法官的解釋，才會被確定，也因此，每一個法律規範都需要解釋——即使已經使用了清楚的文字，規範所具有的法學意義仍可能與一般的理解有別。

就法律解釋而言，法官的任務是依據法律的內涵，就案件的具體情形，做出與其他法官面對此類案件時相同的解釋，以實踐法律適用的安定性與公平性、擔保法官的裁判服膺立法者所表現的意志。雖然如此，法律所使用的概念卻有一個特色，即「定義上的任意性」。不僅相同的事實可以因為觀察角度的差異，而創造出不同的概念，不同的概念亦可能用來描述相同的事實；也因此，概念混淆與對錯的評斷，幾成為學習法律難以避免的過程。

「定義」作為揭示概念內涵的方法，因為法律概念的定義具有任意性的特質，結果是，作為一門社會科學，既無法透過對概念的定義去證明任何事物❼，卻又弔詭的打算透過對概念的使用，解釋（決）特定的問題，學說與實務的爭執，自然成為難以迴避的宿命。雖然如此，法律的解釋仍有其功能，越是抽象的規範，概念內涵越難確定，只有透過解釋予以具體化，才有辦法決定個案事實能否被涵蓋；同時，法律規範彼此之間更可能重疊甚至互相矛盾，此時，亦只有藉由解釋，才能使爭議明確，而可進一步決定如何處理，

❼ 即所謂：定義本身的「無創造性」(Nichtkreativität)。可參閱 Puppe 著，蔡聖偉譯，《法學思維小學堂》，2010，頁 4。附帶一提：法律概念會隨著社會與事物的發展、人類認識活動的不斷深入而變化，如過往有所謂「欺君之罪」，今日則有所謂「醉態駕駛、肇事逃逸、妨害電腦使用」等罪，甚至為了對付貪污，還有「財產來源不明罪」的新法律概念產生。

以建立一貫的體系。

常見的幾種解釋方法，略如： 1.主觀標準——立法或歷史解釋、 2.客觀標準——字義或文義解釋、 3.規範標準——目的或合憲解釋❶。這幾種解釋方法，其實是觀察角度的差異而已，使用這些工具的人，還是摻雜或依據自己的主觀，發展其經過價值判斷後所形成的概念與立場。詳言之，不論以文義、體系、法條的立法意旨（歷史）、比較法的觀察、目的或合憲與否等解釋方法，核心都不脫「價值判斷」——尋找既符合現實情況又能處理系爭個案的價值觀點。也因此，真正的問題是，擺盪在法安定性與正義女神之間，受限於權力分立原則與民主原則下的罪刑法定要求，又該用什麼標準掌握規範所運用的概念，尤其是所謂「評價性的概念」？

學說的看法是，解釋的過程必須侷限在法律條文的文義範疇，符合語法規則的意義確定，不只是解釋的起點，也是從事解釋時的框架，換句話說，應以「可能文義」作為刑法構成要件解釋的界線❶。問題在於，從語言的意

---

❶ 101 臺上 5879 判決，對於法律的解釋問題有詳盡的闡明：「狹義之法律解釋方法，固有文義解釋、體系解釋、法意解釋（又稱歷史解釋或沿革解釋）、比較解釋、目的解釋及合憲解釋（後五者合稱為論理解釋），及偏重於社會效果之預測與社會目的考量之社會學解釋。然典型之解釋方法，是先依文義解釋，而後再繼以論理解釋；惟論理解釋及社會學解釋，始於文義解釋，而其終也，亦不能超過其可能之文義，故如法文之文義明確，無複數解釋之可能性時，僅能為文義解釋，自不待言。而文義解釋，係依照法文用語之文義及通常使用方式而為解釋，據以確定法律之意義；體系解釋，係以法律條文在法律體系上之地位，即依其編章節條項款之前後關連位置，或相關法條之法意，闡明規範意旨；法意解釋（歷史解釋），乃探求立法者於制定法律時所作價值判斷及其所欲實踐目的，以推知立法者之意思；目的解釋，則係以法律規範目的，為闡釋法律疑義之方法。」

❶ So ist jedenfalls die h. M.; vgl. BVerfGE 105, 135, 152 f.; Lorenz/Pietzcker/Pietzcker, Empirische Sprachgebrauchsanalyse—Entlarvt ein neues Beweismittel Verletzungen des Analogieverbots (Art. 103 II GG)?, NStZ 2005, 430. 國內相關討論見徐育安，《刑法上類推禁

義推論法律文字的意義，仍然難以避免一旦文字有多義時，到底是法學上的語意抑或一般的語言使用習慣起決定作用❷⓪？難道法學專業術語有其凌駕語意學的強制力❷①？舉例：不論「二人以上共同性交」（刑法第 222 條第 1 項第 1 款）抑或「結夥三人」（刑法第 321 條第 1 項第 4 款），實務見解在計算人數時，均以「在場」共同實行為必要❷②，即明顯是在考量「共謀共同正犯」這個法律概念的涵蓋可能性後，透過額外增加不成文構成要件要素的方式，限縮條文的適用範圍。

其實，可能文義的結論本身，就是一種解釋後的成果❷③，舉例：我國實務向來認為「樓梯間」為公寓、大樓之一部分，有密不可分之關係，從妨害居住安全的考量，即應認為係「住宅」（76 年臺上字第 2972 號判例、81 年第 3 次決議參照）。據此，在無正當理由下，未得住居權人同意而進入「公寓樓梯間」的行為，就等於是無故侵入「住宅」的行為。

應注意的是，解釋不僅僅是為了透顯已確定的概念意義，作為一種詮釋的手段，更是法律規範適用的前提，也因此，法律解釋其實無涉真假，而更強調正義、公平與正確的概念思考，從而有所謂「法的發現」與「法律的淬取」（Rechtsgewinnung）；透過造法與取法的過程，體現實際性與超越法律條

止之生與死》，1998，頁 61 與頁 142 以下。

❷⓪ Jescheck/Weigend, Lehrbuch des Strafrechts, AT, 5. Aufl., 1996, §17 IV 1. (S. 155.)

❷① Silva Sánchez, Zur sogenannten teleologischen Auslegung, in: FS-Jakobs, 2007, S. 645.

❷② 參考 99 臺上 1997 判決：「刑法第二百二十二條第一項第一款所稱之二人以上共同犯前條之罪者，係指在場共同實行或在場參與分擔實行強制性交犯罪之人，有二人以上而言。」與 100 臺上 5208 判決：「刑法分則或刑法特別法中規定之結夥二人或三人以上之犯罪，固應以在場共同實行或在場參與分擔實行犯罪之人為限，不包括同謀共同正犯在內。……」

❷③ 一如 Jakobs 所言：「由於『文義』本身也是透過解釋才能確定，即便是已解明的文義，仍無法為刑法的解釋形成邊界。」Vgl. Jakobs, AT, 2. Aufl., 1993, abschn. 4 Rn. 35.

文的理性❷。由於法律規範面臨社會情況的改變，往往必須藉由考察立法者的歷史動機、體系性思考或當前的法律文獻（反映立場的轉變）的方式，於法律文字或與適用規範意義相關連的其他規範中，尋找規範目的的線索❷，就利益衝突予以考慮。舉例而言，如最高法院 90 年度第 6 次刑事庭會議決議：「查刑法第一百四十三條、第一百四十四條有關投票行賄、受賄處罰之規定，旨在防止金錢之介入選舉，以維護選舉之公平與純正。惟近年來選風惡化，候選人為求當選，乃競相提早賄選活動，尤其縣市議會正副議長之選舉，正副議長候選人每提前於縣市議員選舉之前，即對於有意參選之人預為賄賂或資助競選經費，並均約定於其等當選後投票選其為正副議長，甚為常見。類此提前賄選行徑，敗壞選風尤甚，亟待依刑法相關之規定加以規範。若猶拘泥於狹隘之字義解釋，謂刑法第一百四十三條、第一百四十四條所謂之『有投票權之人』，須一律以行賄、受賄時已現實具有『有投票權人』之資格者為限，而排除其中於行賄、受賄當時尚未取得投票權，惟事後已取得投票權之人於其外，則類此提前賄選之行為，法律即無從予以約制處罰，無異鼓勵賄選者提前為之，以為脫法，顯非立法本意❷。」

　　然而，就法律規範如何適應社會改變的需要而言，目的性解釋涉及對規範文字的理性重構，此一旦透過適用法律者的主觀演繹而非藉由立法者為之，尤其牽涉到具有懲罰性的國家權力使用時，即可能對憲法的權力分立原則造成危險。在刑法領域，欲以客觀目的解釋作為發揮規範功能的法學方法，不僅會有哪一種詮釋最能對應規範的客觀意義的問題，就不利於行為人的詮釋

---

❷ Silva Sánchez, a.a.O. (Fn. 21.), S. 646.

❷ Horn, Einführung in die Rechtswissenschaft und Rechtsphilosophie, 4. Aufl., 2007, §7 Rn. 183.

❷ 評釋見謝開平，〈法律解釋與法條結構──投票受賄罪之法律漏洞〉，《月旦法學雜誌》，第 170 期，頁 273。

結果而言，更難免遭遇規範的預見可能性與評價恣意的質疑。要之，客觀目的解釋因不具有可證偽性——無法反駁，只能透過相異的詮釋方式與其競爭，被視為是「解釋的王冠」，問題是，取決於結論所需的詮釋一旦越過了可能文義的界線，無異類推適用。

　　據此，類如最高法院 100 年臺上字第 3656 號判決認為：「公務員違背職務之行為，通說雖係指在其職務範圍內不應為而為，或應為而不為者而言，但所謂職務範圍之行為，如事務官之有法定職務權限（如公務人員任用法之職務列等表所定之職務）為據者不論矣，就政務人員而言，鑒於政策決定影響之層面甚廣，祇須該行為與其職務具有關連性，且依該公務員之身分地位所產生對該職務實質上之影響力所及者，即屬相當，不以親力親為為必要。蓋國家分官設職，各有所司，即以縣（市）政府公務員為例，其課長級之職責，依職務列等表等所定之職務類別，已足以判定其職務範圍內所應為或不應為者為何，但就民選縣（市）長而言，其綜理縣（市）政，依法享有統轄代表權、組織權、人事任免權、財政權、法規權及重要委員會之主導權，又負有兌現政見之承諾，則所轄各局（處、室）政務莫不與其縣（市）長職務有關連性，雖非親自掌理之事務，依其身分地位自足以形成一定程度實質上之影響力，倘有恣意不應為而為，或應為而不為之情形，即應認為該當於違背職務之行為，如此方符嚴懲貪污，澄清吏治之立法本旨。（並見最高法院101 年臺上字第 6482 號判決）」對於「職務上行為」的解釋，跳脫過往判例所採取的「法定職務權限」的框架，不僅無法處理後續的行政處分效力與責任歸屬，以「是否具備實質影響力」作為判準，從概念目的與罪刑法定而言，更等於是訴諸個案操作，將使職務「上」行為的法律規定界線效果喪失，難謂符合適當性。

　　詳言之，將「非」職務權限的行為，例如：公務員利用其影響力，就

「非」主管或監督的事務，對其他公務員進行關說、勸誘或建議，甚至對私人進行行政指導或斡旋等影響行為，也解釋為屬於法定職務權限的範圍，明顯是將職務「外」之行為轉化為職務「上」之行為。透過對是否存在密切關聯性或實質影響力的認定，已然逸出職務行為的概念外延，而屬於目的性的擴張解釋❷矣。

總而言之，對刑法的解釋而言，在充斥「評價性概念」而互為主觀共鳴的表述世界，只有掌握可能的反對觀點與其他觀察角度，所為的價值判斷才具有說服力。方法論上，如何在汲取比較法的養分後意識到社會文化的不一致性，避免具體個案的解決充斥抽象原則，或許是未來刑法總則必須梳理與求索的路徑。

---

❷ 實務亦有明白使用「目的性擴張解釋」者，如：「案件與業繫屬於法院之其他案件具實質上或裁判上一罪關係時，因已為原起訴效力所及，故由檢察官予以簽結後，將相關卷證移送法院併案審理，其目的在於促請法院得併予審理，非刑事訴訟法所稱起訴或請求事項。惟此種併案審理，因非屬法律所明定之偵查或起訴障礙事由，其時效之進行非當然依法停止，然此一實務上事實存在之處理方式，……究與追訴權『怠於行使』或『不為行使』情形有別，惟此類情形如時效仍繼續進行，檢察官為避免案件罹於時效而逕行起訴，可能影響於法院知悉就同一案件併為一次審判。刑法就此雖未明文規範，本於行為人時效利益及犯罪追訴衡平之規範目的，依目的性擴張解釋，應認與舊法第八十三條所規定『依法律規定，偵查程序不能繼續』或現行法同條第一項所規定『依法應停止偵查』之意義相當，該『併案審理』期間，併案部分之時效應停止進行，於計算時效進行期間，自應予以扣除；並有同條第二項、第三項規定之適用自不待言。（101 臺上 6706 判決）」

貳　故意作為犯的未遂

 一、概　說

　　舉凡殺人、放火、詐欺與竊盜等，一般人想當然爾認為「不應該做」的壞事，一旦真的造成了生命、公共安全與財產等重要利益被侵擾的結果，被害人固然清楚的感受到行為人的犯行所造成的損害，而渴望透過刑事程序以實現正義；然而，在透過刑罰回應人民的需求時，卻難以避免一個更根本的問題：為什麼刑法必須坐等犯罪發生，而不能在發生之前就予以阻止？對於犯行未得逞的人，雖然欠缺因其行為而造成危害的結果，是否一定不能處罰？由此而產生「未遂犯」的思想。

　　直言之，犯罪是一個隨著時間的進行而實現其犯罪計畫的過程；犯罪計畫的實現，在理想的狀況下，先是緣於起心動念、產生犯罪意圖，隨而進行若干準備的動作，最終則透過動手去做而付諸實現。當然，不同的個案，有些人光是構思與準備的過程便長達數週甚至數年之久，也有些人，不僅在幾秒內就決定放手一搏，甚至在事先也根本沒有任何犯罪的規劃。

　　有趣的是，對刑法而言，到底應該在哪一個階段介入，才能回應人民對

正義的期待？在西方的法律理論中，雖然早在 14 世紀就有「犯罪未完全實現」的評論與記載，對於未遂的處罰，卻直到義大利中世紀所頒布的「查理五世刑事法院條例」第 178 條與英國 1784 年的 *Rex v. Scofield* 一案，才出現正式的規範文字與案例。緊接著的問題是，到底未遂是一個什麼樣的狀態？

1810 年的法國刑法典第 2 條，首次使用 "le commencement d'exécution"（開始實行犯罪），嘗試對「未遂」予以定義，從而開啟了西方刑法中一個重要的研究主題：以「開始實行」的概念為據，在此之前，行為人無須承擔刑事責任；在此之後，則至少可以評價為未遂。換句話說，思想無罪，除非已經開始動手，沒有理由僅僅因為行為人腦袋裡頭已經產生的犯罪決意，即對其處罰；畢竟，邪惡的念頭並不會傷害到任何人，刑法沒有必要去控制個人的思想以促進其道德修養。這樣的立法思考，當然值得支持，從而也先後被 1851 年的普魯士法典第 31 條與 1871 年的德國刑法典第 43 條所採納❶。

問題在於，要弄清楚「開始動手」了沒，其實也不是一件簡單的事，舉例：行為人打算侵入他人的住宅行竊，帶著一把梯子到了門外，可以認定竊盜行為已經開始了嗎？又或者，想要幫別人墮胎，而對手術的器具進行消毒，是否就可以認定已經著手實行？這個發軔於 19 世紀的法國，並對後世產生影

❶ 深入的說明，可見陳子平，〈犯罪論重要問題的思想脈絡——未遂犯篇〉，《月旦法學教室》，第 100 期，頁 193 以下；黃惠婷，〈預備行為與未遂行為之區別〉，《月旦法學雜誌》，第 108 期，頁 158 以下；蔡聖偉，〈著手實行之認定（上）、（下）〉，《軍法專刊》，第 39 卷第 10、11 期，頁 23 與 27 以下；徐育安，〈德國刑法上著手認定之發展與變革〉，《月旦法學雜誌》，第 202 期，頁 186 以下；游明得，〈論刑法上著手實行的判斷——判斷標準與客體的綜合分析〉，《法官協會雜誌》，第 7 卷第 1 期，頁 154 以下。如何判斷著手實行，主要的標準有形式客觀說、實質客觀說、主觀說與主、客觀混合說。由於德國刑法於 1975 年修法後已兼納主觀與客觀的判準，致不論該國實務見解或彼、我兩國多數學說，均採取折衷主、客觀的混合說立場。

響的短語，雖然可以避免浮動的規範所造成的危險，顯然難以揮離在判斷標準上所產生的歧見。

　　詳細的說，這種透過「著手實行」(Anfang der Ausführung) 判斷犯罪的實現過程是否已經進入未遂階段，而可以對其處罰的理論，不僅會因為對於著手時點的決定基準差異，而影響行為會否成立未遂犯，甚至可以進一步推論出：透過未遂犯，既然讓刑法在還看不到法益侵害結果下，即得介入處罰，會否未遂犯才是基本的犯罪型式，既遂犯罪則只是相對於未遂犯罪的加重類型？尤有甚者，何不乾脆在「可能」會對法益造成危險的計畫或準備階段，即對此等預備行為予以處罰？

　　整體而言，我國刑法至少接受了上述的部分思考，一方面於第 25 條透過「已著手於犯罪行為之實行而不遂」，對未遂進行描述，另一方面，僅僅選擇若干重要的法益，在保護強度上將刑罰介入的時點往前延伸至未遂、甚至預備階段。也因此，技術上必須一條一條的進行觀察，才知道哪些犯罪例外的同時處罰未遂與預備，如：放火罪（刑法第 173 條）、殺人罪（刑法第 271 條）；哪些僅僅處罰未遂、卻不罰預備，如：對無人居住的房子放火罪（刑法第 174 條）或重傷害罪（刑法第 278 條）；有些犯罪則根本不罰未遂與預備，如：放火燒摩托車（刑法第 175 條）或傷害罪（刑法第 277 條）。

　　總之，「開始實行」的概念使用，最大的實益是作為預備與未遂的界線❷：著手後，才有成立既、未遂的可能；著手前的準備階段，不僅對其處罰屬於「例外中的例外」，刑度更與未遂有不小的差異。實務見解如：「刑法第二十五條所謂已著手於犯罪行為之實行，係指對於構成犯罪要件之行為，

---

❷「影響行為『是否可罰』及『如何處罰』的問題……在犯罪既遂之前的處罰，都是具有『前置』性質的處罰，而且就是兩個刑法原則——最後手段性與有效法益保護——的拉鋸戰。」，林鈺雄，《新刑法總則》，2014，頁 362。

已開始實行者而言，若於著手此項要件行為以前之準備行動，係屬預備行為，除法文有處罰預備犯之明文，應依法處罰外，不能遽以未遂犯罪論擬。（最高法院30年上字第684號判例）」，「刑法上之未遂犯，必須已著手於犯罪行為之實行而不遂，始能成立，此在刑法第二十五條第一項規定甚明，同法第三百二十一條之竊盜罪，為第三百二十條之加重條文，自係以竊取他人之物為其犯罪行為之實行，至該條第一項各款所列情形，不過為犯竊盜罪之加重條件，如僅著手於該項加重條件之行為而未著手搜取財物，仍不能以本條之竊盜未遂論。上訴人在某處住宅之鐵門外探望，正擬入內行竊，即被巡捕查獲，是被獲時尚未著手於竊盜之犯罪行為，自難謂係竊盜未遂。至其在門外探望，原係竊盜之預備行為，刑法對於預備竊盜並無處罰明文，亦難令負何種罪責。（最高法院27年滬上字第54號判例）」

　　此外，刑法還會在未遂犯罪「成立後」，進一步追問為什麼心想事不成的原因，以決定如何處罰。舉例：扣扳機殺人後，發現拿的是兒子的水槍，甚至明知自己帶的是玩具槍，卻堅信經過悟飯法師加持的水能用來殺人，對於這類神奇的犯罪者，是否一定要處罰？（請查閱刑法第26條）再比如：殘忍的將嬰兒餵毒後，突然良心發現，緊急送醫，僥倖不死，應否考慮對於放下屠刀、回到彼岸的行為人減輕或免除刑罰？（請查閱刑法第27條）

　　下述實務見解，有助於思考問題的解答方向：「所謂不能（未遂）犯，乃指行為人已著手於犯罪之實行，而就其行為觀察，並不能發生結果，且無結果發生之危險或可能者而言；倘其行為後，因有外部障礙事由之阻斷，致未發生原可預期或預見之犯罪結果者，即屬（普通）障礙未遂之範疇，而非不能犯。二者區別，端在於有無發生結果之危險或可能。如有，為（普通障礙）未遂犯；若無，始屬不能（未遂）犯。又所言中止（未遂）犯，則指已著手於犯罪行為之實行，嗣因己意，消極中止該行為之續行，或改以積極作為防

止其結果之發生，並均終致該犯罪之結果未發生之情形而言。其重要特徵之一，厥為行為尚未完全完成，斯有中止可言，若行為既已完成，卻純因外部障礙而未發生原所預期或預見之結果者，要屬障礙未遂問題，並非中止犯。（最高法院 100 年臺上字第 2604 號判決）」

二、犯罪的不同階段與未遂檢驗

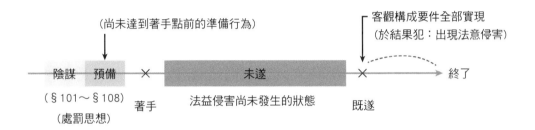

著手前的階段行為，一如上面這個小圖所標示的，被另稱為陰謀與預備。除了極少數（無法解釋其正當性與合理性）的例外，如刑法第 101 條第 2 項的陰謀暴動內亂罪、第 103 條第 3 項的陰謀通謀開戰罪、第 104 條第 3 項的陰謀通謀喪失領域罪、第 105 條第 3 項的陰謀械抗國家罪、第 106 條第 3 項與第 107 條第 3 項的陰謀助敵罪、第 109 條第 4 項的陰謀洩漏交付國防秘密罪、第 111 條第 3 項的陰謀刺探收集國防秘密罪，並不處罰陰謀、預備則原則上不罰。

依實務見解：「為區別犯罪行為是否具有『可罰性』及『可罰程度』，以故意之結果犯言，可約略分為決意、預備、著手實行、完成行為及發生結果等五個階段，所謂『預備』係指行為人在著手實行犯罪前，為實現某一犯罪行為之決意，而從事之準備行為，用以積極創設犯罪實現之條件，或排除、降低犯罪實現之障礙，其態樣如準備實行之計畫、準備犯罪之器具及前往犯

地之途中❸。」具體而言，「刑法上之預備犯與未遂犯，應以已否著手於犯罪行為之實行為區別，被告某甲因挾警員某乙勸告帶所補領自行車牌照之恨，於途中等候，俟某乙行抵其前，自懷中取刀著手刺殺，經某乙呼喊，某丙奔到，始行他去，是被告既已著手實施殺害行為，縱因意外障礙未達到目的，亦應依殺人未遂犯處斷，不能論以預備殺人❹。」

　　事實上，撇開內亂與外患兩個罪章，預備犯其實數量不多。透過觀察，我們可以將形式上附屬於既遂構成要件與未遂構成要件下的情形，稱為形式預備犯，如：刑法第 100 條第 2 項、第 101 條第 2 項、第 173 條第 4 項、第271 條第 3 項、第 272 條第 3 項、第 328 條第 5 項、第 347 條第 4 項；另外有一種情形，如：刑法第 169 條第 2 項、第 187 條、第 199 條、第 204 條、第 235 條第 2 項、第 263 條、第 358 條，則被稱為實質預備犯。簡單說，實質預備犯有自己的構成要件行為，已經自成一格，之所以還把它叫做預備犯，純粹是經過解釋，可以認為是其他犯罪的前階段預備行為而已。實務見解如：「預備為犯罪階段之一種，係指實行犯罪之準備行為，而尚未達於著手之謂。預備之階段，介乎犯意與著手之間，雖因其危險性較少，本無處罰之必要，惟刑事法律為預防禍害，以消弭犯罪，對於若干情節重大之特殊犯罪，乃設有處罰之特別規定，立法者通常以附屬於該罪既遂犯之構成要件形式分別為之規定，學理上稱此為形式預備犯。至於立法者將某些本來祇是預備之行為，予以入罪，使其分離成為另一種獨立之犯罪類型，學理上謂之為實質預備犯。預備行為是否應受處罰，或究應以形式預備犯或實質預備犯方式表現，以及何種犯罪類型之既遂犯始有以形式預備犯設其刑罰之必要，均屬立法權之裁量❺。」

---

❸ 97 臺上 1730 判決。

❹ 39 臺上 315 判例。

　　應注意的是，前已提及，處罰未遂，在看不到法益侵害的情況下，已屬例外，對於形式預備犯的處罰，更因違反構成要件明確性原則，而有刑罰正當性不足的疑慮。舉例：甲帶著一把西瓜刀出門，因為形跡可疑，遭警臨檢盤查；如果甲從頭到尾不發一語，又如何得知甲是準備殺人、強盜還是擄人勒贖？結果是，雖然刑法對預備殺人、預備強盜與預備擄人勒贖設計了構成要件，打算處罰（請查閱刑法第 271 條第 3 項、第 328 條第 5 項與第 347 條第 4 項），如何具體區別這三罪所外顯的行為？更可疑的是，難道甲不能說自己正準備去水果攤切西瓜嗎？

　　簡單講，刑事政策上對預備行為予以處罰的決定，仍然無法迴避法益侵害的危險性有無與犯罪意思如何證明的難局。實務似乎也意識到這個問題，遂嘗試透過對主觀意圖予以要求，以限縮預備犯的成立：「原判決認定上訴人二人意圖以竊盜方式取財，至於購買及攜帶水果刀等物，乃備供行竊被發現時，改以強盜方法取財之用，然正商議如何下手行竊，還未著手強盜行為之時，即因被發現而殺人。易言之，原判決並未認定上訴人因意圖殺人而購買水果刀，即無購刀時另犯預備殺人罪，預備殺人罪為殺人罪所吸收，預備強盜罪與殺人罪為想像競合犯之問題❻。」

----

❺ 101 臺上 5377 判決。對預備犯刑罰正當性的深刻批判，見黃榮堅，《基礎刑法學（下）》，2012，頁 477 以下；其他關於預備概念的深入討論，可參閱黃惠婷，〈預備行為與未遂行為之區別〉，《月旦法學雜誌》，第 108 期，頁 159；陳志輝，〈預備犯之可罰性及其界限〉，《第十八屆政大刑法週暨「2011 年第二屆海峽兩岸刑事法論壇」學術研討會》，頁 1–29；鄭逸哲，〈「預備犯構成要件」及其適用〉，《法令月刊》，第 60 卷第 2 期，頁 4–16；曾淑瑜，〈有關預備罪之諸問題〉，《軍法專刊》，第 45 卷第 1 期，頁 22–28；許澤天，〈作為犯罪預備的教唆行為〉，《台灣法學雜誌》，第 187 期，頁 139；許恆達，〈強盜預備罪與放棄續行犯罪的刑法評價〉，《月旦法學雜誌》，第 201 期，頁 243 以下。

❻ 99 臺上 8199 判決。

　　回到未遂。決意犯罪的人，必須進一步著手實行構成要件行為，才可能實現全部的構成要件；未遂，正是指「既遂構成要件未完全實現」而言。至於既遂構成要件為什麼未實現？直覺的答案是：因為結果沒發生啊！事實上，即便已出現構成要件結果，由於只是一個客觀的法益侵害事實，未必能認為是行為人的作品，也因此，一旦與行為人的行為之間欠缺條件因果關係或客觀可歸責性（風險未實現），甚至存在阻卻構成要件的同意，即便行為主觀上出於故意，刑法上仍認為客觀構成要件未實現，而必須繼續檢驗是否可能成立未遂犯喔！

　　再就案例解題而言，未遂犯有其前審查階段，即「既遂構成要件未實現＋有處罰的明文規定」❼。就前者而言，可以理解為提前發動競合審查，以確保未遂犯在處罰上的補充性❽；就後者以論，技術上的原因是，如果未遂行為並無處罰規定，構成要件等犯罪論體系的檢驗即無意義。據此，在法律有處罰未遂犯的前提下，才接著於構成要件是否該當的部分，依序處理：行為人主觀上具有（何種）故意？行為客觀上已否著手實行的問題。此外，未遂犯的主觀領域與既遂犯完全相同，僅在客觀部分有欠缺❾，也因此，不會再進一步區分既遂犯的故意還是未遂犯的故意❿；之所以產生未遂狀態，可能是因為運氣不好或己意中止，無論如何，總是「心想事不成」。

　　除了若干特殊的犯罪類型，如刑法第 100 條著手犯

❼ 更詳細的說明，可見蔡聖偉，〈未遂犯的「前審查階層」〉，《甘添貴教授七秩華誕祝壽論文集（上）》，頁 395 以下；Frister, AT, 6. Aufl., 2013, §23 Rn. 13 ff.

❽ 蔡聖偉，《刑法案例解析方法論》，2014，頁 162。

❾ Rengier, AT, 5. Aufl., 2013, §33 Rn. 1.

❿ 林鈺雄，《新刑法總則》，2014，頁 368；黃常仁，《刑法總論》，2009，頁 173；林書楷，《刑法總則》，2014，頁 262。

（Unternehmensdelikte，直接把「著手」寫成構成要件行為❶），觀念上，著手後都會有行為是否完成並等待構成要件實現的過程階段，也因此，即便於「非結果犯」（行為犯、舉動犯、抽象危險犯）的構成要件，一旦行為未完成，構成要件就是未實現，只要刑事立法政策決定處罰，亦可能成立未遂犯喔！舉例：寄出誣告信，因郵誤而遺失或己意追回；決意偽證，具結後卻反悔。再如：公然罵人家「趕羚羊」，卻剛好遇到飛機從頭頂飛過，大家都沒聽到。當然，如果行為的動作已經無法再區分行為階段，例如侵入住宅罪，一腳踩進去人家家裡就已經是既遂，自無成立未遂的可能矣。

　　從考試的角度來說，理論上會先下一個類如「甲的殺人行為，可能成立故意殺人既遂罪」的標題，並且在這個標題下檢驗是否既遂；只有確定既遂構成要件並未實現，才會再下第二個「甲的殺人行為，可能成立故意殺人『未遂』罪」的標題。但，符合邏輯思考，未必能妥善對應作答的篇幅與時間，除非必要，在題目已明白表示既遂構成要件未實現的情況下（例如：已清楚交代被害人「沒死」），建議直接檢驗未遂構成要件即可。一來可以直接在下標題的時候，透過如「A所為可能成立××未遂罪」的方式，就說明了「法律有處罰的明文規定」，而沒有必要把這個德國舶來品再「前審查」一次❷，二來所謂「犯行未既遂」，其實只要一句話即可作出交代，如：「由於B並未出現死亡結果，A所為因此不（可能）成立故意殺人既遂罪」。

　　緊接著，依序檢驗未遂構成要件該當性、違法性與罪責。構成要件部分，

❶ Frister, AT, 6. Aufl., 2013, §23 Rn. 10 ff.

❷ 德國會設置此一前審查要件，主因是其對輕罪是否處罰未遂，特別要求必須分則有明文規定（刑法第23條第1項）使然。我國不僅欠缺對輕罪與重罪的總則區別，亦無此等立法指示，從而在檢驗過程中，除非遇到加重結果犯、準強盜罪（刑法第329條）、準放火罪（刑法第176條）等是否處罰未遂仍有爭議的案例，幾無說明實益。

在結果未發生的情形，應先說明主觀犯罪決意，若該犯罪尚要求特定主觀意圖，亦須一併討論，然後才處理客觀上有無著手的問題；就此而言，儘管有學說以德國法的「直接開始」(unmittelbares Ansetzen) 構成要件實現為據，採取中間行為理論 (Zwischenaktstheorie)、危險理論 (Gefährdungstheorie) 或領域理論 (Sphärentheorie) 作為檢驗標準 ❸，作答上仍要注意，宜清楚寫出我國刑法「著手實行」的立法文字。此外，只有存在法益侵害的可能性，才是有意義的著手，也因此，若不具有構成要件的實行行為性質，如迷信犯（後述），即無所謂客觀構成要件部分實現可言，觀念上根本就不是未遂犯矣 ❹。

至於未遂犯罪的違法性與罪責，由於在討論內容上與既遂犯罪相同，除非案例爭點與此相關，可以一句話帶過。未遂犯罪成立後，才進入中止犯 ❺ 及其他個人減免事由（如刑法第 167 條）的檢驗。

此外，著手後有兩個附帶問題，必須在解實例題時一併思考：

⑴構成要件縱使在形式上既遂，法益侵害的狀態仍可能因行為尚未終了而持續存在（即所謂的繼續犯），也因此，不僅其他人隨時有參與犯罪的可能（可能成立承繼的共同正犯或幫助犯），任何人亦均可對行為人發動正當防衛！

⑵即使構成要件已完全實現，仍可能透過創設理論得出未遂的結果。如：反面的容許構成要件錯誤（甲開槍殺乙，豈知乙正好欲開槍殺丙，甲所為救

---

❸ Rengier, AT, 5. Aufl., 2013, §34 Rn. 24; Frister, AT, 6. Aufl., 2013, §23 Rn. 38. 彼邦實務採取綜合理論，以是否「動手」("jetzt geht es los") 作為判準，新近判決如：BGH NStZ 2013, 156, 157.

❹ 這主要是指「不能犯」而言。依刑法第 26 條的立法理由，所謂「不罰」，是指「根本不構成犯罪」，本書亦採此立場（有爭議）；若然，客觀構成要件一開始就不會該當，從而無所謂不能未遂可言，併予說明。

❺ 若否定，始依刑法第 25 條規定，「得」減輕其刑。

了丙一命的偶然防衛；抑或是甲對乙車窗丟擲石塊，豈知乙剛好一氧化碳中毒，昏迷車內，甲所為救了乙一命的偶然避難）中，有力說即以「欠缺結果非價」為由，主張未遂；再如於「犯罪結果已發生」的中止犯，即有所謂「防果失敗罪責的限縮」與「共犯關係脫離論」的學說，均屬適例。

 ## 三、未遂犯的處罰基礎及其影響

　　當行為人的行為並未造成損害時，在什麼條件下、基於什麼原因，仍然應該將其認為是犯罪，並且予以處罰？一個直覺的想法是：防微杜漸。在含苞待放時就將其掐死，以避免未來進一步開出燦爛的花朵。然而，這樣的思考並無法解釋，為什麼國家可以為了預防犯罪，即對嘗試做壞事的人動用刑罰？畢竟，防範於未然是一件事，為此而處罰，則又是另一回事，也因此，關鍵即在於，一個已經「殘念」的未遂行為，曾經製造什麼樣的不法內涵嗎？

　　對此問題的回答，光是透過將構成要件的實現過程切割為不同階段，並透過預備與未遂的區分方式予以處理，仍有不足。未遂固然是指嘗試實現犯罪意圖、卻無法完成的狀態，惟其不法的核心到底是客觀行為，還是主觀犯意？

　　客觀未遂論者認為，在既遂構成要件所描述的不法並未全部實現的狀態下，即便現實上沒有法益侵害事實，未遂的行為還是具有法益侵害的客觀危險性；反之，主觀未遂論者則認為，未遂行為是否可罰，應該以行為人對行為的想法作為判斷的依據，其處罰基礎在於行為人於未遂的狀態所外顯的主觀危險性（法敵對意志）[16]，只要行為人認為自己買的粉末是海洛因、置入

---

[16] 詳細的學說介紹，見陳子平，《刑法總論》，2008，頁 370 以下；余振華，《刑法總論》，2013，頁 321 以下；張麗卿，《刑法總則理論與運用》，2012，頁 311 以下；柯耀程，《刑法

咖啡中的砂糖是毒藥，就必須根據這樣的「主觀想像事實」進行評價，至於其舉止實際上會否對任何人造成危險、甚至會否令社會感到不安，都無關緊要。

詳言之，客觀論者崇尚自由，認為每個人都可以隨意做自己想做的事──除非這樣的行為會導致別人損害或造成不合理的損害風險，而被認為是不對的。客觀未遂理論並未忽視行為人打算做什麼，但，行為人的主觀意圖只有在其行為已然造成了損害或風險時，才有追究的意義；客觀未遂理論的支持者堅信，沒有理由因為「想要犯罪」的念頭，即成為犯罪。簡單講，客觀論者關心的是：行為人在這個世界做了什麼；從而，客觀未遂論不僅認為「不可能」可以作為犯罪成立與否的抗辯，並且認為相較於既遂，對未遂的處罰應該減輕。

主觀論者則在乎：行為人在心裡面想了什麼；主觀未遂理論亦沒有忽視行為人做了什麼，但其客觀舉止僅僅是一種證據，以佐證行為人打算造成損害或危險的意圖。畢竟，殺人行為不論是否成功，均受到運氣因素左右，但嘗試殺人的舉止完全在行為人的掌控之下，就此而言，仍應對其「行為」負責。主觀未遂論不僅反對以「不可能發生」作為抗辯事由，並且傾向既、未遂應同其處罰❶。

從德國的角度觀察，19 世紀的客觀未遂論，被稱為舊客觀說；依此說，

釋論I》，2014，頁 452 以下；林書楷，《刑法總則》，2014，頁 257 以下。

❶ 依主觀未遂論，犯罪目的能否達成，不過是運氣、機會或判斷錯誤等不變的因素使然，並不會減低行為人的可責性，也因此，不論刑罰目的或功能是應報還是預防，都無法改變一旦以偶然的因素作為處罰程度不一的依據，既不公平也不道德的事實。鑑於避免刑罰的使用繫於「運氣」因素所可能造成的恣意與不公，應將未遂視為基礎犯罪，並且與既遂同其處罰。

透過事後觀察法益侵害的危險是否存在，將未遂區分為可罰的相對不能與不罰的絕對不能。可惜的是，舊客觀說有個眾所皆知的老問題：如果不是透過「事前」判斷，如何得知未遂是否為無用的嘗試？後來的新客觀說，乃主張以理性第三人於「行為時」的判斷，決定法益的具體危險是否出現。其後，迄20世紀30年代以前，德國刑法學界的主流見解仍然支持客觀未遂論，認為：藉由將處罰基礎置於行為的客觀危險性，不僅可推導出若客觀上不可能發生結果，就沒有處罰未遂的理由，從而否定行為無危險的不能未遂的可罰性，連帶也把與構成要件行為無直接關係的行為方式，由未遂剔除，僅可能成立預備。簡之，未遂犯是否可罰，重點在於客觀上有無導致法益侵害發生的危險，行為人的主觀意志，不是關鍵。並且，考量到對法益造成危險或實害之間的層級關係，未遂犯的處罰應輕於既遂犯。

然而，隨著1933年納粹第三帝國建立，意志刑法理論當道，在拋棄了以法益保護作為刑事不法的基礎之餘，對未遂犯的處罰基礎也轉向主觀未遂論；緊接著，受到 Welzel 提倡目的行為論與主觀不法要素的影響，主觀未遂理論終於在德國的學說與實務確立其地位，並具體反應在其現行刑法第22條與第23條第3項的文字敘述：前者透過對著手的定義，已將行為人「主觀的想像」納入考慮，後者對行為無危險的不能未遂，也仍然予以處罰，明顯向主觀未遂論偏移⓲。多數學說乃認為，主、客觀要素之間的關係，對於未遂犯

⓲ 之所以只是偏移，是因為德國刑法第22條對於未遂的定義，使用相較於舊刑法的「開始實行」更為狹隘的「直接開始」(unmittelbar ansetzt)；打算在客觀上透過把未遂時點扣緊犯罪構成要件實現的臨界點，以解決實務在操作上將未遂領域過分前置的問題。Vgl. Kratzsch, Die Bemühungen um Präzisierung der Ansatzsformel (§22 StGB) ein absolut untauglicher Versuch?, JA, 1983, S. 420 ff. 另外，純粹的主觀未遂論難以解釋為何對出於重大無知的不能未遂（依德國刑法第23條第3項）可以減免其刑。討論可見謝庭晃，〈客觀未遂論與主觀未遂論〉，《甘添貴教授七秩華誕祝壽論文集（上）》，頁367以下。

的可罰基礎而言，並非擇一，而是累積，換言之，共同作用，從而有所謂印象理論的提出 **⓳**：未遂固然是「犯罪意志的展現」(betätigten verbrecherischen Willen)，但，只有在「動搖大眾對法秩序效力的信賴」時，才是可罰的 **⓴**。此等結合主、客觀的印象理論，為德國對重大無知的不能未遂處罰提供基礎，不僅成為優勢學說，更對我國產生深遠影響 **㉑**。

然而，不變的問題是：由於德國刑法明文規定以行為人的（主觀）想像作為未遂的判準、第 23 條第 3 項更處罰不能未遂，以主觀說作為對未遂犯的處罰依據，或許可通；我國刑法第 25 條係採取「著手（於犯罪行為之）實行」的文字敘述，第 26 條復就不能未遂的法律效果設計為不罰，何必自陷於彼邦將特別預防帶入刑法、執著於「惡念」(bösen Gedanken)**㉒**的泥淖？不論

⓳ Weigend, Entwicklung der deutschen Versuchslehre, Strafrecht und Kriminalpolitik in Japan und Deutschland, 1989, S. 120. 此係受到 von Bar 的影響，並且在理論發展史上，可上溯至 1886 年 Bünger 的折衷未遂理論，vgl. Grupp, Das Verhältnis von Unrechtsbegründung und Unrechtsaufhebung bei der versuchten Tat, 2009, S. 103.

⓴ Vgl. Lackner/Kühl, Strafgesetzbuch, 27. Aufl., 2011, §22 Rn. 11. Eser 作為印象理論的旗手，仍自我嘲諷的指出：「其崛起是因為迄今仍無更好的說法。」S. Eser, in: Schönke/Schröder, Strafgesetzbuch, 28. Aufl., 2010, Vorbem. §22 Rn. 22.

㉑ Rengier, AT, 5. Aufl., 2013, §33 Rn. 4 f. 更深入的研究，可以參閱黃榮堅，〈「未遂犯」之基本邏輯——評刑法未遂概念相關之修正〉，《台灣本土法學雜誌》，第 68 期，頁 19 以下；鄭善印，〈德國普通法時期主觀未遂與客觀未遂論之介紹〉，《軍法專刊》，第 58 卷第 3 期，頁 139 以下；余振華，《刑法未遂犯之變革及適用問題，刑法深思・深思刑法》，頁 95 以下；王乃彥，《未遂犯處罰界限之研究》，北大法研所博士論文，2005；蔡聖偉，〈評 2005 年關於不能未遂的修法〉，《刑法問題研究(一)》，頁 81 以下；李聖傑，〈未遂行為刑法處遇之探究〉，《月旦法學雜誌》，第 194 期，頁 25 以下；許恆達，〈重新檢視未遂犯的可罰基礎與著手時點：以客觀未遂理論及客觀犯行的實質化為中心〉，《臺大法學論叢》，第 40 卷第 4 期，頁 2397–2467。

是畫符咒、施魔法，行為人的舉止作為其主觀想像的外顯，若無從構成對法益侵害的可能風險，「既然什麼事都沒發生」，刑法何需回應這樣的行為❷❷？

　　本書認為，印象理論試圖訴諸社會心理作用（一般人的安全感）以判斷危險的方式，對主觀法敵對意志的處罰予以限縮，在方向上是對的❷❹，但由於判斷對象仍不脫行為人想要侵害法益的種種想法，顯然沒有跳離主觀未遂論的窠臼。以「甲欲以砒霜殺乙，卻誤砂糖為砒霜而用之，乙未死。」為例，對比「甲沒有殺乙的故意，單純拿砂糖給乙吃」的情形，客觀上甲的行為完全相同，行為後的事實狀態也相同，若甲可成立殺人未遂罪，不正是將犯罪成立的關鍵置於行為人的主觀想像（殺人故意），在不考慮行為客觀上的法益侵害危險性下，進一步「虛構」已著手實行殺人行為!?若殺人故意果然足以左右著手與否的判斷，凡是在殺人的心理支配下所實施者，都是構成要件行為，何以甲欲以符水殺乙的情形，卻又排除於不能未遂的概念範疇外？印象理論不過是囿於德國刑法第 22 條對於未遂定義的文字敘述，所以在形式上

---

❷❷ Timm, Gesinnung und Straftat, 2012, S. 242.

❷❸ 未遂犯的處罰基礎作為不法理論的試金石，隨著 2005 年刑法修正時，立法者於第 26 條更動了「行為無危險的不能未遂」的法律效果，甚至刻意在立法理由強調採取客觀未遂理論，固然尖化了學說對立，但從比較法角度觀察，奧地利（刑法第 15 條第 3 項）對於行為無危險的不能未遂，也是採取不罰的立場，日本、義大利、西班牙雖未於刑法典中明文，彼邦實務與學界亦基於客觀未遂論，一致認為不罰，瑞士（刑法第 23 條第 1 項）雖與德國（刑法第 23 條第 3 項）均明文處罰行為無危險的不能未遂，但學界對於這樣的決定，並非沒有反對的聲音，如此看來，客觀未遂理論與刑法第 26 條的修正是否錯誤？似乎還有斟酌空間，也還會不斷爭論下去。

❷❹ 印象理論與客觀未遂論雖然存在路線之爭，卻有一點相同，即同樣訴諸「社會心理作用」。差別只在於，印象理論是以行為人的主觀意志內容作為對象，進行所謂「法動搖印象」的判斷，客觀未遂理論則以一般人或行為人所特別認識的客觀事實為對象，進行「法益的危險性」判斷而已。

維持主、客觀混合的判準❷⑤，實質上根本是披著法動搖印象的外衣，將行為人主觀意志的危險性外化，進而揚棄行為危險性概念的主觀未遂論！遑論以「法動搖的印象」作為未遂犯的不法要素，不僅無法為預備與未遂的界分提供幫助，其表述本身與概念的不確定也跟著浮現，而被批評為此種依情緒（恐懼感）得出所希望的結論，只是一個空的公式，實際上就是對個案作價值判斷❷⑥。

四、著手實行的判準與實務操作

?

　　甲有多次行竊經驗，但都運氣不佳，終至被捕。某日，甲見路邊豪華轎車，料有貴重物品，擦拭車窗，正擬行竊，卻遭車主發現追趕，甲腳程快，得以逃脫。再有一日，甲於白晝侵入住家搜尋財物，豈料竟是家徒四壁，一無可取。復再有一日，甲於夜間侵入公寓，得金項鍊兩條，放入口袋，正擬離去，遭屋主逮捕，問甲成立何罪❷⑦？

❷⑤ Köhler 認為以危險概念作為未遂的不法內涵是有疑問的，其理由即在於與德國刑法第 22 條相悖。Köhler, AT, S. 454 f. 類似看法，s. Eser, a.a.O., Vorbem. §22 Rn. 19; Jescheck/Weigend, Lehrbuch des Strafrechts, AT, 5. Aufl., 1996, S. 513. 還有論者指出：德國刑法雖改用「直接開始」的描述方式扣緊構成要件開始實現的臨界點，卻也接納主觀要素作為處罰根據，甚至還罰及不能未遂，而存在內部的不協調的問題。Vgl. Schünemann, Die deutschsprachige Strafrechtswissenschaft nach der Strafrechtsreform im Spiegel des Leipziger Kommentars und des Wiener Kommentars, 2. Teil: Schuld und Kriminalpolitik, in: GA 1986, S. 311.

❷⑥ Vgl. Hirsch, Untauglicher Versuch und Tatstrafrecht, Strafrechtliche Probleme, Band II, 2009, S. 248 ff.

❷⑦ 案例事實摘自 90 年司法官考題。

　　決定行為的著手時點，在預備的處罰屬於極端例外的情況下，等於是決定刑法何時介入，以合理平衡行動自由與法益保護。然而，什麼是「對於犯罪構成要件之事實開始實行」❷❽？根本無法事先透過抽象的標準掌握。不論對於未遂犯的處罰依據在主觀未遂論與客觀未遂論之間如何游移，不變的仍然是迄今難以被刑法理論克服的著手實行的認定問題。

㈠著手概念與構成要件行為

　　著手時點如何判斷，我試著舉個例子說明：為了寫這本書，我必須從事資料的蒐集與閱讀，並且在極其有限的時間裡，斷斷續續地形成自己的想法與立場，然後打開電腦，在夜闌時分敲下鍵盤，將一切努力記錄下來。由此開始，說我已經進入了未遂的狀態，應該不會有人反對。但如果你問我，在開始打字前，你有沒有先寫下一些想法或計畫？剛剛敲著鍵盤的時候都寫些什麼？甚至問什麼時候才能完稿？恐怕我當下也無法確定的回答；著手時點的問題亦然。坦白說，光是章節名稱我就已經先後換過好幾次，遑論寫在前面的內容。但，如果你問我什麼時候「開始」，我最直覺的回答，應該還是打下這篇文章的第一個字的時候吧。

　　可惜的是，上面的解析很難直接套用到刑法。由於現實的犯罪過程中未必存在刑法對犯罪所為的階段區別，也因此，所謂預備的臨界「點」，最終只能從是否出現可罰的未遂所要求的行為危險性，回頭檢驗已不再繼續進行的被評價事實。此外，著手既意謂實行構成要件行為，對其判準的決定，難以揮離構成要件理論，一旦著手後的未遂狀態成為可罰的未遂犯，針對其是否開始實行構成要件行為的回答，還是必須回到如何確認不法存在的問題上來。

---

❷❽「已著手於犯罪行為之實行而不遂者，為未遂犯，刑法第二十五條第一項定有明文。所謂著手係指犯罪行為人對於犯罪構成要件之事實開始實行而言。(100 臺上 6541 判決)」

有趣的是，客觀歸責理論使用的「是否製造法所不容許的風險」，正是一個判斷「不法」有無的構成要件理論。這也給了我們一個思考的方向：能否以此作為判斷有無著手的標準？試想，連一把菜刀都可以被拿來「按摩」（刀療）了，誰能說工具一定要怎麼用？再舉個例子：拆卸汽車引擎的行為，如果進一步考慮到動手的是修車場工人，因為受到車主委託，正打算進行修理，能認為是竊盜行為嗎？請注意：若無構成要件行為，其實也根本不可能有著手可言了。

詳言之，犯罪是一個實現不法的過程，理論上只要釐清各個行為階段，找到著手前的預備行為的終點，何時開始實行即可迎刃而解。問題是，不論預備行為的起點或終點，卻自始至終欠缺階段化的明確區別。同時，日常生活中也充斥著太多與構成要件的實現具有條件因果關係，卻可以透過欠缺故意或未製造不容許的風險的方式，在犯罪論體系上分別以不具備主、客觀不法而予以處理的行為。也因此，談「著手實行」的概念，不過是在規範意義上，將付諸行動的現象以法律的語言修辭賦予評價效果罷了。

常見對著手時點的判準如：主觀說，認為關鍵在於表露犯意的實行行為或「犯意的飛躍表動」，總之，從行為人犯意所表露的主觀危險性尋求依據；至於客觀說，則包括形式客觀說與實質客觀說，前者認為著手是指開始實行構成要件行為、後者認為是行為在自然意義上與構成要件行為具備必要關連性，或是對構成要件的保護客體已造成現實或具體的危險，總之，都是植基於行為對法益造成的客觀危險程度[29]。

從前面提過的為什麼要處罰未遂的種種說理可知，如果行為不具備客觀

---

[29] 詳細的學說介紹，見余振華，《刑法總論》，2013，頁 325 以下；柯耀程，《刑法釋論I》，頁 446；王皇玉，《刑法總則》，2014，頁 365 以下；林書楷，《刑法總則》，2014，頁 262 以下。

的法益侵害危險性（客觀未遂論）或不足以令大眾驚懼不安（對主觀未遂論的修正——印象理論），就沒有處罰的理由；換句話說，根本不能認為構成要件行為已經著手實行。據此，我們可以將關於「未遂處罰基礎」的討論，理解為是在客觀不法未完全實現的情況下，刑法介入法益保護的最低要求，也因此，著手時點如何決定，就是未遂處罰根據的具體實踐，無庸將其切割為兩個不同的問題❸。同時，礙於預備階段與著手實行間難以出現抽象的終極區分標準，較為務實的作法，或可由實務上常見且已有多數判決的犯罪類型出發，藉由觀察其具體操作，分析著手實行的概念受價值判斷與利益衡量影響而產生的變化。

㈡檢視著手時點的司法實踐

雖然德國刑法於 1975 年即揚棄了「開始實行」(Anfang der Ausführung) 的用語，而改以「依其主觀想像而直接開始構成要件的實現」，惟我國刑法第 25 條仍維持「已著手於犯罪行為之實行」的描述方式呈現，「著手實行」的概念因此有討論實益。

現今的實務，係藉由兩個相異的角度共構出著手的概念：一方面認為「犯罪乃侵害法益之行為，行為人是否已著手於犯罪之行為，自應就行為人主觀犯意及客觀行為綜合判斷，『如依行為人對於犯罪之認識，已開始實行與犯罪構成要件有必要關聯性之行為，而該行為對於法律所保護之法益形成直接危險時』，即屬犯罪之著手行為」；另一方面，則在最高法院 82 年第 2 次刑事庭會議的決議文激勵下，開始「從個案詳加審認，另創著手時點之新見解，以

---

❸ 相同看法：李聖傑，〈未遂行為刑法處遇之探究〉，《月旦法學雜誌》，第 194 期，頁 31。不同見解：許澤天，〈對 2005 年 1 月刑法總則編「刑事責任」、「未遂犯」及「正犯與共犯」章修改之評釋〉，《台灣法學雜誌》，第 67 期，頁 108。

主觀說

上告人等竊盜未遂一罪，兩審固因上告人等曾自承認，是日約定前往梅家衖竊取牛隻，又已出發，則犯罪行為實已著手。故雖中途被獲，尚未實施犯罪行為，仍論以未遂罪，自無不合（大理院4年上字第526號判例）

形式客觀說

1.所謂著手，必須從客觀方面可以認其實行行為已經開始者而言，若實行行為未曾開始，而其所為尚係著手以前之準備行為，只能謂之預備（最高法院22年上字第980號判例）
2.預備行為與未遂犯之區別，以已未著手於犯罪之實行為標準，所謂著手，即指犯人對於犯罪構成事實開始實行而言（最高法院21年非字97號判例）

實質客觀說

查被告與「阿華」已達成交付毒品之合意，並約定取貨地點，其行為已開始實行與構成要件具有必要關聯性一部或全部構成要件行為，足以對於構成要件所保護之行為客體形成直接危險之行為，應認定已達著手實行之階段，已該當於販賣罪之未遂階段（臺灣高等法院95年上訴字第2447號判決）

整合主觀說與實質客觀說

1.犯罪為侵害法益之行為，行為人是否已著手於犯罪之行為，自應就行為人主觀犯意及客觀行為綜合判斷，如依行為人對於犯罪之認識，已開始實行與犯罪構成要件有必要關聯性之行為，而該行為對於法律所保護之法益形成直接危險時，即屬犯罪之著手行為（最高法院100年臺上字第3553號判決）
2.行為人雖係為某階段之行為，但依該行為所該當之罪立法目的、行為人之違法性認識及國民之法律感情等，足以認定行為人所為係為實現該項犯罪者，亦應認係著手（最高法院101年臺上字第392號判決）

早期大理院時代，曾短暫以主觀說作為判準；其後，一度聚焦「實行行為」概念，改採形式客觀說；最高法院目前的趨勢，似乎是整合主觀說與實質客觀說

期符合現代社會環境之實際需要」的司法實踐。

　　以刑法第 146 條第 2 項虛偽遷徙戶籍罪的幽靈人口為例，對於何時可認定為著手，即有迥然不同的思考。有認為應忠實法條文字與立法意旨：「細繹本罪之客觀構成要件，計有三部分，一為虛偽遷徙戶籍，二為取得投票權，三為投票。其中第二部分，係由選務機關依據客觀之戶籍資料，造製選舉人名冊，經公告無異議而生效，行為人根本不必有所作為；亦即實際上祇有第一部分及第三部分，始屬於行為人之積極作為。而第一部分之虛偽遷徙戶籍，就該選舉區之整體投票結果以言，其計算得票比率基礎之選舉人數額，及實際投票數額等各項，當然導致不正確發生，自毋庸如同第一項，特將其『使投票發生不正確之結果』，再列為犯罪之構成要件，故一旦基於支持某特定候選人之意圖，而虛偽遷徙戶籍，當以其遷籍之行為，作為本罪之著手❸❶。」

　　亦有認為應實質予以認定，以避免過早入人於罪：「犯罪之著手，係指行為人為實現犯意而開始實行犯罪構成要件之行為而言。犯罪之構成要件包括數階段之行為者，並不以開始實行最後階段之行為，始認係著手；行為人雖係為某階段之行為，但依該行為所該當之罪立法目的、行為人之違法性認識及國民之法律感情等，足以認定行為人所為係為實現該項犯罪者，亦應認係著手。刑法第一百四十六條第二項規定：『意圖使特定候選人當選，以虛偽遷徙戶籍取得投票權，而為投票者，亦同』，而觀諸該條第一項之規定，其立法目的在杜絕任何選舉舞弊，以達選舉之純正與公平性；而該條所稱使投票發生不正確之結果，係以該選舉區之整體投票結果，包含計算得票比率基礎選舉權人之人數及投票數等投票結果在內，發生不正確之結果為已足。行為人基於妨害投票之犯意而虛偽遷移戶籍，取得選舉人資格，且於投票日前二十日以前仍未將戶籍遷出該選區，經編入該選區選舉人名冊中，取得形式上之

---

❸❶ 101 臺上 4041 判決。

選舉權而得於該選區行使選舉權，已足以妨害選舉之純正及公正性，適足以影響該選舉區之選舉權人人數或投票數等整體投票結果，其行為已達於可實現該罪之構成要件，自應認係已著手犯罪❷。」

　　面對最高法院近年判決對於著手判準的作法，能以何種方式保證「解釋」本身不會破壞刑法的保障功能？能否允許對預備行為的臨界點做如此闡釋，而實質擴張構成要件行為的涵攝範圍？

　　以販賣毒品罪為例，最高法院先是認為：「所稱著手，指犯人對於犯罪構成事實主觀上有此認識，客觀上並有開始實行此一構成事實之行為，而所實行者乃犯罪行為之開端，且與犯罪行為之實行已達到相當密接之程度❸。」、「如販毒者已進行兜售，或與購毒者為毒品買賣之磋商，均已對禁止販賣毒品所欲保護之法益形成直接而密切之危險，應認為已著手於毒品之販賣行為❹。」101 年第 10 次刑庭決議正式採納下述意見：「刑罰法律所規定之販賣罪，類皆為⑴意圖營利而販入，⑵意圖營利而販入並賣出，⑶基於販入以外之其他原因而持有，嗣意圖營利而賣出等類型。從行為階段理論立場，意圖營利而販入，即為前述⑴、⑵販賣罪之著手，至於⑶之情形，則以另行起意販賣，向外求售或供買方看貨或與之議價時，或其他實行犯意之行為者，為其罪之著手。而販賣行為之完成與否，胥賴標的物之是否交付作為既、未遂之標準。」也因此，「倘販入後未及賣出，或已著手出賣但尚未完成交付者，均因未完全實現販賣毒品犯罪之構成要件而僅屬未遂，此乃本院最近所持之見解；至認此情形應構成販賣既遂罪之本院二十五年非字第一二三號判例及

---

❷ 101 臺上 392 判決。深入的評析，可見薛智仁，〈虛遷戶籍投票罪之既未遂——評最高法院 101 年度臺上字第 4041 號刑事判決〉，《月旦裁判時報》，第 20 期，頁 64 以下。

❸ 100 臺上 3909 判決。

❹ 100 臺上 3553 判決。

其他相同意旨之諸多判例、決議，均已經本院決議不再援用或供參考❸。」

依本書，相較於行為「可能」製造法所不容許的風險，基於對日常生活中行為自由、職業活動的尊重與罪疑唯輕原則，應認為除非能排除種種法益侵害的可能性臆測，換言之，「無須任何中間的行為，即可直接導致構成要件實現」，均應否定已經著手。舉例：意圖行竊而擦拭車窗，由於擦拭車窗的行為可以理解為是日常活動，他人動產的持有狀態更不會因為擦拭的行為而移轉，故不能認為是竊取，竊盜行為未著手。再以實務常見的侵入住宅後行竊與控制行動自由後性交而論，行為人固然「可能」從事我們所以為的犯罪行為，卻也可能是打算侵害其他法益，甚至已對其他法益造成侵害。既然對於竊盜或違反意願性交的構成要件實現只是一種臆測，沒有理由將入室與拘禁的舉動視為已開始實現竊盜或違反意願性交罪的構成要件行為所描述的不法。誠如最高法院 27 年滬上字第 54 號判例所言：「如僅著手於該項加重條件之行為而未著手搜取財物，仍不能以本條之竊盜未遂論。」換言之，入室不等於竊取、限制行動自由更不等於侵害性自主權，這都不是竊盜罪或違反意願性交罪的構成要件行為事實，而毋寧是「自由」法益受到侵害後，所實現的侵入住宅罪與強制罪或剝奪行動自由罪的事實。然而，一旦入屋行竊者隨身攜帶行竊工具，則只要其進入屋內，應可認為竊盜行為已著手。再如：「乘被害人入睡之際，一方面點燃金紙爐內之炭火，並將含有 FM2 安眠藥液體之針頭插入被害人手臂，被害人因疼痛而驚醒❸。」亦可認為已著手實行殺人行為。

據此，不論潑灑汽油或拿起打火機作勢點火，一如於爭吵時掏出槍枝或拿抹布擦拭車窗，均應否定其屬於構成要件行為。此外，行為人的舉動既已可滿足放火罪或殺人罪的預備犯，則法益持有人或第三人可在行為人著手前

---

❸ 102 臺上 961、770、617 等判決。

❸ 100 臺上 2752 判決。

發動正當防衛 ❸，無須擔慮法益的保護可能出現疏漏。其他情形，如：為取得毒品或管制藥品而出國、為購毒而在毒販住宅內等候、為洗劫計程車司機而搭車、為搶銀行而進入大廳、打開汽車的遠光燈以作為行搶開始的信號、持槍戴口罩按門鈴等，亦均不成立各罪的未遂。

有疑義者其實在於：持槍殺人者瞄準被害人、為製作安非他命而以感冒藥提煉出麻黃鹼 ❸的情形，能否分別認為已著手殺人與製造毒品？德國學者曾經說過：「德國實務的『中間行為理論』(Zwischenaktstheorie) 並沒有交代

❸ 多數學說支持對於不法侵害是否屬於「現在」的始點決定，可獨立於著手時點而為判斷。詳言之，不法侵害的現在性所牽涉的是正當防衛的界線問題，為有效確保受攻擊者的利益，不應由侵害者的角度予以考量；著手的時點意在劃定預備與未遂的界線，並且依本書，其基礎為法益保護與最後手段原則，據此，應盡量推遲。文獻見黃惠婷，〈正當防衛之現在不法侵害〉，《台灣法學雜誌》，第 23 期，頁 138；王皇玉，〈正當防衛的始點〉，《月旦法學教室》，第 105 期，頁 28；張天一，〈正當防衛之成立要件與防衛過當之處置方式（上）〉，《刑事法雜誌》，第 46 卷第 1 期，頁 10；薛智仁，〈不法侵害之現在性與著手實行〉，《台灣法學雜誌》，第 182 期，頁 184 以下。值得注意的是，最高法院於 99 年臺上字第 5562 號判決，似乎持與上開學說相左的立場，認為不法侵害是否屬於「現在」，仍應以已否「著手實行」為斷。

❸ 依實務見解：「甲基安非他命之製造過程可分為三個階段，第一階段為『鹵化反應步驟』，第二階段為『氫化反應步驟』，第三階段為『純化再結晶步驟』，其中假麻黃，為第一階段之主要產物。……基於製造第二級毒品之犯意，已著手於製造第二級毒品行為之實行而不遂者，雖該行為已達於製造第四級毒品既遂之程度，仍應論以製造第二級毒品未遂，不能論以製造第四級毒品既遂。此觀基於殺人之犯意，已著手於殺人行為之實行而不遂者，雖該行為已造成傷害之結果，仍應論以殺人未遂，不能論以傷害既遂自明。陳永生等人共同基於製造第二級毒品之犯意，已著手於製造第二級毒品行為之實行而不遂，雖所製成之假麻黃為『毒品先驅原料』，業經列管為第四級毒品，仍應論以製造第二級毒品未遂，不能論以製造第四級毒品既遂。（100 臺上 921 判決）」依此邏輯操作，刑法第 199 條的實質預備犯極可能成為同法第 195 條第 2 項的未遂犯矣。問題是，如何得知奶茶只是還沒有加珍珠的珍奶？

問題如何被解決，而僅是對其做出一個新的表述，因此即便使用相同標準，在具體的案例卻可能會在各自都有充分理由之下，得出相反的結論。最終，或許我們不得不承認並且接受，可罰未遂的開始，迄今無法毫無疑問獲致抽象準確的描述；在社會可容許的預備與已經入罪的法益侵害行為之間，發揮作用的始終是正義感與法律政策❸。」

　　法解釋學的精緻化，固然引領體系思想，卻也往往造成體系思考的解消。著手實行的判準困局，或如林東茂教授所言：「科學的特性在於『客觀可驗證』，法學不可能如此。依照科學研究的方法，研究結論應該一致，法學卻甚至沒有方法，而只能做到『互為主觀』；一切法學方法遇上比較棘手的法學問題、比較需要價值判斷與取捨的問題，都將束手無策。法學的精微之處，是人情世故❹。」

✦ 五、行為無危險的不能犯

　　【水槍殺人案】甲的職業是殺手，家中擺了一堆槍，兒子因此家學淵源，玩具之中自然也少不了一堆「槍」。某日，甲出門執行任務，匆忙間錯帶兒子的水槍，在對著目標掏槍擊發的瞬間，竟射出一串水柱，鬧成笑話。

　　【法師加持案】乙明知自己攜帶的是水槍，卻因為堅信經過悟空法師加持的水可殺人於無形，而欲以此「武器」出門執行任務，豈料目標竟毫髮無傷。

---

❸ Weigend, Entwicklung der deutschen Versuchslehre, 1989, S. 117. 採取中間行為理論的實務見解，z. B. BGHSt 26, 201, 203 f.; BGH NJW 1980, 1759. 稍新判決如：BGH wistra 2008, 105, 106.

❹ 氏著，〈法學不是科學〉，《高大法學論叢》，第 6 卷第 1 期，頁 1 以下。

　　刑法第 26 條規定：「行為不能發生犯罪之結果，又無危險者，不罰。」學說與實務稱為不能未遂或不能犯，看似清楚易懂，其實裡頭的學問還真是不小。以上述【水槍殺人案】與【法師加持案】為例，在這兩種情形，雖然甲、乙所為客觀上均未造成死亡結果，事實上也都不可能造成死亡結果，但，是否均屬於刑法第 26 條所描述的不能犯，而不應處罰？

　　按，「不能發生犯罪之結果」其實是所有未遂犯的共通條件，並非不能犯的特徵；既遂構成要件的不能實現，究屬刑法第 25 條可罰的普通未遂，還是可適用刑法第 26 條「不罰」的法律效果，關鍵應在於「行為無危險」。要之，即便所使用的手段或攻擊的對象已不能實現構成要件，還必須要行為無危險，才能不罰。有疑義的地方不僅在於無危險的標準如何認定，更延伸到所謂的不罰，到底是因為未遂犯罪成立後，基於刑事政策的預防考量，認為欠缺需罰性，抑或如立法理由所言，指「不構成刑事犯罪」❹，並且是根本未著手而沒有構成要件行為？此外，應提醒讀者注意的是，不論對於未遂犯的處罰依據在客觀未遂論與主觀未遂論之間如何游移，不變的仍然是德國刑法第 23 條第 3 項（對出於重大無知的不能未遂仍然處罰）與我國刑法第 26 條（對行為無危險的不能犯不罰），已然在法律效果上分道揚鑣的事實。

---

❹ 刑法第 26 條的修法理由認為：「關於未遂犯之規定，學理中有採客觀未遂論、主觀未遂論、或折衷之『印象理論』。參諸不能犯之前提係以法益未受侵害或未有受侵害之危險，如仍對於不能發生法益侵害或危險之行為課處刑罰，無異對於行為人表露其主觀心態對法律敵對性之制裁，在現代刑法思潮下，似欠合理性。因此，基於刑法謙抑原則、法益保護之功能及未遂犯之整體理論，宜改採客觀未遂論，亦即行為如不能發生犯罪之結果，又無危險者，不構成刑事犯罪。」就立法沿革與新舊制的討論，見靳宗立，〈我國刑法不能犯之解釋與辨正〉，《法學叢刊》，第 207 期，頁 23 以下。

㈠主、客觀未遂論的交鋒

前已提及，未遂犯罪的概念是透過有無出現可歸責於行為人行為的法益侵害結果，與既遂犯罪做出基本區別 ❷ 。但，也正因為缺乏結果，行為人在犯行未成功的狀態下，應該要做到多少程度，才能認定其行為夠可惡，還是必須處罰，即難以明確。

我們先複習一次學說對於未遂處罰基礎的討論：客觀論者自詡是法益保護思想（自由與損害原則）的貫徹者，並認為主觀未遂論基於犯罪預防的理由而處罰單純的犯意，是行為人刑法與對人格自由的過度侵犯；主觀論者則認為，從客觀面觀察，危險的存在與否根本是繫於「結果是否發生」的機會因素，因此，不僅對既遂的處罰是植基於道德上的偶然，且根本無法再行區分所謂有危險的未遂和無危險的未遂，即便可分，主觀的想像對於構成要件仍有決定性，於行為無危險的不能未遂更必須被考量（而應該處罰）。

簡單的梳理：客觀未遂論服膺以損害的大小決定刑罰輕重，沒有造成損害的未遂，其處罰理應輕於既遂，而與運氣無關；相對地，主觀未遂論認為既、未遂應同其處罰，因為行為人都做出了可譴責的選擇，損害是否發生，無關緊要。更詳細的說，客觀未遂論者擁抱自由主義與損害原則，堅持「事實上不可能」的未遂不應處罰，因為這樣的行為無法讓理性人相信已經對損害的發生製造了不當風險。主觀未遂論者則認為，如果行為人做出自己認為會導致損害或引發不當風險的選擇，不管這樣的嘗試會否可能發生，都不重

---

❷ 更詳細的說，未遂，是指基於實現構成要件的犯罪決意，著手實行構成要件行為後，既遂構成要件未實現而言。既遂構成要件的未實現，原因可能是結果犯的構成要件結果根本未發生，抑或客觀上雖已出現構成要件結果，但與行為人已著手的構成要件行為間欠缺因果關係或客觀可歸責性（風險未實現）。

要；重要的僅僅是選擇本身。既然選擇是承擔刑事責任的唯一基礎，而行為人也做了不該做的決定，即便其想法難以被這個世界接納，又如何？總結而言，主觀未遂論由排除影響刑法的「運氣」因素開始，側重於選擇的機會與因此所形成的意圖，結局必然導致未遂犯罪版圖的擴張：一旦動心起念而付諸行動，只要其犯罪意圖可以獲得證明，即須背負未遂責任，不會受到「事實上不可能」的影響。

據上，我們可以對主觀未遂論提出以下質疑：不論英美法或歐陸法系均肯定犯罪的成立必須有一個客觀的行為，並且，我們也都同意行為原則上是受到行為人的心意所支配，問題是，主觀未遂論者一再強調處罰的基礎在於人們所做的選擇，而非受到意志驅動的客觀行為，若然，何必再多要求行為的要素？如果「選擇」有別於身體的舉止，而人又只能支配自己的選擇，依此推論，是否人對於自己的行為也無法支配？

㈡行為危險性有無的判斷

> **?**
>
> 　　甲父乙氣憤丙帶壞甲，拿了甲房內的槍去殺丙，因拿到的只是一把酷似真槍但無撞針的玩具槍，即使已瞄準丙，根本無法擊發。隔日乙又到好友丁所開的道館請其做法，讓丙不得好死。3 日後丙在家門口被車撞死，請問乙、丁是否成立殺人罪❸？

---

❸ 102 年三等軍人轉任一般行政考題。類似案例：「甲男有高血壓宿疾，長期服用抗高血壓藥物。某日與網友乙女相約見面，隨後因乙女突然肚痛難耐，甲即載乙至附近的汽車旅館休息。在汽車旅館房間中，甲男因情緒高亢而血壓升高，故等待乙女如廁沐浴中甲服用抗高血壓藥物。隨後乙女沐浴完畢，甲男突然獸性大發將乙女壓倒在床上，但甲卻因服用抗高血壓藥物導致性功能不佳而無法勃起，以致於未能對乙女為性交行為。請依下列問題討論

不能未遂的判準（行為有無危險），大致如下❹：

	判斷資料	判斷基準時	判斷基準
重大無知說	本人	行為時	本人
抽象危險說	本人	行為時	一般人
具體危險說	一般人＋本人	行為時	一般人
純粹客觀說	全部客觀事實	事後（裁判時）	科學的

　　從前面的幾次說明，我們已經非常清楚的知道：客觀未遂論認為沒有造成法益侵害的未遂，其處罰理應輕於既遂，並堅持「事實上不可能」的未遂不應處罰，也因此，類如使用大家一眼就看得出來的玩具槍企圖殺人，結果噴出一串水柱，或站在高雄拿著一支真的手槍朝北射擊，一邊喊著住在臺北的仇家名字，這樣的行為根本無法讓人相信已經對損害的發生製造了不當風險。相對地，主觀未遂論則認為，只要做出自己認為會導致損害或引發不當風險的「選擇」，不管這樣的嘗試會否可能發生，都不重要；重要的僅僅是選擇本身。換句話說，行為人既然做了不該做的決定，即便其想法難以被這個世界接納，又如何？不論是既、未遂，也不管動手後發生結果的可能性高低，只要擁有選擇的機會卻形成犯罪的意圖，都應該在付諸行動後承擔刑事責任。

　　在多數學說就客觀構成要件是否全部實現的判斷，已接受客觀歸責理論的情況下，不論既遂或未遂，當然只有製造法所不容許風險的行為，才可能建構不法❹，支持客觀未遂理論的基本立場❹，不僅可呼應客觀歸責理論所

甲男刑責：㈠何謂不能未遂？㈡甲男應成立刑法第 221 條強制性交罪之不能未遂或普通未遂？（100 年檢事官偵查實務組考題）」

❹ 亦見林書楷，《刑法總則》，頁 269 以下。

❹ Weigend, a.a.O., S. 127.

❹ 之所以指「基本立場」，是因為除非採取舊客觀說，當代的客觀未遂理論者並不否認未遂犯

表達的不法價值觀，亦較能與我國刑法第 26 條的修法理由甚至第 25 條著手實行的概念契合。據此，本書對於行為危險性有無的判斷，採取「於行為時、由　般人的角度審查」的標準；學說大致把這樣的判斷方式，稱為新客觀未遂論或具體危險說❹。

仍然必須考慮到主觀的要素。Vgl. Roxin, in: FS-Nishihara, S. 163.

❹ 與本書立場相同，以危險的有無來自第三人就行為當時觀察者，如：甘添貴，〈刑法總則修正重點評述〉，《自由‧責任‧法──蘇俊雄教授七秩華誕祝壽論文集》，頁 20；林山田，《刑法通論（下）》，頁 503；陳子平，《刑法總論》，頁 399；許玉秀，〈不能未遂與接續犯〉，《台灣本土法學雜誌》，第 8 期，頁 130；余振華，《刑法總論》，頁 354 以下；黃惠婷，〈論不能未遂〉，《台灣法學雜誌》，第 163 期，頁 19；李聖傑，〈大難不死──客體不存在之未遂〉，《法學講座》，第 29 期，頁 91 以下；許澤天，《刑總要論》，頁 258 以下。實務見解如：「是否不能犯，其行為有無危險，究應如何判斷，學說看法固見紛歧，有所謂『具體危險說』（以行為當時一般人所認識之事實以及行為人所特別認識之事實作為判斷基礎，再以一般人之角度判斷該行為有無導致犯罪結果之具體危險。若有危險，則非不能犯），及『重大無知說』（以行為人主觀上所認識的事實為基礎，再以一般人之角度加以評價行為人是否重大無知。若非『重大無知』，即非不能犯）之分。惟就實質之內容觀察，不論係採何一說法，均係以客觀上一般人依其知識、經驗及觀念所公認之因果法則判斷危險之有無，故絕大部分所導出之結論，並無二致。惟在罪刑法定主義要求下，刑法之法律文字應符合明確性，使人民知所遵循。刑法第二十六條有關不能犯之規定，既未如德國刑法針對『重大無知』加以規範，且『無危險』與『重大無知』在文義上復相去太遠，甚難畫上等號。故『重大無知』不宜作為有無危險之唯一判準，僅得作為認定有無危險之參考之一。詳言之，行為若出於重大無知，致無法益侵害及公共秩序干擾之危險，固可認定其為『無危險』，但若非出於重大無知，亦可能符合『無危險』之要件，即『無危險』不以重大無知為限。另所謂『危險』，不能純以法益是否受損為唯一標準，如行為人所為引起群眾之不安，造成公共安寧之干擾，並動搖公眾對法秩序有效性之信賴，破壞法和平性者，亦係有危險。即此處所謂之『危險』，包含對於公共秩序及法秩序之危險，始不致過度悖離人民之法感情。本件上訴人與陳玉津等人鬥毆爭執後，隨即取出槍枝，拉上滑套，並將槍口對著陳玉津之腹部射擊（上訴人坦承有扣扳機，見原審上訴卷第六一頁反面），槍枝內之子彈

影響所及，當構成要件的客觀實現條件在經驗上已可完全排除或不可能時，為什麼不能認為根本不存在未遂不法？不論是畫符咒、施魔法，行為人的舉止作為其主觀想像的外顯，若不論何時均無從構成對法益侵害的可能風險，刑法亦無須回應這樣的行為！未遂處罰基礎就是以一般人的立場認定其處於行為人的地位、行為時所可能認識的事實，決定行為是否對法益造成危險；行為無危險的不能犯，不論在解釋上認為欠缺結果非價或行為非價，結論都是無不法可言，刑法第 26 條的不罰，因此是指「不構成犯罪」，並且因為行為未製造法所不容許的風險，既不存在構成要件行為，根本沒有著手，觀念上根本不是未遂犯**❹❽**！

透過下述的案例討論，或許可以更清楚看到問題：

【射殺屍體案】：甲在不知乙已死亡的情況下，基於殺人故意對「屍體」射擊。

【砂糖殺人案】：甲欲以砒霜殺乙，卻誤砂糖為砒霜而用之，乙未死。

【砒霜殺人案】：甲欲以砂糖殺乙，卻誤砒霜為砂糖而用之，乙因而毒發，送醫後僥倖未死。

事後觀察，【射殺屍體案】的被害人實際上於行為時已不存在，而屬於所

雖因故而未能擊發，但此為一時、偶然地未能有效擊發（上訴人坦承槍枝可以射擊，並曾試射，見偵查卷第九頁、第一審聲羈卷第五頁），一般人立於行為當時觀之，已足使陳玉津或社會大眾膽顫心驚，引起群眾不安，難謂為無危險。（101 臺上 4645 判決）」以重大無知作為判準者，見林東茂，《刑法綜覽》，頁 1-224；張麗卿，《刑法總則理論與運用》，頁 319；黃榮堅，《基礎刑法學（下）》，2012，頁 513；林鈺雄，《新刑法總則》，2014，頁 377；王皇玉，《刑法總則》，2014，頁 374；蔡聖偉，《刑法問題研究㈠》，2008，頁 111。進一步的討論可見鄭善印，〈不能未遂標準之研究〉，《甘添貴教授七秩華誕祝壽論文集（上）》，頁 329 以下。

❹❽ 同立場見柯耀程，《刑法釋論I》，2014，頁 462、471、501。

謂的客體不能；【砂糖殺人案】中實際上用來作為殺人方法者，既然已知是砂糖，也應該是手段不能。換言之，不論何者，如果是事後純客觀的予以判斷，既然已經排除種種未知的可能性與不確定性，當然無所謂法益侵害的「客觀危險性」可言，據此可知，就危險的判斷時點來說，在法益侵害實際上不存在的狀態下，確實不應接受德國 19 世紀的舊客觀說，以「事後」的觀察時點作為危險有無的判準。有疑義者在於，即便以「事前」，亦即行為當時的狀態作為判斷時點，為什麼客觀未遂理論可以於【射殺屍體案】主張危險存在，應成立可罰的普通未遂❹；於【砂糖殺人案】又認為屬於不罰的不能未遂❺？

　　沒有錯，就危險概念而言，其是否存在、何時存在，甚至程度的高低，關鍵均在於人類的有無認知，並據此形成確信；危險的有無永遠與認識的有限性相關。就未遂而言，對其處罰本來就是在擬制法益侵害的狀態，並且，為了不讓行動自由受到過大的限制，必須對損害的可能性與程度加以評估，以控制性地增加理性行動的範圍。據此，以理性人相信個案存在不合理的風險，作為判斷危險有無的標準，進而成為處罰未遂的基礎，應該是最佳的觀察角度；以【射殺屍體案】為例，透過理性人於行為時所能得知的具體事實作為判斷基礎，只要一般人難以確知行為客體實際上已經死亡，行為就是有危險。至於對這個案例所謂「不可能對不存在的法益造成危險」的評論，恐怕是透過張冠李戴，對「客觀危險性」的概念套用舊客觀說，理解為事後判斷侵害發生的可能性，而得出的結論❺。

---

❹ 蔡聖偉，〈評 2005 年關於不能未遂的修法〉，《刑法問題研究㈠》，2008，頁 72 對所謂「新客觀未遂論」的解讀。

❺ 許恆達，〈論不能未遂——舊客觀說的古酒新釀〉，《第十八屆政大刑法週暨「2011 年第二屆海峽兩岸刑事法論壇」學術研討會》，2011，頁 169 對所謂「新客觀未遂論」的解讀。

❺ 依 Feuerbach 的舊客觀說，開槍殺人時如果根本沒有子彈，因果關係即不可能發生，應屬不

　　再進一步說，如果主觀是一種植基於個人認知所為的經驗性預測，那麼客觀未嘗不能理解為是「對現象的集體主觀」？以 2003 年我國爆發 SARS 疫情為例，回到臺北市立和平醫院隔離的醫護人員，恐怕與正在街頭開著發財車的送貨員，對於自身安全會有不同理解。但，實證的結果表明，每年因交通事故而死於非命的人數，恐怕遠高於 SARS。正由於安全感是一種知覺或認知情感的心理反應，其存在與否，往往只是個人心理與其負面的經驗或資訊結合後的制約結果，為了避免不確定因素過分干擾，較佳的解決方案便是透過理性人的情緒反應，作為危險存否的判斷依據，而非行為人。

　　回到【射殺屍體案】與【砂糖殺人案】。依本書所採的新客觀未遂論立場，應區別一般人於行為人行為時，能否得知被害人已經死亡或行為人手裡拿著砂糖，如否定，即屬普通未遂。據此，除非「屍體」有顯著外傷或已腐爛發臭，一般人確實不太可能透過觀察而得知【射殺屍體案】中的行為客體是否仍然存活；至於【砂糖殺人案】，因砒霜是無味的霜狀粉末，即便用來做對照比較的砂糖剛好是細粒特砂，不論外觀還是味道，都有明顯區別，只要能接受對於無味的粉末（砒霜）與有甜味的顆粒（砂糖）一般人可以清楚辨明，【砂糖殺人案】即不應處罰。兩案的結論雖然相異，操作判準卻始終一致。

　　值得進一步深究的是，對主觀未遂論者而言，【砒霜殺人案】如果可以成立不罰的不能未遂，那麼在價值判斷上，憑什麼認為餵別人吃糖的行為比較可惡，屬於可罰的普通未遂，餵別人砒霜卻反而得以不罰？唯一的理由，正是客觀上到底拿什麼來殺人，一點都不重要，關鍵只在於行為人主觀的法益

罰的不能未遂；反之，雖有子彈，卻因風勢過強等原因而未出現死亡結果，由於因果關係的發生仍是可能的，故應屬可罰的普通未遂。很明顯的，反對新客觀未遂論者，是「以舊替新」，拿 Feuerbach 的論點作為抨擊的對象。

侵害想像。以這樣的思考套用到【砂糖殺人案】，則只要甲於動手時具備「砒霜可以殺人」的生活常識，即非出於重大無知，其客觀舉措不僅會被認定為已著手，更應成立可罰的殺人未遂罪！問題是，如此結論若不是以行為人的惡念作為依據，又是因為什麼原因呢？

詳言之，不論是打算用砂糖殺人或者喝菊花茶墮胎，認為這樣的行為沒有危險性，說的人當然不會是行為人自己，而是旁觀的一般人，結果是，要說預防必要性的有無，還是無法迴避客觀化的危險判斷標準。與其認為刑法第 26 條的修正有誤，在刑事政策上應處罰【砒霜殺人案】的不能未遂情形，不如接受新客觀未遂論的視角，以行為當時一般人所能認識的客觀事實，判斷危險有無；最高法院部分判決亦採此立場❺❷，如：「『無危險』係指行為而言，危險之有無，應以客觀具體事實認定之❺❸。」、「……有無侵害法益之危險，應綜合行為時客觀上通常一般人所認識及行為人主觀上特別認識之事實為基礎，再本諸客觀上一般人依其知識、經驗及觀念所公認之因果法則而為判斷，既非單純以行為人主觀上所認知或以客觀上真正存在之事實情狀為基礎，亦非依循行為人主觀上所想像之因果法則判斷認定之。若有侵害法益之危險，而僅因一時、偶然之原因，致未對法益造成侵害，則為障礙未遂，而非不能未遂❺❹。」

---

❺❷ 2006 年刑法總則修正生效後，最高法院立場一度搖擺不定，採取「重大無知」判準者，如：98 臺上 5197、97 臺上 2824、95 臺上 5758 等判決；採取「具體危險說」者，如：99 臺上 2419、98 臺上 4209、97 臺上 351 等判決。

❺❸ 101 臺上 1248 判決、100 臺上 4334 判決、99 臺上 7647 等判決。

❺❹ 100 臺上 2880、5663、5957 等判決。

㈢迷信犯的問題

　　應注意的是，德國學說為了避免前揭【法師加持案】中的乙被處罰，乃透過對不能未遂予以類型化的方式，將行為人所使用的方法涉及超自然的情形，另稱為「迷信犯」，並賦予有別於重大無知的不能未遂的法律效果，認為不應處罰；然而，由於我國不能犯在效果本來就是不罰，本書因此認為沒有區別迷信犯與不能犯的必要❺❺。

　　詳言之，所謂迷信犯 (abergläubische Versuch)，是指行為人以不見容於科學知識的超現實手段實行犯罪。迷信犯是一種非現實的未遂，其所採取的手段背後，往往有一套既成的經驗體系為人所服膺，並或大或小地流傳著；不能未遂的手段，則較屬於偶發的經驗上錯誤。當然，從因果關係來看，迷信犯行為與結果間的因果關係不是存不存在的問題，而是無法在經驗上證實其作用關連。

　　值得思考的是，相較於堅信「巫毒」可以殺人，認為 HIV 病毒可以透過唾液傳染給他人的想法，在性質上是否具有類似性？換言之，信任非真實存在的力量與對已知的知識產生錯誤的認識，兩者之間真能輕易區別嗎？多數學說之所以不願意將迷信犯視為一種行為無危險的方法不能❺❻，主要理由在於迷信犯對於事實的認識並不真實，既然是建立在無法實現的願望上，自然

---

❺❺ 林東茂，《刑法綜覽》，2012，頁 1–221 亦認為迷信犯應與不能犯等同處理；迷信犯與不能未遂的「方法不能」，沒有差異。

❺❻ 有力見解認為：迷信犯應與不能犯等同處理。要之，迷信犯與不能未遂的「方法不能」，沒有差異，見林東茂，〈不能犯〉，《月旦法學教室》，第 38 期，2005，頁 88 以下；德國也有越來越多的學者支持不對迷信犯做區別處理，s. Fischer, StGB, 56. Aufl., 2009, §23 Rn. 9; Hilgendorf, JZ 2009, 139, 142 f.

無法形成犯罪決意❺；相對地，重大無知的不能未遂不僅具備構成要件故意且已著手進入未遂階段，甚至具備法動搖作用而必須予以處罰。問題是，作為概念區分關鍵的迷信與愚蠢，有何差異？如果誤信符水可以殺人的行為不應處罰是共識，何以誤信菊花茶可以墮胎時又成為刑事政策上可能處罰的不能未遂？難道是因為液體的成分不同嗎？

　　事實上，即便從德國刑法的角度觀察，第 23 條第 3 項的「重大無知」，在文義上並非不能涵蓋迷信犯，德國實務與學說之所以用盡各種理由，試圖將迷信犯與其不能未遂切割，無非是因為德國刑法仍處罰行為無危險的不能犯使然；換言之，一旦將迷信犯也納入不能犯的範疇，等於是在處罰一個荒誕的念頭。然而，若一方面站在主觀未遂論的立場，肯定行為人的認識內容對處罰與否有其重要性，卻又創造迷信犯的新名詞，將其排除於不能犯的範疇以外，似乎已經自毀立場。

> 【法力無邊案】A 教唆 B 殺 C，B 千辛萬苦尋得悟飯法師的符咒一張，以為依法師指示，只要化符為水，將符灰摻入 C 所飲之咖啡，C 刻將七孔流血而死。結果，C 未有一孔流血，安然無恙，問 A、B 的行為是否構成犯罪？

問題解析

一、案例事實出現兩個以上的行為人，並且由題意已可清楚看出 A 僅從事教

---

❺ 林山田，《刑法通論（上）》，2008，頁 505；張麗卿，《刑法總則理論與運用》，2012，頁 322；王皇玉，《刑法總則》，2014，頁 378；林書楷，《刑法總則》，2014，頁 276。問題是，如果認為故意的「知」應該涵蓋對於行為意義的正確認知，則不論迷信犯或重大無知的不能未遂，根本都欠缺故意！

唆行為，故在答題順序上，宜先檢討可能成立正犯的 B；畢竟，若 B 根本尚未動手殺人，則 A 的教唆行為本身根本不可能對法益造成任何危險，如果認為 A 還會成立教唆犯，無異是處罰他那一顆邪惡的腦袋!?也因此，共犯的「成立」必須從屬於正犯；正犯未著手實行構成要件行為之前，即便教唆或幫助行為已完成，仍然不會成立教唆犯或幫助犯。

二、B 將符灰摻入 C 所飲之咖啡，目的是為了殺人，主觀上當然具有殺人故意，但 B 同時認為 C 將七孔流血而死，即顯然高估了自己所使用的犯罪方法；這種透過超自然的手段試圖對法益造成侵害的嘗試，由於根本不可能發生結果，當然不可能既遂，真正的關鍵問題是，這樣的狀態是否屬於不罰的不能未遂？

三、這個案例棘手的地方在於兩個體系性問題：通說對於迷信犯應該「不罰」，並無爭議，難處在於為什麼不罰？如果認為迷信犯屬於一種方法或手段不能，並且是行為無危險的不能未遂，那麼所謂的不罰，在理解為「構成要件不該當」的情況下，便會連帶導致教唆或幫助的共犯行為也不成立犯罪❸。

四、在處理不能未遂的考題時應特別注意：

㈠所謂方法不能，是指構成要件之所以沒有全部實現，原因在於行為人所使用的手段有問題，而不是因為偶然或運氣因素所造成。這個名詞不過是用來說明為什麼會未遂，至於行為是否無危險，而屬於刑法第 26 條不罰的不能未遂，則是另一個問題。簡單說，方法不能或客體不能的情形，行為未必無危險！舉例：甲拿起一把真槍對仇人乙射擊，卻因忘記裝填子彈，以至於

---

❸ 101 臺上 5009 判決：「刑法第二十九條關於教唆犯之規定，係於九十四年二月二日修正，九十五年七月一日起施行，將教唆犯原採共犯獨立性說，改採共犯從屬性說中『限制從屬形式』之立場，須被教唆者著手實行犯罪行為，且具備違法性後，教唆者始成立教唆犯。」

扣扳機後無法造成死亡的結果。對於這樣的案例，現在大概沒人認為應該「不罰」，換言之，即便甲的殺人行為出現方法或手段不能，其行為仍會被認為有危險，而屬可罰的普通未遂。

　　㈡行為有無危險如何判斷，固然與為什麼要處罰未遂有關，但不管是修正主觀未遂論的印象理論或客觀未遂論，都沒有提供具體的操作標準；常見的錯誤答題方式，正是以印象理論判斷行為到底有無危險。

　　㈢行為無危險的判準，事實上也是未遂犯與不能犯的區別標準，然而，在時間緊迫下，建議只處理目前被較多數學說與實務所支持的具體危險說與重大無知說即可。貿然將所有的相關學說在答題過程中展開，不僅容易出錯，更一定開花。

參考解答

　　一、B 雖企圖殺人，卻誤以為符灰可以殺人，此種以非現實的手段，企求實現構成要件的情形，學說稱為「迷信犯」，實際上構成要件根本不可能實現。依多數學說，迷信行為對因果歷程無法支配，而欠缺刑法上有意義的犯罪決意，充其量只是一種「願望」，而無法滿足構成要件故意的前提要件；此外，從未遂犯的處罰理由觀察，未動搖大眾對法威信的信賴，應否定其可罰性。

　　二、有力見解則認為：迷信犯應與不能犯等同處理。要之，迷信犯與因為方法不能且行為無危險而導致的不能未遂，沒有差異❺❾。理由在於，若謂「迷信」欠缺構成要件故意而不罰，「愚蠢」則具備構成要件故意且著手而進

---

❺❾ 林東茂，〈不能犯〉，《月旦法學教室》，第 38 期，頁 88 以下；黃榮堅教授認為迷信犯與不能未遂之間，只是一種「量差」的關係，仍然屬於不能未遂的範疇，見氏著，《基礎刑法學（下）》，頁 529。不同意見，黃惠婷，〈論不能未遂〉，《台灣法學雜誌》，第 163 期，頁 22 以下。

入不能未遂，其區分關鍵的迷信與愚蠢，有何差異？行為人自己如果認真相信其採用的迷信手段能使結果發生時，何以不具備構成要件故意？德國學說之所以會有「迷信犯欠缺構成要件故意」的說法，不過是為了在德國刑法的不能未遂仍屬可罰的背景下，將迷信犯排除於處罰範圍外。我國對於不能未遂的法律效果與德國有別，沒有必要做相同解釋。

三、據此，案例事實可認為 B 是在其主觀上具有殺人故意，客觀上復已著手實行殺人行為的前提下的殺人未遂行為；得否因其所使用的手段不能發生犯罪之結果，而認為係刑法第 26 條之不能未遂，關鍵一樣在於「行為有無危險」。

四、行為是否具備危險性，學說有相異的認定標準，說明如下：

1.具體危險說（又稱為「新客觀說」）[60]

判斷有無發生結果的危險性，係以行為「當時」的情形，是否為一般人所能認識為基礎；例外則以行為人的特別認知為準，依經驗法則判斷。

2.抽象危險說[61]

認為應以行為人事前對事實的認識為基礎，判斷危險性有無。要之，以一般人的角度去判斷行為人所認識的情形有無危險性。實務意見如：「危險之有無，以客觀之具體事實認定之。倘非出於行為人之嚴重無知，而行為人之

---

[60] 學界明確採此立場者，如陳子平，〈刑法第 26 條不能未遂犯之「不能發生犯罪之結果，又無危險」〉，《月旦法學雜誌》，第 114 期，頁 27；甘添貴、謝庭晃，《捷徑刑法總論》，頁 238。進一步的討論見蔡聖偉，《刑法問題研究㈠》，頁 61 以下；王榮聖，〈刑法修正後有關不能未遂犯理論之構成〉，《玄奘法律學報》，第 15 期，頁 23 以下。

[61] 「如果不能完成犯罪事實但具有客觀具體危險性者，即為一般未遂；若不能完成犯罪之事實且無客觀具體危險性，但仍具有一般抽象危險性者，則屬不能未遂。至於行為人雖有犯意，但是其行為事實並無抽象危險者，則屬絕對不能或幻覺犯，而為刑法所不罰。」蘇俊雄，《刑法總論 II》，頁 372。

行為復足以造成一般民眾之不安，自非『無危險』，尚難認係不能犯。（最高法院 97 年臺上字第 2824 號判決）」

　　3.重大無知說

　　行為人如具備犯罪故意又著手實行，卻未受處罰，法威信將貶值而影響大家守法的態度。不過，有些行為不可能產生法益侵害是一般人皆明知的，僅行為人自己因為「嚴重無知」而不知道這樣的「不能」，如：以為喝糖水可以墮胎。此況，雖然行為人也是基於犯罪故意而著手實行，但是一般人對這種行為的心理反應，僅會認為是奇怪的行為，而不認為會對法益造成什麼侵害，對法威信的破壞既屬輕微，基於比例原則，自不應處罰。換句話說，不能未遂的行為人對於一般人都已明知的因果關係，做出了完全歧異的想像；行為人所想像的事實，根本沒有危險。

　　部分實務判決亦採此立場，如：「除實行行為客觀上完全欠缺危險性外，行為人必須誤認自然之因果法則，非僅單純錯認事實或僅因一時、偶然之原因，致未對法益造成侵害等情狀，而係出於『重大無知』，誤認其可能既遂，始有成立不能未遂之可言。否則，仍與障礙未遂同應受刑罰制裁，並使基於與法敵對意思而著手實行犯罪，足以動搖法信賴，造成破壞法秩序之行為，得收一般預防之規範效果，以求兼顧。（最高法院 98 年臺上字第 5197 號判決）」

　　五、題示情形，B 不僅錯認事實情狀（不知道符水無法殺人），且誤認事物的普遍性質（符水可以殺人!?）；對於自然法則既有錯認，其行為即無預防的必要性，而應屬不罰的不能未遂。

　　六、有疑義者在於，教唆者 A 的教唆行為如何評價？依刑法第 26 條的修法理由：「……基於刑法謙抑原則、法益保護之功能及未遂犯之整體理論，宜改採客觀未遂論，亦即行為如不能發生犯罪之結果，又無危險者，『不構成刑事犯罪』。」據此，若將行為無危險的不能未遂解為根本未著手，以至於欠

缺構成要件該當性，則因為共犯的成立須從屬於正犯，將導致 A 的教唆行為也不構成犯罪！亦有學說將立法理由的「不構成刑事犯罪」解為具備「阻卻刑罰事由」，而欠缺刑罰需求性❷，若採此種立場，A 所為即可成立教唆殺人未遂罪（刑法第 271 條第 2 項、第 25 條）。

✦ 六、自願放棄實行的中止犯

> **？**
>
> 甲企圖殺乙，持刀守候乙家附近，傍晚時分，乙偕同小女兒返家，甲不忍小孩驚慌，於是放棄行動。越數日，甲再度持刀守候於乙家門前，時近黃昏，乙獨自返家，甲揮刀刺殺乙，乙血流如注，但仍奮力抵抗。甲突生悔意，逃離現場，並即電召救護車。救護車未到，乙已先行攔搭計程車就醫，雖然傷勢不輕，但倖得不死。試問，如何論處甲的先、後行為❸？

如果行為人在還有機會實現構成要件的情況下，「自願放棄」犯罪行為的繼續完成，甚至不願意再坐等犯罪計畫付諸實現，轉而積極的去阻止犯罪結果發生，那麼犯行失敗的原因既然是來自行為人自己的決定，刑法對於這種態度上已然轉變的人，是否還必須在未遂犯罪成立後堅持處罰，即值得進一步研究。

詳言之，從刑事政策的需罰性角度考量，轉念放棄的行為人，其刑罰的必要性顯然已經減少或消滅；既然犯後自首可以減輕其刑，對於犯罪時後悔

---

❷主要是林東茂、黃榮堅、黃常仁與蔡聖偉教授。附帶一提，認為「不罰」是指構成要件不該當者，如陳子平、柯耀程、高金桂、鄭逸哲、黃惠婷等教授；屬於阻卻違法事由者，如余振華教授。

❸案例事實摘自 99 年司法官考題。

而使犯行未實現的人，亦應予以減刑❻❹。刑法第 27 條第 1 項即據此規定：
「已著手於犯罪行為之實行，而因已意中止或防止其結果之發生者，減輕或
免除其刑。結果之不發生，非防止行為所致，而行為人已盡力為防止行為者，
亦同。」

　　換句話說，儘管犯罪還有實現的可能，若行為人在著手實行後，內心出
現變化，於沒有外力干擾的情況下，自發性的消極放棄或積極的去阻止構成
要件的實現，縱然行為的價值判斷於著手時已塵埃落定，在刑事責任的認定
上是否還必須堅持以行為時為斷，而全然不顧行為後犯罪者已萌生悔意的情
狀？實務見解即正確的指出：「因行為人主觀上之危險性格較普通未遂顯著為
低，因此可以得到刑法的寬典。(最高法院 99 年臺上字第 3490 號判決)」❻❺。

　　有疑義者在於，既然刑法願意給行為人「減輕或免除其刑」的好處，對
於其「放棄」的原因，也就是決定中止犯罪行為的動機，應否一併予以考慮？

---

❻❹ 本書不支持獎賞（報酬）理論。先不說這個理論根本沒有回答表現在法條上的減輕或免除
　　刑罰的優惠效果是因為什麼原因，使用上不僅常與刑罰目的理論相混淆 (Roxin, AT II,
　　2003, §30 Rn. 23.)，更無法解釋：為什麼同樣是扭轉犯行對法益造成侵害的努力，竊盜既遂
　　者歸還不義之財卻無法受到獎賞或赦免？深刻的介紹與批評見柯耀程，《刑法釋論 I》，
　　2014，頁 489 以下，尤其頁 495。

❻❺ 學說上的深入討論，可見陳子平，《刑法總論》，頁 418 以下；余振華，〈未遂犯〉，載於
　　《2005 年刑法總則修正之介紹與評析》，頁 148 以下。兩位教授均採日本的「違法性減少
　　與責任減少說」，並認為行為人對於主觀違法要素（故意）的放棄，已減低其行為的無價
　　值，因而減輕犯行的違法性；並且，由於中止的行為係依據己意，從行為人法敵對性削弱
　　的之觀點，責任亦隨之減輕。德國的學說發展可參閱王皇玉，《刑法總則》，2014，頁 382
　　以下；王效文，〈中止犯減免刑罰之理由〉，《月旦法學雜誌》，第 194 期，頁 6 以下；徐育
　　安，〈中止犯減免刑罰法理基礎之再思考〉，《第十八屆政大刑法週暨「2011 年第二屆海峽
　　兩岸刑事法論壇」學術研討會》，頁 4 以下；柯耀程，《刑法釋論 I》，頁 480；林書楷，《刑
　　法總則》，頁 280 以下。

緊接著的解釋學問題是，這樣的放棄是否還必須具備一些配合的條件？行為人一旦悔改而打算放棄，又必須要做到什麼程度，才能讓我們感到滿意，而願意再給他一次機會？甚至，在行為人本來想做的壞事例外的有處罰預備犯的情況下，如果行為人在著手實行「前」就放棄，是否仍然可能成立中止犯？

此外，實例題檢驗的時候，還要注意下述幾個小細節：

1.依多數學說，先排除失敗未遂 (fehlgeschlagener Versuch) 的情形。失敗未遂是指，行為人主觀上認為，以行為當時的情況或使用的手段，無法達成犯罪目的，或已無繼續實行之可能或必要❻❻。例如：甲持刀行搶，發現被害人緊握在手的錢包中僅剩幾個銅板，於是對被害人說：「當我沒出現過，你比我更需要錢！」仍僅成立障礙未遂（刑法第 25 條），不能減輕或免除刑罰；反之，只有行為人認為行為可以繼續下去而達成犯罪目的時，才會產生中止犯的己意中止或防果行為的問題。

2.判斷行為人的未遂是屬於「既了未遂」還是「未了未遂」。

⑴所謂既了未遂，又稱為已完成的未遂、實行未遂，是指「行為人著手於犯罪行為之實行之後，雖已完成實行行為，但尚未發生結果的未遂。」所謂未了未遂，又稱為未完成的未遂、著手未遂，是指「行為人雖已著手於犯罪行為之實行，仍未完成實行行為的未遂。」在未了未遂的情況，行為人只須消極放棄犯罪行為的繼續實行，即可成立中止犯（著手中止；Rücktritt vom unbeendigten Versuch）；在既了未遂的情形，行為人除己意中止外，還必須進一步積極的防止結果發生，始能成立中止犯❻❼（實行中止；Rücktritt vom

---

❻❻ Rengier, AT, 5. Aufl., 2013, §37 Rn. 15 ff.; Frister, AT, 6. Aufl., 2013, §24 Rn. 20 ff.; 王皇玉，《刑法總則》，2014，頁 390。

❻❼ 100 臺上 6535 判決：「刑法第二十七條第一項前段所定『已著手於犯罪行為之實行，而因己意中止者』，係指『未了未遂』之情形；所定『已著手於犯罪行為之實行，而防止其結果

beendigten Versuch）。

(2)就考試而言，不僅常考的都是既了未遂，事實上，也只有既了未遂，才會有防果失敗的風險與準中止犯成立的可能！

(3)有疑義者在於，我們如何判斷個案的實行行為已否完成？多數學說認為，應以行為人事前的犯罪計畫為準。在犯罪計畫不明確的情況下，則以行為人主觀想像上是否認為犯罪結果有發生可能，以決定是否成立中止犯。換句話說，只要行為人在其最後一個舉動完成後，自己認為有發生結果的可能，即屬既了未遂，而有積極防止結果發生的義務。

3.依多數學說，中止犯既然屬於「個人減免刑罰事由」，即應在行為人未遂的構成要件該當，並依序檢驗完違法性與罪責後，才會檢驗中止犯是否成立❻❽。

4.須注意，如果行為人以「一行為」同時實現殺人未遂罪與傷害既遂罪，或強盜未遂罪與強制既遂罪，由於中止犯（減免其刑）的法律效果僅及於未遂之罪，已經既遂的犯罪依學說並不受影響❻❾。

之發生者」，則指『既了未遂』之情形。倘行為人已著手於犯罪行為之實行，並有發生犯罪結果之危險，而於結果尚未發生前，僅因己意消極停止犯罪行為，然未採取防止結果發生之積極行為，而係另有第三人之行為，致未發生犯罪結果，仍屬因外力介入而致犯罪未遂之普通未遂即障礙未遂，而非中止未遂。」

❻❽ 解題結構可參閱鄭逸哲，〈中止成功，方為中止犯〉，《台灣法學雜誌》，第 161 期，頁 127 以下；盧映潔，〈中止犯的成立〉，《台灣法學雜誌》，第 36 期，頁 200 以下；蔡聖偉，〈絕命醫療站（上）——透過不可歸責之途徑所發生的結果與中止〉，《月旦法學雜誌》，第 173 期，頁 297-304；徐育安，〈中止犯〉，《法學講座》，第 11 期，頁 20 以下。

❻❾ 徐育安，〈中止犯〉，《法學講座》，第 11 期，頁 24。至於未遂的重罪一旦成立中止犯，如何與既遂的輕罪競合？可參閱蔡聖偉，〈絕命醫療站（下）——殺人之中止未遂與傷害既遂罪的競合〉，《月旦法學雜誌》，第 174 期，頁 321 以下。簡言之，如認為殺人未遂罪與輕罪的傷害既遂之間可成立法條競合，則僅論以殺人未遂罪即為已足，並且這樣的作法並不因

(一)「己意」的時點與判準

【阿珠阿花案】阿珠阿花是同學，阿花貌美如花，阿珠則非常抱歉。甲男與阿花係鄰居，某日，甲看完 A 片後性慾高漲，遂埋伏在阿花家附近，欲伺機對阿花性侵。豈料人算不如天算，由於當天阿珠去找阿花聊天，離去時更因為天氣轉涼，向阿花借了外套，以至於阿珠一踏出阿花家門，即被甲男誤認為是阿花，乃自後將阿珠撲倒，意圖對其侵犯。雖然甲很快就發現自己搞錯了，在電光石火之間，仍思忖著是否將就湊合一下，最終還是決定放棄，於是對阿珠說道：「我剛剛走路不慎滑倒，讓你受驚了，抱歉。」而停止強制性交行為的繼續實行。問：甲能否就強制性交未遂罪主張己意中止，而減輕或免除刑罰？

依刑法第 27 條，只要行為人自願放棄，即被立法者保證可以獲得減輕或免除刑罰的寬典，然而，關鍵的問題是，在犯罪實現的那些階段，放棄仍然是可能的？如何判斷行為人的決定是出於自願？

就前者而言，由於未遂是指著手後、既遂前的狀態，實務乃據此認為於預備階段與犯罪既遂後，均無中止犯的問題❼⓪。至於自願性如何判斷，多數

為殺人未遂罪成立中止犯而進一步被免除其刑，即有差別。也因此，傷害既遂罪將會被吸收而無適用可能。（見甘添貴，《罪數理論之研究》，頁 172 以下。）若認為殺人未遂罪與傷害既遂罪之間仍應貫徹想像競合的釐清作用，則傷害既遂罪本來就會於判決主文一併宣告，不可能被排斥不用；結果是，即便應從一重處斷論以殺人未遂罪，基於類似刑法第 55 條但書的封鎖效果，法官不得免除其（殺人未遂罪的）刑罰。

❼⓪ 實務見解如：「本件上訴人自承已取得被害人之皮包，其行為即屬既遂，縱得手後見民眾圍觀，乃將所得返還被害人，亦僅為犯罪後之態度，自不生中止犯之問題。（93 臺上 4455、99 臺上 192 判決）」此外，預備階段無中止犯：「中止犯之成立，以已著手於犯罪之實行因

學說與實務採取是否出於自主動機的心理學標準，用以劃分中止犯與普通未遂犯，如最高法院 98 年臺上字第 2391 號判決：「若行為人非因受外界事務之影響而出於自由意志，自動終止犯罪行為或防止其結果之發生，無論其終止係出於真心悔悟、他人勸說或自己感覺恐被發覺、時機尚未成熟，祇須非因外界事務之障礙而使行為人不得不中止者，均為中止未遂；反之，倘係由於外界之障礙事實，行為人受此心理壓力而不得不中止者，即非出於自由意志而中止，則屬障礙未遂。」換句話說，只要行為人還是做成決定的主人，不論放棄的理由為何，均屬己意中止❼。

　　舉例：「上訴人持刀殺妻時，既因其妻呼救，並逃往鄰家，驚動其兄及四鄰，始棄刀向警自首，則其當時並非因己意中止犯罪甚明，自無本條之適用❼。」、「行為人自承：因聽到有人喊叫殺人，我會害怕才跑走等語屬實，顯見其當時並非因己意中止犯罪甚明，自無上開條文之適用❼。」、「上訴人著手實施殺人行為後，乃中止殺意，並囑案外人某甲將被害人送醫急救，防止死亡結果之發生，依此情形，自屬中止未遂❼。」、「上訴人既因下毒敗露，始將

己意中止者為要件，所謂著手，必須從客觀方面可以認其實行行為已經開始者而言，若實行行為未曾開始，而其所為尚係著手以前之準備行為，只能謂之預備，除刑法上有處罰預備罪之規定，得依預備罪論科外，實無中止犯之可言。(22 上 980 判例)」、「殺人之幫助犯，欲為有效之中止行為，非使以前之幫助全然失效或為防止犯罪完成之積極行為不可，如屬預備犯，則其行為之階段，尚在著手以前，縱因己意中止進行，仍與刑法第二十七條所定己著手之條件不合，自應仍以殺人預備罪論科。(32 上 2180 判例)」

❼ 張麗卿，《刑法總則理論與運用》，頁 326；林書楷，《刑法總則》，頁 286。自主動機不以值得稱讚者具有倫理道德價值者為必要，亦見黃惠婷，〈論中止犯之「己意」——兼評析實務上之相關判決〉，《台灣法學雜誌》，第 72 期，頁 28。國內採此立場者，尚有林山田、黃常仁、柯耀程、鄭逸哲、許澤天等教授。

❼ 48 年臺上 415 判例。

❼ 90 年臺上 1460 判決。

藥水倒地，顯非因己意而中止犯罪❼❺。」。

申言之，影響一個人是否放棄犯行的原因有：⑴第三人介入；⑵當時有無存在足以令人認為犯行難以完成的環境；⑶被害人的影響。也因此，只要沒有這些「外力干預」的情形導致行為人形成放棄的動機，就應認為是自願性的己意中止❼❻。

然而，從【阿珠阿花案】觀察，甲男之所以放棄繼續實行犯罪，其實是出於卑劣的動機（嫌阿珠長得非常抱歉），不論從刑罰目的或刑事政策的角度來看，要說甲在放棄時已經迷途知返、衷心悔改，從而可以對其減免刑罰，未免昧於現實。學說因此主張，所謂自願，還必須是發自「倫理上的自我要求」，例如：憐憫、行為當下的猛然醒悟❼❼，誠值贊同。要之，創設中止犯是

---

❼❹ 66 年臺上 662 判例。

❼❺ 29 年上 1243 判例。

❼❻ 實例如：「行為人見事跡敗露，遂逃逸致強盜未能得逞，非因己意而中止犯罪甚明，自無中止犯之適用。（100 臺上 2419 判決）」、「上訴人顯已著手於對 A 女性交行為之實行，非止於預備階段，其停止對 A 女性交，係因 A 女表示會痛，要求停止，且身體動來動去等拒卻之動作，受此心理壓力而不得不中止，非出於任意而中止，原判決以障礙未遂論處罪刑，適用法則，亦無不合。（100 臺上 3474 判決）」、「行為人得知甲女正值生理期，因此僅對甲女為撫摸胸部之猥褻行為，而停止對甲女為加重強制性交行為，為通常之現象，自屬意外之障礙，而非中止未遂。（99 臺上 4934 判決）」

❼❼ 林東茂，《刑法綜覽》，頁 1–231 以下；黃榮堅立場相同，認為：行為人是否因己意中止應採主觀角度判斷。而行為人是否遇到障礙，應依據在現實上的利害關係判斷，行為人繼續犯罪，在現實上會導致不利（包括誤認）而放棄，如此放棄係人性使然，並不代表行為人之危險性降低，故非己意。反對見解則認為：刑法就中止犯僅僅要求必須出於己意，若還進一步要求「衷心悔悔」的不成文要件，是對其做出不當的限制，不僅違背罪刑法定的精神，亦屬違憲。見鄭逸哲，〈「中止」，卻不「悔悔」，也還是「中止犯」——評最高法院九八年度臺上字第七三五九號刑事判決〉，《台灣法學雜誌》，第 154 期，頁 255；同旨見：黃

為了實踐刑事政策的需罰性考量，只要行為人仍具有社會危險性，刑罰的使用即仍有其必要；寬恕的前提，必須是來自行為人在心態上已出現誠摯悔悟，不能是基於功利計算下所為的理性選擇。

實務上亦有少數判決持相同看法者，如：「刑法第二十七條第一項後段規定，『結果之不發生，非防止行為所致，而行為人已盡力為防止行為者』之準中止犯，所稱已盡力為防止行為，乃依當時情況，行為人因衷心悛悔，已誠摯努力，積極盡其防止之能事，而實行與有效防止結果行為，具有相當性之行為而言[78]。」值得一提的是，最高法院 73 年第 5 次刑庭決議曾以所謂「經驗上可預期」作為判斷方式，在文字解釋上並非不能認為兼含心理學與倫理上的考量，不失為言簡意賅的操作標準。

> 甲與乙素有恩怨，甲為報復乙日前羞辱之舉動，心生不滿。某日，攜汽油一桶至乙宅，將汽油傾倒在乙宅四周，正欲點火燃燒之際，驚動鄰居丙探頭觀望，甲怕被發覺，乃作罷，倉促逃逸。問甲之行為應如何論處[79]？

問題解析

一、本題的答題關鍵在於對中止犯的體系與「己意」判準的理解。

二、更詳細的說，中止犯的「減輕或免除其刑」，被學說認為是「個人的」減免刑罰事由，言下之意，一方面是指這個好處不能與其他參與犯罪的行為人分享，另一方面，則在於只有透過構成要件該當性、違法性與罪責

惠婷，〈刑法第 27 條「準中止犯」〉，《台灣法學雜誌》，第 101 期，頁 55。

[78] 98 臺上 7359 判決。

[79] 案例事實摘自 98 年調查局特考試題。

的檢驗，確認未遂犯罪成立「後」，才會處理行為人在刑事政策的考量下，是否存在刑罰的預防必要性問題。簡單說，常見的答題錯誤便是在構成要件劈頭就開始闡釋己意、中止行為等，而全然不顧體系上的要求。

三、中止犯的檢驗，除非極度必要，無須在答案卷交代為什麼要在法律效果上減輕或免除其刑的相關學說，也因此，什麼黃金橋理論、獎賞或赦免理論，甚至違法性減少說與罪責減少說，往往都是多餘的贅述。

四、「己意」的意義為何，如何判斷，在題目沒有特別聚焦此點的情形下，建議直接以實務見解作答，言簡意賅，也不用再去背誦諸多學說。

參考解答

一、甲所為可能成立刑法第 173 條第 3 項放火未遂罪

㈠據題旨所示，「甲正欲點火燃燒之際，驚動鄰居丙探頭觀望，甲怕被發覺，乃作罷」，可知放火罪並未既遂。

㈡甲主觀上固具備放火故意，關鍵仍在於，能否認為將汽油傾倒在乙宅四周之行為已達「著手」？

㈢依多數學說意見，著手的合理判準是：依照行為人主觀上對於犯罪的認識，已開始實行與犯罪構成要件具有緊密連接性的行為，而對法益造成危險；如果不受干擾的繼續進行，將直接導致構成要件實現。據此檢視本題，可認甲所為已經著手。

㈣實務見解亦認為：所謂放火，乃指故意使火力傳導於特定之目的物，使其燃燒之意。查汽油係一易燃性之物品，其予引燃，足以釀成災害，要為被告所能認識，被告對於被害人竟先加恫嚇放火燒店，繼之將汽油潑灑於建築物前方之走道上，足見被告決意為之，則其當已表現放火行為之外觀；其潑灑之汽油，復可隨時引燃，客觀上應已具備燒燬建築物之危險之可能性，

亦即已顯現「放火」構成事實之危險，當已達於「著手」放火之實行階段，嗣雖因被害人發覺制止，被告由是未及點火，但此既非本於被告一己之意思所中止，而係被制止後之意外障礙致其停止該放火行為之實行，依法被告應仍不能解免所應成立之未遂犯罪責。(最高法院 92 年臺上字第 4578 號判決；最高法院 94 年臺上字第 6324 號判決同旨)。

(五)甲所為別無阻卻違法與罪責事由，甲成立本罪。

二、甲所為能否成立刑法第 173 條第 3 項放火未遂罪之中止犯?

(一)查刑法第 27 條第 1 項前段規定:「已著手於犯罪行為之實行，而因己意中止或防止其結果之發生者，減輕或免除其刑。」

(二)中止犯係指行為人著手實行後，出於己意或自願而放棄行為之繼續實行，或以積極之行為防止行為結果之發生，而成立之未遂犯。性質上屬於「個人減免刑罰事由」，立法目的在透過減免刑罰的方式，在刑事政策上提供行為人放棄行為或積極防止結果發生的誘因；同時，行為人的中止行為透顯其社會危險性已然下降，刑罰必要性自也相應減低。

(三)管見以為，本題應屬行為人「主觀上認為」行為當時的情況或使用的手段，已不能實現構成要件結果；此種擔心事跡敗露所為的中止，係因考慮外在環境的改變已明顯提高風險，屬於預期範圍內的不利因素(最高法院 73年第 5 次刑庭決議參照)，沒有必要以減免刑罰的方式予以鼓勵。

(四)甲所為應無刑法第 27 條中止犯規定之適用。

三、結　論

甲所為成立刑法第 173 條第 3 項放火罪之障礙(普通)未遂。

　　甲熱愛名畫成癡，得知富商Ａ近來高價購得一幅張大千之山水畫，為圖將之據為己有，遂決定於某夜 11 點左右，潛入Ａ宅行竊。試問，在下列情形下，甲之刑責如何？⑴翻牆並進入Ａ宅後，正準備開始四處搜查該幅畫作所在之際，突然間，警鈴大作，甲擔心遭人發覺，不得不放棄行竊計畫，悻悻然快速離去。⑵翻牆並進入Ａ宅，經其仔細搜查後，發覺Ａ宅家徒四壁，無一值錢之物可取，甲因失望而放棄行竊計畫，悻悻然快速離去❽。

參考解答

　　一、甲所為可能成立加重竊盜罪的未遂犯（刑法第 321 條第 2 項、第 25 條）

　　㈠題示情形，甲夜間翻牆並進入Ａ宅內，正準備開始四處搜查，可認為係出於取得意圖，以非暴力和平的手段，著手竊取Ａ宅財物的行為；由於並未將所竊之物「移入自己權力支配之下」（17 年上字第 509 號判例參照），竊取行為並未既遂。

　　㈡有疑義者在於，甲所為會否成立加重竊盜未遂罪？

　　1.加重竊盜罪的既、未遂判斷並非以加重條件為準，而應以基礎竊盜行為是否著手為斷（27 年滬上字第 54 號判例）。

　　2.依最高法院 82 年第 2 次刑事庭決議，竊盜罪之著手，固不以已經著手搜取財物為必要，但仍以出於行竊之意思接近財物並進而物色財物為必要，據此，甲之行為可認為已達著手竊盜之程度。

　　3.惟管見以為，上開實務意見過分將著手的判準前移，並非可採；關鍵在於：行為人尚未建立持有關係前，依其主觀上的認識或犯罪計畫，是否已

---

❽ 案例事實摘自 99 年警察特考試題。

為與構成要件緊密連接，而對財產法益造成直接危險的行為？換言之，如果不受干擾的繼續進行，在沒有其他行為介入時，將直接導致構成要件實現？據此審視案例事實，管見認為甲所為仍僅處於不罰的預備竊盜階段。

㈢甲別無阻卻違法與罪責事由，成立本罪。有疑義者在於，甲所為有無刑法第 27 條第 1 項中止犯之適用？

㈣就此而言，實務認為，不論擔心事跡敗露、認錯對象，均不構成中止行為的己意（最高法院 73 年第 5 次刑庭決議）。詳言之，案例事實屬於經驗上可預期之結果，為通常現象，就主觀之行為人立場論，仍屬意外之障礙，不能成立中止犯。

二、甲所為屬於失敗未遂，不能成立加重竊盜罪的中止犯（刑法第 321 條第 2 項、第 27 條第 1 項前段）

㈠中止犯係指行為人著手實行後，出於己意或自願而放棄行為之繼續實行，或以積極之行為防止行為結果之發生，而成立之未遂犯。

㈡應與中止犯區別的概念是失敗未遂。失敗未遂是指，行為人主觀上認為，以行為當時的情況或使用的手段，無法達成犯罪目的，或已無繼續實行之可能或必要。例如：甲持刀行搶，發現被害人緊握在手的錢包中僅剩幾個銅板，於是對被害人說：「當我沒出現過，你比我更需要錢！」仍僅成立障礙未遂，不能減輕或免除刑罰；反之，只有行為人還認為行為可以繼續下去而達成犯罪目的時，才會產生中止犯的己意中止或防果行為的問題。

㈢題示情形，甲所以放棄犯行，未取財即離去，是因為其主觀上認為與其犯罪計畫有重大落差，出於功利計算而為的理性選擇決定，沒有必要以減免刑罰作為鼓勵。

㈣結論：甲在心態上固然係出於自願，但對於因主觀上認為犯罪目的不達而放棄的情形，應認為係「失敗未遂」，不能適用中止犯的規定。

㈡準中止犯

?

　　【仁至義盡案】甲因女友乙欲談判分手，盛怒下對乙開槍，見乙倒臥血泊中，心生悔意，不僅立即呼叫救護車，還一路陪伴乙前往醫院救治，可惜的是，甲雖已盡一切努力希望避免悲劇發生，乙仍因其衝動下的殺人行為，傷重不治死亡。請問：甲可否成立故意殺人未遂罪之準中止犯？

　　【優柔寡斷案】甲與其仇人乙某日傍晚於山腳僻野處相遇，甲二話不說，持尖刀猛刺乙要害，乙被刺後，倒地哀嚎且抽搐不已。甲見狀，深感後悔，乃急忙電請友人 B 駕車來救。在甲離開現場去路口等 B 之際，適有醫師丙因登山而路過犯罪現場，丙先對乙實施緊急救護後，更將其載往醫院，乙倖而未死。甲在等待之際，越想越覺得乙必定凶多吉少，為免招惹麻煩，當下決定不返回現場，急速逃逸無蹤。請問：甲之刑事責任如何？

　　刑法第 27 條第 1 項後段規定：「結果之不發生，非防止行為所致，而行為人已盡力為防止行為者，亦同。」，學理上稱為準中止犯。依實務見解，「倘行為人已著手於犯罪行為之實行，並有發生犯罪結果之危險，而於結果尚未發生前，僅因己意消極停止犯罪行為，然未採取防止結果發生之積極行為，而係另有第三人之行為，致未發生犯罪結果，仍屬因外力介入而致犯罪未遂之普通未遂即障礙未遂，而非中止未遂[81]。」換句話說，「所謂已盡力為防止行為，乃依當時情況，行為人因衷心悛悔，已誠摯努力，積極盡其防止之能事，而實行與有效防止結果行為，具有相當性之行為而言。亦即，至少須為與自己防止其結果之發生，可同視程度之努力者，始克相當。倘行為人僅消極停止其犯罪行為，並容忍外力之介入，致未發生結果；或其防止結果行為，

---

[81] 99 臺上 3838 判決。

尚有未盡，而係因外力之介入，致未發生結果者，仍屬障礙未遂，非準中止未遂❷。」

由此可知，「準中止犯」，是在既了未遂的情況下（未了未遂無準中止犯），行為人雖已盡真摯努力，且本來也可能有效防止犯罪結果的發生，卻因為被害人自己或第三人的行為，先於行為人的中止行為，導致結果的不發生與行為人的中止行為間，不具因果關係。

以【仁至義盡案】而言，由於結果仍然發生，即不能適用準中止犯之規定；【優柔寡斷案】中的被害人固然僥倖沒死，甲所為能否符合「盡力」的要求，顯仍有待進一步推敲。

如前述實務判決所言，所謂盡力，必須是「已誠摯努力，積極盡其防止之能事，而實行與有效防止結果行為，具有相當性之行為而言。亦即，至少須為與自己防止其結果之發生，可同視程度之努力者❸。」另有學說採取較寬鬆的標準，認為防果行為的行為正價值是準中止犯減免刑罰的關鍵，也因此，只要行為人主觀認知其所採取的方式足以防止結果發生且真摯為之，即可評價為「盡力」❹。至所謂「結果之不發生，非防止行為所致」，如：第三人的

---

❷ 98 臺上 7359 判決。

❸ 林山田，《刑法通論（上）》，頁 495；甘添貴、謝庭晃，《捷徑刑法總論》，頁 240；張麗卿，〈不能犯或自始不能發生結果之準中止犯〉，《台灣法學雜誌》，第 180 期，頁 110 以下；柯耀程，《刑法釋論 I》，2014，頁 503；謝開平，〈中止未遂與準中止犯之適用〉，《月旦裁判時報》，第 5 期，頁 122；林書楷，《刑法總則》，頁 290。

❹ 黃惠婷，《刑法案例演習⑵》，頁 67 以下。但應排除迷信的方法，理由是：若以迷信的手段實行犯罪，必然因行為無危險或行為人的重大無知而被評價為不罰的不能犯（迷信犯），據此可知，一旦行為人的著手實行果然製造了法益的危險，欲透過不切實際的迷信手段弭平大眾的恐懼感，顯然不切實際，因此沒有減免刑罰的必要。Roxin, AT II, §30 Rn. 283. 其他介紹見柯耀程，《刑法釋論 I》，頁 487。

行為介入、被害人自己的行為、自然事實，甚至行為人非己意的失敗未遂或可罰的不能未遂。應注意的是，如果無法確定結果不發生與行為人的中止行為或其他原因間的因果關係時，仍有罪疑唯輕原則的適用。

參考解答

一、於【優柔寡斷案】，乙的死亡結果並未發生，惟甲主觀上既有殺人故意，客觀上復已著手實行，就此殺人未遂的行為，仍具有故意殺人未遂罪的構成要件該當性；別無阻卻違法與罪責事由。

二、有疑義者在於，甲有無刑法第 27 條第 1 項關於中止犯規定之適用？

㈠中止犯係指行為人著手實行後，出於己意而自願放棄行為之繼續實行，或以積極行為防止行為結果發生，而成立之未遂犯，性質上屬於「個人減免刑罰事由」。立法目的在透過減免刑罰的方式，在刑事政策上提供行為人放棄行為或積極防止結果發生的誘因；同時，行為人的中止行為透顯其社會危險性下降，刑罰必要性自也相應減低。

㈡依刑法第 27 條第 1 項規定：「已著手於犯罪行為之實行，而因己意中止或防止其結果之發生者，減輕或免除其刑。結果之不發生，非防止行為所致，而行為人已盡力為防止行為者，亦同。」可知中止犯的成立以「構成要件結果不發生」為前提，題示情形，乙未發生死亡結果是因為第三人丙的緊急救治行為，與甲的防果行為沒有因果關係，甲無第 27 條第 1 項前段中止犯之適用。

㈢再，新刑法要求行為人仍必須「盡力」防止 (Bestleistungstheorie)，並不採學說的「機會製造理論」(Chanceneröffnungstheorie)，題示情形，行為人僅在著手殺人後心生後悔，電請友人 B 駕車將乙急送醫院救治，於打完電話後即逃逸無蹤，一般理性第三人在價值判斷上，能否認為是可靠有效的防果

行為？實有疑問。

㈣管見以為，盡力必須是「已誠摯努力，積極盡其防止之能事，而實行與有效防止結果行為，具有相當性之行為而言。（最高法院 98 年臺上字第 7359 號判決）❽」若行為人採取讓第三者防止結果發生的方法，自必須「確認其所採取的措施真的有效」，才能離開，本例情形因此仍不成立準中止犯，無刑法第 27 條第 1 項後段之適用。

三、綜上，甲仍負故意殺人未遂罪之刑責，不得減輕或免除其刑。

　　【神奇香灰案】甲、乙兩人因一筆 10 萬元的債務糾紛，長期不合，某日，甲、乙再度為此談判，甲拍桌全盤否認，因而激怒乙，乙二話不說，持水果刀向甲的手臂揮去，甲頓時哀嚎不已，鮮血亦不斷自袖口滲出；此時，乙見狀，念及舊情，甚感後悔，遂往家中神壇燒香祭拜，抓了一把香灰，灑在甲的傷口。剛好乙的兒子丙回家，見狀急忙打電話叫救護車送甲去醫院，幸醫師消毒傷口處理得宜，甲免於一死。問乙所為有無刑責？

問題解析

一、確認案例事實屬於「己意」中止後，未必就會成立中止犯。

二、正確的思考方式是，宜先釐清是否為既了未遂，若肯定，即存在防果行為的問題；麻煩的是，即便行為人在自願放棄後，還積極阻止結果發生，一來結果未必就一定不會發生，二來是即便結果不發生，原因也未必是來自行為人的行為；也因此，當中止行為與結果不發生之間不存在因果關係時，即屬能否適用準中止犯（刑法第 27 條第 1 項與第 2 項後段）的

❽ 同旨見：曾淑瑜，〈中止犯修法前後之檢討〉，《刑法總則修正重點之理論與實務》，頁 234。

問題。

三、常見的考題陷阱是：行為人已意中止、結果也未發生、結果不發生的原因是來自第三人的行為……偏偏行為人並未「盡力」為防止結果發生的中止行為！在這種情形，答題的關鍵變成是如何判斷「盡力」，並且在否定後，只能適用刑法第 25 條自首的規定。

㈢中止犯的適用範圍

【注定要死案】甲想要毒死乙，於是暗地裡在飲料中加入毒藥並將之交給乙喝下。不料因為該毒藥並沒有到達致死的分量，所以乙並沒有被毒死。雖然乙沒死，卻仍舊痛苦難當，在地上翻轉哀嚎。甲看到乙的慘狀，心生不忍，乃開車將其送醫。如無意外，其傷勢應可救治痊癒，孰料乙堅拒醫師對其輸血、插管、催吐或醫師出現重大醫療過失，結果乙仍舊死亡。試問甲是否成立犯罪？

參考解答

一、題示情形，甲雖然置入不足以讓乙發生死亡結果的毒藥，其所為仍得評價為故意殺人罪的著手；只不過於結果不發生時，得論以刑法第 25 條第 1 項之障礙未遂。

二、關鍵在於，題示情形，甲看到乙的慘狀，心生不忍，開車將乙送醫的行為，是否出於「己意」？縱肯定，由於乙必須自我負責的風險承擔或醫師的處置不當，仍舊發生死亡結果，甲應否負責？若否，還能主張適用中止犯的規定嗎？

㈠刑法第 27 條第 1 項前段規定：「已著手於犯罪行為之實行，而因己意中止或防止其結果之發生者，減輕或免除其刑。」多數學說係以「法蘭克模式」（按：即本書前揭的「出於自主動機的心理學」標準）作為是否出於「自願」的參考判準。申言之，即使我能，我亦不願，為自願；即使我願，我亦不能，即非自願。行為人必須出於「自主動機」而中止，但也只要仍是做成決定的主人即可，放棄的理由在所不問。

㈡據此檢視本題，甲雖出於己意而為中止行為，但一方面「死亡結果仍然發生」，他方面，若甲不送醫，死亡結果客觀上卻反而不會發生，如何處理？換言之，是否結果一旦發生，無論如何均不能適用中止犯的規定❽❻？

㈢按，甲的下毒行為固然製造了法所不容許的風險，但由於行為後已將乙送醫，在客觀上毒藥不足以致死的情況下，可認為甲所為已有效的阻斷了風險的實現。據此，不論是乙拒絕接受輸血或醫師的重大醫療過失，都可以理解為是造成乙死亡的新風險，對此等重大的因果歷程偏離，不能認為甲的下毒行為與死亡結果間存在風險實現關連，應評價為風險未實現；即便依實務所採取的相當因果關係說（最高法院 76 年臺上字第 192 號判例），亦顯不存在相當性。

㈣綜上，甲所為僅成立故意殺人未遂罪，並且，不論是中止犯或準中止犯，其成立固要求必須「結果不發生」，然題示情形，甲既已盡真摯努力，宜肯定其防果行為在刑事政策需罰性考量下的正價值；同時，乙的死亡結果與甲的下毒行為間既不具客觀可歸責性，甲所為本來就僅成立未遂犯。據此，允宜類推適用（準）中止犯之規定，或至少在量刑上以中止犯為度，方符立

---

❻ 101 臺上 2397 判決即指出：「刑法上所謂『中止犯』，屬未遂犯之一種，係指已著手於犯罪構成要件行為之實行而因己意中止，或防止其結果之發生者而言；故『中止犯』，係以未發生犯罪之結果為前提。」

法者重視行為人的主觀而為的準中止犯修法，並與刑法體系的論理一致[87]。

　　三、結論：甲宜限縮其防果失敗的責任，類推適用故意殺人未遂罪的中止犯（刑法第 271 條第 2 項、第 27 條），減輕或免除其刑。

【深謀遠慮案】甲處心積慮想殺掉鄰居乙，但因始終想不出一個沒有破綻的殺人方式而遲未動手。某日，甲決定在殺人前，先預作準備，於是買了菜刀、棍棒、麻繩等可能用得到的殺人工具。其後數日，甲發現乙並不如想像般惡劣，於是決定放棄殺害乙的計畫。請問：甲的行為如何評價？

問題解析

題示情形，關鍵在於可罰的預備行為究否適用中止犯的規定。略有以下看法：

一、實務否定附屬預備犯得成立中止犯：附屬預備犯的中止行為如：預備殺人後，繼之打消行動。行為人既尚未進入著手的階段，還不屬於未遂的範疇，所以中止犯沒有適用的可能。依最高法院 32 年上字第 2180 號判例：「殺人預備犯，其行為階段尚在著手以前，縱因已意中止進行，仍與刑法第 27 條所定已著手之條件不合，自應仍以殺人預備罪論科。（最高

---

[87] 亦有學者認為，刑法第 27 條所稱的結果不能解釋為是指「構成要件結果」，畢竟構成要件結果的發生只是未遂犯成立的必要條件，而非充分條件；既然結果發生後，行為人的犯行仍可能因為欠缺因果關係或風險實現關連而被評價為未遂，刑法第 27 條的「結果」自然是指「犯行既遂」而言。從而，所謂防止結果發生才能成立中止犯，也應該被解為是指阻止結果「透過可歸責的途徑出現」，換言之，是指「犯行未既遂」。見林山田，《刑法通論（上）》，頁 491；蔡聖偉，〈絕命醫療站（上）——透過不可歸責之途徑所發生的結果與中止〉，《月旦法學雜誌》，第 173 期，頁 302；許澤天，《刑總要論》，頁 265。據此，本例即可直接適用中止犯。

法院 97 年臺上字第 1730 號判決同旨）」

二、不構成犯罪：早年的院字第 785 號解釋，更勇敢的做了以下處理：「中止犯以犯罪已著手為前提，……陰謀預備，其程度在著手以前，自不適用中止犯之規定，如犯有預備或陰謀罪之犯罪，於預備或陰謀中中止進行，法無處罰明文，應不為罪。」

依黃常仁教授：「中止犯之規範目的，即係避免法益侵害之繼續擴大，而鼓勵行為人及時中止。屬於近程危險階段之未遂，即已明文鼓勵行為人及時中止；而屬於遠程危險階段之預備，則更無庸置疑，縱使法無明文。預備之刑罰必要性本屬例外中之例外，若行為人於此階段因已意而中止，其刑罰必要性庶幾無存矣！此或可說明為何立法者有意或無意省略有關『預備中止』之法律效果規定之旨趣❽。」

三、多數學說肯定附屬預備犯得類推適用中止犯：上述實務意見，純屬形式邏輯推演，難以回答下述質疑：對於法益侵害更進一步的未遂，可能依中止犯處理；何以對於法益侵害尚在遙遠階段的預備，卻不能準用中止犯的規定？對於此一法律漏洞，在罪刑法定原則的遵守與節制國家刑罰權的考量下，應以類推適用的方式予以填補。正因為把中止犯的要件緊縮在倫理上的自我要求，我們更有理由認定，預備中止的行為人，其社會危險性低於一般的中止犯❾。

至於獨立預備犯的中止，如預備偽造貨幣（刑法第 199 條）後，自行毀棄印製貨幣用的器械原料。表面上看，預備偽造貨幣罪是預備犯，其實是獨立的犯罪類型，本來就可以適用中止犯的規定，併予說明❿。

---

❽ 黃常仁，《刑法總論》，頁 203。

❾ 林東茂，〈未遂犯〉，《月旦法學雜誌》，第 138 期，頁 219 以下；靳宗立，《刑法總論 I》，頁 389。

【原因自由行為與中止犯】甲想放火殺乙，乃藉酒壯膽，三杯黃湯下肚後，精神已顯恍惚，卻在張羅汽油與打火機等工具時，心想與乙之間並無深仇大恨，於是又將汽油倒回其機車油箱。試問：甲有無刑責？

問題解析

一、除了原因自由行為可能存在中止的問題外，要提醒讀者注意的是：與其結構類似的「間接正犯」，於利用人著手實行後，一樣會有中止犯成立的可能。舉例：甲與乙不睦，乃贈送乙假酒一瓶，盼因甲醛中毒；未久，甲懊悔，去電詢問乙妻丙，確定假酒尚未被乙飲下，乃據實以告，期望丙能將該假酒丟棄。豈料，丙心中亦憎恨乙甚久，在未告知甲的情況下，決定讓甲的殺人計畫付諸實現，旋又轉念，擔心自己的兒子也可能因不知情而誤飲該酒，幾經思考，終選擇將假酒丟棄。

二、關於中止犯成立與否的檢驗，都一樣有其相同的基本條件：已著手、已意中止、中止行為；準中止犯則額外要求必須「盡力」中止。

---

⑨甘添貴，《刑法之重要理念》，頁 158。

參 故意作為犯的犯罪參與

✦ 一、概　說

　　在「數個人」參與犯罪的情形，例如：甲煽風點火，鼓勵乙去殺丙，丁則在乙出發殺丙前，借給乙一把刀子，最後，乙果然持刀將丙殺死，該如何對這些人論罪科刑？

　　在一個人自己動手做壞事的情況下，要如何判斷所可能產生的刑事責任，只要觀察其所作所為即可；一旦有其他人加入，許多問題就會跟著浮現。從參與的程度來分類，小至幫忙買便當或提供作案的建議與工具，大至一起實行犯罪甚至掌控他人，在這樣的構成要件實現關係中，不僅並非每個環節行為人都親身參與，甚至連成為與犯罪有關係的人，現實上也未必顯而易見。

　　由於殺人罪的構成要件所欲網羅的是殺人者，也因此，似乎只有實際動手，才可能被直覺的認為是從事殺人行為的行為人，然而，如果沒有甲或丁的行為，丙死亡的結果或許根本不會發生；事實上，殺人罪也只規定「殺人者」，沒有說必須是親自拿著刀子的殺人者，從而，甲、丁並非不能解釋為也是殺人者，何況在現實的世界裡，甲、丁的舉止對乙而言究竟只是慫恿與幫

忙，還是已經達到控制或共謀的程度，恐怕很難僅僅憑著刑法書上的幾句話，就能做出正確的判斷。於此，刑法顯然面臨一個兩難：要不要把甲、乙、丁都看成是殺人罪的「正犯」？

對於是不是正犯的決定，若只看因果關係，由於甲、乙、丁對於犯罪結果的發生都有貢獻，當然可以爽快的全部看成是殺人罪的「正犯」；若還要進一步區別貢獻的程度大小與影響力的高低，則甲、丁相較於親自、直接拿著刀子動手殺人的乙，「感覺上」似乎又有點不同。學說對此，分別發展出訴諸因果關係、就罪名不做區別的「單一正犯概念」與訴諸支配有無、透過正犯與共犯的概念區分限制法官量刑的「二元參與體系」。淺述如下：

㈠單一正犯概念

由 v. Liszt 首倡的單一正犯概念，將對於構成要件的實現具有因果關係者，均視為正犯；行為人的行為貢獻程度，屬於刑罰裁量的問題❶。二元的參與體系則針對故意犯，進一步區別正犯與非正犯❷，前者對於犯罪的實現

---

❶ 已有丹麥、冰島、挪威、義大利與奧地利刑法採用，目前的主要倡導者是奧地利的 Kienapfel。詳細的說明，參閱柯耀程，〈刑法單一行為人概念評析〉，《刑事法雜誌》，第 40 卷第 4 期，頁 48 以下及同作者，〈參與論㈡──參與結構與參與制度〉，《月旦法學雜誌》，第 162 期，頁 167 以下；黃榮堅，《基礎刑法學（下）》，頁 757。評論見林山田，《刑法通論（下）》，2008，頁 33 以下；許玉秀，《刑法問題與對策》，頁 13 以下；鄭善印，〈正犯與共犯概念之修正對實務運作之衝擊〉，《刑法總則修正重點之理論與實務》，頁 247 以下。

❷ 過失犯罪中沒有正犯與共犯的區別問題，因為每一個過失行為人都是因為行為違反客觀注意義務，在客觀可歸責的情況下而具備「不法」。簡單說，都是自己實現構成要件，而不像教唆犯或幫助犯，無法自己做出壞事，而必須與正犯共同製造不法。實務意見相同（100 臺上 3062 判決）。附帶一提，除了「過失共同正犯」的概念學說有爭議之外，刑法肯定無法透過過失行為去利用他人而成立間接正犯、唆使別人而成立過失教唆犯、援助別人而成立過失幫助犯喔！林東茂，《刑法綜覽》，2012，頁 1–251、1–256。

屬於核心角色，後者僅屬邊緣人物，並且在構成要件實現的階段，就針對不同的犯罪參與態樣做出相異評價。

　　單一正犯的制度並不被我國刑法所採，通說批評的焦點，大致為：1.不符構成要件行為方式與保障機能的要求；2.無法合理解釋己手犯與特別犯；3.過度擴張刑罰至教唆未遂與幫助未遂；4.排除對教唆犯與幫助犯減輕其刑的可能性；5.導致刑罰裁量的恣意。

　　詳細的說，反對單一正犯概念的人大致認為：要滿足構成要件該當性，不僅僅是對法益有因果的侵害即可，在多數犯罪中，還進一步限於特定的侵害方式；把教唆、幫助的行為等同於「實行」構成要件行為，就是把與犯罪實現因果關係疏遠的加功行為，也與構成要件行為等價，這樣會破壞構成要件的界限，而擴大法定刑的適用彈性，降低法律效果的明確性，最終可能導致行為人刑法。在行為人刑法，因果關係只是量刑的其中一個引子，量刑取決於行為人的危險性，換言之，如何制裁不再是透過法律決定，而是由法官決定，明顯違背法治國原則。

　　不過，在單一正犯支持者看來，正犯與共犯的區分，只是以立法明文規定的方式，提早在刑總做出量刑區分罷了❸！就此而言，我國刑法第 29 條的教唆犯並無必減輕其刑的規定，與正犯的區別甚至連量刑上的差異都看不出來！並且，不論正犯與非正犯有無區別，構成要件與罪刑法定原則一樣都

---

❸ 正犯與非正犯的不法內涵即便依我國實務與學說，亦非質的差異，而是量差。所以一方面針對教唆或幫助後，進一步實行構成要件行為的情形，會透過法條競合，直接成立正犯；另一方面，一旦出現正犯與非正犯之間的錯誤問題，如誤以為自己是間接正犯的利用人，實際上卻無法掌控別人的情形，只要具有意思自主性的「假工具」著手實行違法行為，利用人仍可成立「教唆犯」！進一步討論可參閱柯耀程，《刑法釋論I》，2014，頁 508-544，尤其是頁 535-544。

有遭受破壞的危險。因為，根本的問題並不在於正犯概念的如何界定，而毋寧是法官如何將歸責主體的行為，在具體個案判斷上等同於構成要件行為的實行。事實上，誠如學說所指出的，若一方面設計出教唆犯與幫助犯的「非正犯」類型，另一方面，卻又透過間接正犯、共謀共同正犯的概念創造，嘗試針對若干案例中的行為人所為，操作出「正犯」的評價結果，已在理論上將「共犯」概念的獨立空間壓縮至零❹。

㈡二元參與體系

觀察我國刑法，在第 28 條以下，分就共同正犯、教唆犯與幫助犯做出不同規定，2005 年修法後，更將原來的章名由「共犯」改為「正犯與共犯」❺，由此可知，我國係採取前述的「二元參與體系」。實務見解如：

「我國現行刑法採二元犯罪參與體系，第四章所稱之正犯，係相對於共犯（傳統上稱為『從犯』；指教唆犯及幫助犯，屬間接參與犯罪實行之人）而言，計分三種類型，即為直接正犯、間接正犯及共同正犯，觀諸其修正理由記載甚明。而直接正犯，指行為人出於自己犯罪之意思，直接實行犯罪之行為，望文即生義，最為典型；間接正犯，指行為人雖未自己實行犯罪構成要件之行為，卻基於自己犯罪之意思，利用無責任能力或乏犯罪故意之他人進行，因無異將他人作為自己犯罪之手腳或道具，是給予相同之評價；共同正

---

❹ 參考徐偉群，〈通往正犯之路：透視正共犯區分理論的思路〉，《臺大法學論叢》，第 40 卷第 1 期，頁 351；尤其是頁 383 以下的犀利評論。

❺ 附帶一提，2005 年刑法修正，繼受德國的處理方式，以「參與者」(Beteiligte) 作為上位概念，涵蓋共同正犯、教唆犯與幫助犯；同時，依其參與的行為 (Beteiligung) 再區分本質為「正犯」的共同正犯與本質為「非正犯」（共犯）的教唆犯、幫助犯。此種狹義的共犯概念，雖然符合邏輯，卻不利與民眾的語言習慣接軌，而且還與刑事訴訟法的用語範圍割裂。

犯，則指行為人出於自己犯罪之意思，而與他人有犯意聯絡、行為分擔，因互相利用、共同完成自己之犯罪計畫，是須就犯罪之全部內涵，共同負責。可見倘未參與實行犯罪構成要件之行為，且無有利用他人以完成自己犯罪計畫之意思者，既不成立共同正犯，亦非間接正犯。又所謂教唆犯，係指教唆原無犯罪意思之他人，使之萌生犯罪之意思，進而實行犯罪之情形而言，因造意引發他人產生犯意而犯罪，就惹起犯罪之角度觀察，與正犯之間，具有一定程度之從屬性，但若被教唆者實際上並不成立犯罪（例如無效教唆或失敗教唆），則教唆者之教唆行為，無何作用，乃不加非難，亦不成立犯罪，刑法第二十九條修正意旨說明綦詳❻。」

　　總結而言，正犯是指構成要件的行為主體、導致犯罪發生的核心人物；目前的實務與多數學說，進一步透過對如何實行構成要件行為的過程觀察，將這樣的核心人物描繪出三種樣貌：自己親自動手的直接正犯、藉由操控他人而犯罪的間接正犯與一群人分工合作的共同正犯❼；共犯則採狹義解釋，僅指「不是正犯」的犯罪參與者，包括：藉由唆使他人犯罪而製造犯罪者的教唆犯與在物質或精神上援助已有犯意者犯罪的幫助犯。

　　由於教唆者或幫助者通常不是構成要件的行為主體，而且不論是教唆或幫助行為，對於構成要件的實現都缺乏操控，也因此都「不是」構成要件行為；構成要件既然無法掌握由「非正犯」所為的「非構成要件行為」，如果立法政策還打算處罰教唆或幫助，為了符合罪刑法定的要求，即必須在刑法總

---

❻ 102 臺上 317 判決。

❼ 另有所謂「同時犯」，是指在彼此不認識，不知道其他人做什麼的情況下，於同一時間、同一地點各自犯罪而成立的數個正犯。同時犯與「共同正犯」的概念差異，在於行為人彼此之間欠缺共同的犯罪決意；也因此，這個正犯類型不過是「複數的」單獨正犯、間接正犯或共同正犯的犯罪單元，並不具獨立討論的意義。

則創設原則性規定，以連結刑法分則的各個條文。同時，如果現實上沒有正犯透過實行構成要件行為的方式實現構成要件，我們又如何得知唆使或援助行為，是在針對哪一個構成要件為教唆或幫助？沒有一個已經製造出法益的侵害或危險的正犯，教唆或幫助行為的不法內涵難道是因為管不住自己的嘴巴或雙手？也因此，為了符合罪刑法定下的構成要件明確性原則，並使處罰具有合理性與正當性，只有先確定教唆或幫助行為已經製造出一個違法行為，才能因為其造成法益的危險或侵害，而成立教唆犯或幫助犯。換言之，共犯在不法的結構上必須與正犯的行為連帶，我們把這個重要的機制，稱為「共犯從屬原則」。

此外，如果構成要件進一步對於行為主體的資格或身分設下限制，例如：收賄罪、偽證罪、生母殺嬰罪等，無身分的犯罪參與者如何處理？則屬於刑法第 31 條的「欠缺身分者參與犯罪」問題。

撇開正犯與共犯要不要區分、怎麼區分的解釋學爭議，當代的犯罪參與理論其實還存在一個難題：當我們將焦點對準行為人彼此之間的不法分配與決定時，幾乎不曾質疑或思考，面對政府或企業的組織型參與型態，刑法能夠做什麼？

✦ 二、正犯與共犯的區別

　　【恩將仇報案】甲、乙是舊識，因為經濟不景氣，甲遭到公司裁員，只好暫時借住乙家。期間，甲與乙的妻子丙開始產生曖昧情愫，並且因為乙、丙之間長期不合，丙因此萌生殺意，並多次要求甲幫忙促成。一開始，甲由於感念乙的收留之恩，始終拒絕，最後禁不住丙的催逼，終於因為同情丙過著不幸的婚姻生活而同意。某日，甲、丙於商議好作案細節後，即邀約乙一同前往某處打零工以賺取外快，三人在行經渺無人跡的羊腸小徑時，丙對甲使眼色，甲於收到動手的訊號後，將不諳水性的乙推下路旁排水溝，乙旋即溺斃。

📖 問題解析

一、就【恩將仇報案】而言，涉及正犯與共犯之間如何區分的重要觀念思考：只要與不法身分無關，那麼誰親自動手，誰就是正犯；即便甲所為是迎合丙的利益或受到丙的影響，亦然。詳言之，只要甲做的壞事不是純正身分犯或己手犯，那麼甲既然動手殺人，就是正犯，而無庸考慮其犯罪動機與甲、丙之間的關係❽。據此，不論丙是否為分工合作下的犯罪共同體（共同正犯），還是利用其優勢地位控制甲成為犯罪工具（間接正犯），或者僅僅是對甲為唆使與鼓勵（教唆、幫助），均不會改變甲所為

---

❽ 65 年臺上 590 判例：「被告既與行將殺人之某甲共同將被害人拉出毆打，並於其擬逃之際，自後抱住不放，便於某甲下手刺殺，自難辭其行為分擔之責，縱其意在幫助，但其參與犯罪分擔，既已達犯罪構成要件之行為，仍應論以共同殺人之正犯，而非從犯。」

已符合構成要件行為的事實；甲能夠做的，僅僅剩下能否主張自己具備阻卻或減免罪責事由（欠缺責任能力、減免罪責的緊急避難甚至誤想避難）的問題。

二、延續上述，德國聯邦最高法院於 1956 年針對與【恩將仇報案】事實相近的【隊友謀殺案】(Kameradenmord-Fall; BGHSt 8, 393) 即指出：即便法院委託調查被告精神狀況的專家認為被告的意志薄弱，具有未分化的人格特質，而容易於類如本案之中成為接收丙命令的工具，但，正犯的決定不是僅僅根據參與犯罪者的內心態度或意向，而更應考量到其行為所作用的實際分量。自此與【澡盆案】（Badewannen-Fall，後述）採取的主觀說分道揚鑣，而使正犯意思必須受到客觀狀況的影響。保守的說，至少是向實質客觀說（下述的犯罪支配理論）靠攏——正犯作為實現不法的一種方式，意指「符合構成要件行為流程的核心人物」，而居於犯罪支配的地位者。

在犯罪參與類型的考題作答上，應注意：

㈠刑法的法律效果，是針對每一個人的每一個行為而存在的，也因此，面對「數人」參與疑似構成犯罪的事實時，原則上應分開來各自檢驗。舉例：如果是 A、B 一起圍毆 C，可以下一個這樣的標題：「A、B 圍毆 C 的行為，可能成立共同傷害罪（或傷害罪的共同正犯）」，並且在標題後面直接附上「刑法第 277 條第 1 項、第 28 條」的規範討論基礎；惟，若題目改為 A、B 意圖行竊 C 宅，由 A 在門口把風接應，B 入室動手，即應透過兩個標題，分別檢討 A 的把風行為與 B 的侵入住宅竊盜行為，此時，基於共犯從屬性的要求，宜先檢驗正犯 (B)，再處理其餘（A 可能成立正犯，也可能是共犯）。

㈡更麻煩的是，如果「數人」參與的事實會否構成犯罪，還牽涉到身分犯時，亦即有人有身分、有人無身分，此時原則上應優先檢驗具備不法身分

的人。舉例：如果是 A、B 一起圍毆 A 的父親 C，固然可以下一個這樣的標題：「A、B 圍毆 C 的行為，可能成立共同傷害罪（或傷害罪的共同正犯）」，並且在標題後面直接附上「刑法第 277 條第 1 項、第 28 條」的規範討論基礎，然後再單獨針對 A，另行檢討有無刑法第 280 條傷害直系血親尊親屬罪或第 281 條施暴行於直系血親尊親屬罪的適用；惟，若題目改為 A 公務員意圖收賄，乃邀約非公務員的好友 B，一起去把作為賄賂之用的一箱黑金剛蓮霧搬回家，此時不僅應透過兩個標題分別檢討 A、B 的行為，並且宜先處理 A，再討論 B，這樣才能確定 B 有無刑法第 31 條第 1 項的適用。

㈢犯罪參與的形式決定，是一個「如何實現不法」的問題，也因此，必須在構成要件該當性這個階層即進行正犯或共犯的成立檢驗。具體的說，假設一個題目很明顯的「有數個行為人在從事不同的活動」，這類犯罪參與的考題一如原來我們處理「一個人」做壞事的解答模式：先在構成要件該當性的討論中，透過對正犯或共犯的概念予以定義、解釋（這些都必須處理實務與學說的可能爭議），然後做出涵攝，以決定是否該當某某構成要件的正犯（間接正犯、共同正犯）或共犯（教唆犯、幫助犯）。緊接著，通常會以類如「X 所為別無阻卻違法事由，且 X 亦具有罪責」的方式，帶過違法性與罪責的階層檢驗，讓犯罪成立❾。

㈣比較囉唆的是關於共犯的解題。由於教唆或幫助行為本身並非構成要件行為，在解題上，即必須依序處理：有無教唆或幫助行為？若有（製造他人的犯意或為他人犯罪提供助益），則被教唆或被幫助的人是否已進一步著手

---

❾ 就數人參與犯罪的實例題而言，在三階層檢驗犯罪成立後，還是有可能會遇到其他影響刑罰的條件，如客觀處罰條件（刑法第 123 條、第 283 條）、個人的阻卻刑罰事由（刑法第 227-1 條、第 275 條第 3 項、第 288 條第 3 項、第 324 條第 1 項）、個人的減免刑罰事由（刑法第 27 條、第 122 條第 3 項但書、第 154 條第 2 項）。

實行？基於共犯的限制從屬形式的要求 ❿，只有存在一個故意違法的主行為，教唆或幫助行為的客觀構成要件才會該當喔！並且，一旦被教唆或被幫助者的犯行既遂，依多數學說，亦需檢驗共犯行為與構成要件實現之間的因果關係與客觀歸責問題。最後，應特別注意教唆或幫助在主觀的構成要件是否該當時，必須處理「共犯的雙重故意」問題；換言之，除了知道自己在做什麼，而具備教唆或幫助故意外，還必須希望別人造成法益侵害（教唆或幫助他人「犯罪既遂」的故意）。

5.稍難的地方在於，考題都設計成一群人一起做壞事了，未必只讓他們做一件，也因此，重複上面的檢驗方式後，一旦行為人所實現的罪名不只一個，就必須處理「是否」競合的問題。對此，通常會先決定行為數，若為數行為，就簡單的以類如「X 以數行為分別成立 Y 罪與 Z 罪，應依刑法第 50 條之規定，實質競合，數罪併罰。」帶過。若是行為單數，則必須進一步區別是否為法條競合，若肯定（不同的犯罪參與形式彼此間屬於法條競合關係），則以類如「X 以一行為同時實現 Y 罪與 Z 罪，由於侵害的法益同一，為避免重複評價，僅選擇 Y 罪予以適用。」的方式處理；若非法條競合，則以類如「X 以一行為同時實現 Y 罪與 Z 罪，由於各罪保護的法益有別，為充分評價，應同時成立 Y 罪與 Z 罪，惟依刑法第 55 條想像競合之規定，從一重處斷論以 Y 罪。」的方式說明。

謹將犯罪參與的體系，圖示如下：

---

❿ 「刑法第二十九條關於教唆犯之規定，係於九十四年二月二日修正，九十五年七月一日起施行，將教唆犯原採共犯獨立性說，改採共犯從屬性說中『限制從屬形式』之立場，須被教唆者著手實行犯罪行為，且具備違法性後，教唆者始成立教唆犯。（101 臺上 5009 判決）」

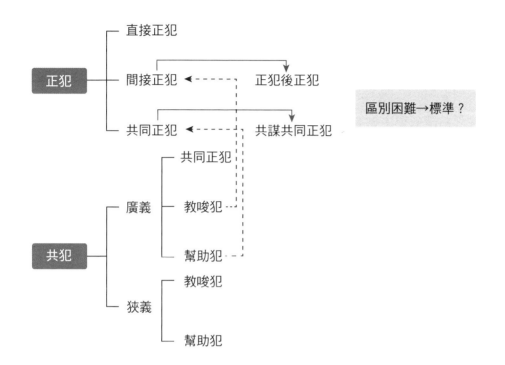

為了回應「誰是正犯」的設問，學說不斷的提出各種不同的判斷標準，藉以檢驗在何種情況下，可以將構成要件行為的實行，視為自己的作品**⓫**。以下扼要介紹相關學說：

㈠形式客觀理論

以構成要件所描述的行為作為認定基準，「親自實行」犯罪構成要件的人為正犯，其餘為共犯**⓬**。依此說，是否為正犯的關鍵在於有無「親自」動手，

⓫ Hillenkamp, AT 32. Problem, 13. Aufl., 2010, S. 141; Wessels/Beulke, AT, 41. Aufl., 2011, Rn. 512 ff. 更詳細的說明，見林東茂，《刑法綜覽》，2012，頁 1–259 以下；陳子平，《刑法總論》，2008，頁 446 以下；柯耀程，〈參與論㈠〉，《月旦法學雜誌》，第 158 期，頁 249 以下；余振華，《刑法總論》，2011，頁 355 以下；林鈺雄，《新刑法總則》，2014，頁 413 以下。

其好處是標準明確，壞處是不僅使正犯全部成為己手犯，更導致利用他人作為工具的「幕後者」遭遇解釋上的困難⓭。

由於形式客觀理論無法完全掌握共同正犯及組織犯罪的幕後主使者，在主觀理論躍居德、我實務主流地位及犯罪支配理論在學術界抬頭的情勢下，此說逐漸沒落，其間的缺陷則為後來的實質客觀說，尤其是犯罪支配理論所填補。

㈡極端主觀理論（故意說）

區別正犯與共犯不應從客觀層面著手，而應從行為人內心的想法，例如犯意的內容到底是正犯意思還是共犯意思，作為判斷的標準，此被稱為故意說⓮。

問題在於，何種心理現象可以觀察出「自己犯罪的正犯意思」(animus auctoris)? 此說以參與人是否把自己的意思從屬於他人意思之下，亦即是否取決或仰賴於他人實現犯罪的意思決定，來決定是正犯意思或共犯意思⓯。然而，所謂「意向」(Willensrichtung)，意義十分模糊，容易留予法官恣意判斷

⓬ 因為透過教唆及幫助的參與形式不是刑法分則構成要件所描述的行為人，為了處罰他們，只好在總則做出規定，教唆犯或幫助犯（刑法第 29 條、第 30 條）便成為擴張刑罰的一種表現，成為所謂的「刑罰擴張事由」。

⓭ 為了正當化其正犯性（成立「間接」正犯），擴張的正犯概念被提了出來：凡是使構成要件實現，因而違法且有責的造成法益受侵害的人，就是正犯。Vgl. Zimmerl, Grundsätzliches zur Teilnahmelehre, ZStW 49 (1929), S. 41, 45, 49; 國內傾向此說者，如蔡聖偉，〈論間接正犯概念內涵的演變〉，《刑法問題研究㈠》，頁 176 以下。據此，教唆犯或幫助犯規定即成為一種刑罰「限制」事由。

⓮ 林書楷，《刑法總則》，2014，頁 301。

⓯ 柯耀程，《變動中的刑法思想》，2001，頁 224。

的空間；而且如行為人主張其內心的意思是將其行為當作他人行為，就認定其僅具備共犯意思（如下述的【澡盆案】），勢必造成難以補救的刑罰漏洞，現實上顯不可行。因此，德、我實務及支持主觀理論的學者，便嘗試為其找出具有實質內容且可加以客觀驗證的標準，如下述的修正主觀理論，亦即利益說。

㈢修正主觀理論（利益說）

由於主觀上是否出於自己犯罪的正犯意思，欠缺客觀上可以合理驗證的表徵，實際上仍須取決於其他因素以為判斷，利益說乃嘗試對故意說做出修正：是否具有正犯的意思，主要的判斷標準在於行為人與結果發生的利益關連程度；一旦否定，即使其行為完全符合構成要件行為，也只能以幫助犯論處。此說為德國多數實務見解所採❶❻。

> **【澡盆案】**一位姊姊經過妹妹的同意，將妹妹剛生下的非婚生嬰兒溺死在浴缸裡。

這名姊姊被法院判決為殺人罪的幫助犯。法院主張，即使行為人實行了構成要件行為，並非就足以構成正犯，還必須進一步檢視，她是想把殺人行為當作是自己的行為，或只是想支持她妹妹的行為；而行為人是否將其行為當作是自己的行為，主要是依據自己就結果所得的利益。因此，雖然案中這名姊姊親手溺死了小嬰孩，但因其行為出於為小孩母親的利益，仍只論以幫助犯❶❼。

---

❶❻ Rengier, AT, 5. Aufl., 2013, §41 Rn. 8. (BGHSt 37, 289, 291; BGH NStZ 2012, 379.)

❶❼ 1962 年的【史塔新斯基案】(Staschynski-Fall; BGHSt 18, 87)，德國聯邦最高法院認為殺手

依本書，由於利益說的判斷求諸於行為人內心的過程是否聽任他人決定 (Anheimstellen) 與其利益程度 (Grad des Interesses)，此不僅難以確定，更可以透過這樣的說詞作為外衣，掩飾司法判決的恣意❶。此外，如加工自殺與加工自傷罪（刑法第 275 條、第 282 條）、背信罪（刑法第 344 條），行為人主觀上可能正是為了別人的利益，忽略不法內涵差異性的結果，將導致行為人即使已親手實現所有的構成要件，也可能只成立幫助犯，這不但在結論上與法感情相左，也已經違背立法目的！事實上，不論正犯與共犯，如果做壞事沒有好處，誰願意嘗試？以主觀理論作為判準，不論是故意說還是利益說，均形同交由法官個案裁量，仍然無法有效為正犯與共犯做出區別。

㈣實質客觀理論──犯罪支配

正犯概念的追問，經過百年來的徘徊反覆，總算在構成要件與單純因果作用間，找到暫時的歇腳處。今日學界的主流意見是：直接下手實行構成要件行為者，必為正犯；除了親自動手外，也可以透過利用他人（間接正犯）或分工合作（共同正犯）的方式，成為正犯。在這樣的類型範圍下，「未親自實行」構成要件行為者，亦可能成為正犯。

濫觴於行為危險性與對犯罪的實現是否必要的實質客觀理論，開始對於正犯概念的實質化思考，並促成其後蓬勃發展的犯罪支配理論。從德國的學說發展觀察，先是 Lobe 於 1933 年首倡應以對犯罪行為的支配與操控，取代原本透過正犯意思或共犯意思作為區分標準的主觀說；其後，目的犯罪論的祖師爺 Welzel，巧妙的將其目的行為論與犯罪支配的概念結合，創出「目的

受蘇聯的情報機構委託，殺死流亡德國的兩名俄國政客，僅成立幫助犯，也被認為是主觀說的復辟。

❶ Roxin, AT II, §25 Rn. 19.

性的正犯」概念，成功的融合主觀與客觀，作為判斷正犯的操作標準❶。後來 Roxin 的犯罪支配理論，一方面以「誰操縱或支配法益侵害的因果流程」作為判斷正犯的核心標準，另一方面將構成要件類型予以分類，藉以符合罪刑法定原則的要求❷，不過是扣緊實現構成要件的實行行為關連性，清楚的輔以類型化的支配方式說明而已。

詳言之，依犯罪支配理論：正犯，是指已發生事態的核心角色，相對的，共犯則為邊緣人物❸；同時，犯罪支配本身是一個開放性的概念，無法定義，只能依不同的支配形式予以掌握。

犯罪支配的三種形式可見下表：

---

❶ 更詳細的說明，見柯耀程，〈支配理論的源起與發展〉，《月旦法學教室》，第 100 期，頁 206 以下；黃惠婷，〈我國與德國刑法共犯理論的發展〉，《刑事法雜誌》，第 40 卷第 3 期，頁 46；許澤天，〈強制支配——犯罪支配概念的具體續造〉，《東吳法律學報》，第 21 卷第 3 期，頁 50 以下。

❷ 「因為在罪刑法定原則之下，無論如何不能脫離構成要件而探討誰是正犯，而且法益的種類和侵害法益的方式是建構構成要件類型的兩大要素，因此以法益為中心的實質思考，會藉由分類構成要件進而確定正犯類型。之所以追究誰操縱、支配因果流程，是因為無論區分正犯與否，在數人共同犯罪時，會有加功程度不同因而歸責程度不同的情形——這應該是一種共識，否則不會出現功能性和限縮的單一正犯概念。但最根本的原因，則是實現構成要件的法益侵害表示符合法定構成要件的侵害方法，才是決定法益受害的力量，掌握這種力量而侵害法益的人，便是正犯。」許玉秀，〈實質的正犯概念〉，《刑法的問題與對策》，1999，頁 33。

❸ Roxin, AT II, §25 Rn. 10. 依照其說法，所謂的核心角色或邊緣人物的名詞使用，還有以下意義：一是明文擯棄單一正犯的思想，二是正犯與共犯間，應該先就何者為正犯先行決定。

類型	定義
行為支配	針對直接單獨正犯透過自己的行為以實現構成要件，做出描述
意思支配	強調行為人即便未親自實行構成要件行為，仍可透過使用強制力、被利用人的錯誤與組織性的權力機器，產生力量或資訊的優勢地位，進一步使人成為被其利用的行為工具；透過其意思決定，支配整個犯罪的因果歷程，這最適合用來闡釋間接正犯
功能的犯罪支配	行為人藉由在犯罪實行階段與其他行為人的分工合作與角色扮演，對於構成要件的實現發揮其重要的功能，以此解明共同正犯的正犯性

　　大部分的構成要件類型，都可依上述三種犯罪支配方式區分出正犯與共犯，我們可以稱其為「支配犯」，刑法分則裡頭，絕大多數的犯罪屬於這一種類型；只要能對構成要件的實現存在上述任何一種型式的支配，將因果流程掌握在手中，即可成為正犯。於其他少數的犯罪類型，如純正身分犯與己手犯，則不適用犯罪支配理論。在純正身分犯，行為主體存在特別義務地位，即使欠缺任何支配的形式，只要違反特別義務，即可成立正犯，故又稱為義務犯，常舉的例子，如背信罪與肇事逃逸罪[22]。至於己手犯（親手犯），由於以「親自實行」作為犯罪成立的必要條件，在欠缺特別主體資格下，不可能以意思支配或功能支配的方式，成立間接正犯[23]或共同正犯。

　　申言之，純正身分犯均以行為人違反所背負的特定義務作為正犯的必要條件，一旦違反義務，即使行為人對於事件並無支配力，亦構成正犯。換言之，有無犯罪支配退居次要地位，落在特別義務之後，致可能形成無犯罪支

[22] 極其深入的討論，見陳志輝，〈身分犯之正犯的認定——以德國義務犯理論為中心〉，《政大法學評論》，第 130 期，頁 331 以下。

[23] Wessels/Beulke, AT, 42. Aufl., 2012, Rn. 543.

配的正犯與有犯罪支配的幫助犯。案例如：公務員甲唆使妻乙在文書上為不實登載或收受賄賂，甲破壞其特定義務，屬於正犯，非教唆犯❷。同理，在己手犯的情形，是否構成正犯完全依行為人有無親自實行為斷，縱具犯罪支配地位，如非親自實行，亦不能成立正犯，而只能考慮成立「共犯」。案例如：A、B 是情侶，A 雖目擊 B 販賣毒品，卻遭 B 毆打威脅，於法庭做證時為虛偽陳述❷，僅 A 得成立偽證罪之正犯。

(五)規範結合理論

依最高法院 25 年上字第 2253 號判例❷：「現行刑法關於正犯、從犯之區

---

❷ Vgl. etwa Wessels/Beulke, AT, 42. Aufl., 2012, Rn. 519 f. 有認為：無身分的乙雖對構成要件的實現具有重大貢獻，惟因其未違背義務，仍無法成立正犯，只能成立共犯！ Vgl. Roxin, AT II, §25 Rn. 14. 本書則認為不論刑法第 31 條第 1 項的擬制規定是否妥當，於此案例仍有適用，據此乙仍可能與甲成立共同正犯！ 同旨見：余振華，〈教唆未遂之廢止與間接正犯之界定〉，《刑法總則修正重點之理論與實務》，2005，頁 303 以下。

❷ 實務看法相同：「學說所稱『己手犯』，係指某些犯罪，在性質上必須具有某種特定身分或關係之人，直接親自實行構成要件行為，始能成立該犯罪之正犯。正犯以外之人雖可對之加工而成立該罪之幫助犯或教唆犯，但不得為該罪之間接正犯或共同正犯，亦即該罪之正犯行為，唯有藉由正犯一己親手實行之，他人不可能參與其間，縱有犯意聯絡，仍非可論以共同正犯，如偽證罪即是。醫師法第二十八條第一項前段之犯罪，以未具有合法醫師資格，為犯罪構成要件之一，並非以因身分或其他特定關係而成立之犯罪，自非藉由正犯一己親手實行之己手犯，依上開說明，自得成立共同正犯。（101 臺上 5863 判決）」

❷ 近例如：「共同正犯之成立，並不以各行為人間均出於自己共同犯罪之意思為必要，苟已參與犯罪構成要件以內之行為，雖然係出於幫助他人犯罪之意思，仍須就該犯罪之結果共同負責，易言之，應成立共同正犯，而非幫助犯。以販賣毒品罪為例，所稱販賣，舉凡買賣前之看貨，買賣中之接洽、議價，談成後之送貨、收款，皆包含在內，可認屬於犯罪構成要件以內之行為；具體以言，雖然出於幫助之意思，而替販賣毒品之行為人送貨、收款，仍應依販賣毒品罪之共同正犯論擬。（101 臺上 4642 判決）」

別，本院所採見解，係以其主觀之犯意及客觀之犯行為標準，凡以自己犯罪之意思而參與犯罪，無論其所參與者是否犯罪構成要件之行為，皆為正犯，其以幫助他人犯罪之意思而參與犯罪，其所參與者，苟係犯罪構成要件之行為，亦為正犯，必以幫助他人犯罪之意思而參與犯罪，其所參與者又為犯罪構成要件以外之行為，始為從犯。」

由此可知，我國實務的立場是：只要實行構成要件行為，即屬正犯，【澡盆案】因而不可能成立幫助犯；但，只要行為人主觀上具有「自己犯罪之意思」，亦無須再過問其客觀行為，一律成立正犯！換言之，「刑法關於共同正犯與幫助犯之區別，係以行為人之主觀犯意及客觀行為，作為判斷之標準。（最高法院101年臺上字第6297號判決）」

依本書，實務向來以25年上字第2253號判例為骨幹所為的判決，顯然試圖在客觀理論與主觀理論之間進行最大範圍的妥協——如果「自己犯罪之意思」必須立基於客觀的種種行為事實做判斷，並且將觀察的重心置於是否支配事件的流程時❷❼，我們確實能夠清楚的看出實務立場與前揭主觀理論間的差異；換言之，於我國，即便行為人對犯行的實現欠缺自我利益，也不可能僅僅被評價為幫助犯；此種主、客觀擇一標準的操作方式，可以描述為是一種修正主觀理論與實質客觀理論的混合狀態。

這樣的判斷方式，像極了德國聯邦最高法院的「規範結合理論」(normative Kombinationstheorie)，基本上都是建立在對主觀理論適用上的限縮或修正。更詳細的說，「正犯意思」仍然被使用作為關鍵的魔術術語，但其判

---

❷❼ 判決如：「第三人於甲基安非他命製造之過程中，如其所使用之化學原料、器具之資金等其他事務，均由行為人所提供，並且其除運送原料外，還有負擔案件之各成員聯繫工作者，應可認行為人對其有監控及指揮；故應可認行為人雖未有親自實行製造之行為，但因其係以自己犯罪之意思而為行為之參與，自仍屬共同正犯。（101臺上2824判決）」

斷基礎不再僅僅訴諸內在心理狀態，而是透過所有的犯罪情節（例如：對犯罪結果的利益、是否存在犯罪支配），價值性的決定❷。應指出的是：彼邦與我國實務的作法，根本是透過評價性觀察 (wertender Betrachtung) 或整體評價 (Gesamtwertung)❷，決定行為人所為是否應該被評價為正犯，從而也難以揮離其判斷上的不確定性問題❸。學說有認為，「事前決策的參與性」、「事中選角的自主性」和「事後分贓的受益性」可作為是否具有正犯性的重要參考指標❸，就個案操作的具體判斷標準而言，此意見值得贊同。

✦ 三、共同正犯

就犯罪的實現而言，所謂人多好辦事，一個人去偷、去搶，不如有個人把風接應；一個人去騙，不如一夥人扮演不同角色、分工合作。問題只在於，到頭來這些人要怎麼論罪科刑呢？難道負責開車、打電話、買便當任務的行為就必然只成立幫助犯？

---

❷ Wessels/Beulke, AT, 42. Aufl., 2012, Rn. 516; Roxin, AT II, §25 Rn. 22.

❷ Vgl. etwa Stratenwerth/Kuhlen, AT I, 6. Aufl., 2011, §12 Rn. 92.

❸ 舉例：「原審經合法調查後，以上訴人於行為前收受王○○交付，作為通報被害人動向使用之行動電話後，即依指示下車察看林○○住處及行蹤，復在銀行對面路邊監視林○○提款之動態，並以行動電話將察知情況向王○○等即時回報，其間尚自行接聽二通大陸地區上游詐騙集團成員所為指示之來電，又於林○○遭其等詐騙而交付二百六十萬元後，上訴人即得分得報酬三萬元，暨前揭其餘之證據等，而據以認定上訴人係以自己參與犯罪之意思而分擔前開行為，為共同正犯。此係原審踐行證據調查程序後，本諸合理性自由裁量所為證據評價之判斷，既未違反經驗法則或論理法則，要不能指為違法。（102 臺上 1499 判決）」評論見游明得，《共同正犯概念之重塑》，輔大法研所博士論文，2013，頁 29。

❸ 鄭逸哲，《刑法初探──法學三段論法下的刑法與刑法基本句型㈠》，2005，頁 401。

　　依刑法第 28 條，二人以上共同實行犯罪之行為，正是共同正犯的特徵。詳言之，參與的行為人係透過分工實行 (arbeitsteilige Ausführung) 的方式以實現構成要件❸❷；只要符合「共同實行」的主、客觀要件要求，亦即主觀上具有自己犯罪的正犯意思，客觀上亦存在分工合作、互相利用的關係，那麼就應該為其他人的犯罪貢獻相互歸責 (wechselseitige Zurechnung fremder Tatbeiträge)❸❸。實例如：

　　「多數人出於自己共同犯罪之意思，彼此分工協力共同實現犯罪行為，互為補充而完成犯罪，即多數行為人基於犯意聯絡與行為分擔者，為共同正犯，學說上稱之為『功能性的犯罪支配』；在功能性犯罪支配概念下，多數人依其角色分配共同協力參與構成要件的實現，其中部分行為人雖未參與構成要件行為之實行，但其構成要件以外行為對於犯罪目的實現具有不可或缺之地位，仍可成立共同正犯❸❹。」換句話說，「共同正犯間，非僅就其自己實施之行為負其責任，並在犯意聯絡之範圍內，對於他共同正犯所實施之行為，亦應共同負責❸❺。」

---

❸❷ Roxin, AT II, §25 Rn. 188. 並見 102 臺上 1481 等判決：「共同正犯，於合同意思範圍內，組成一共犯團體，團體中任何一人之行為，均為共犯團體之行為，他共犯均須負共同責任，初無分別何一行為係何一共犯所實行之必要。」如此即可避免僅對個別行為歸責，無法對客觀犯行完全清算的問題。關於共同正犯的本質考察，可參閱陳子平，《刑法總論》，2008，頁 503；王乃彥，〈共同正犯之本質的省察〉，《鳥瞰共同正犯，余振華教授刑法研究會叢書》，2012，頁 69 以下；曾思堯，〈論共同正犯責任依據與責任核心要素〉，《鳥瞰共同正犯，余振華教授刑法研究會叢書》，頁 411 以下；徐育安，〈共同正犯本質之探究——以德國法制與學說為核心〉，《甘添貴教授七秩華誕祝壽論文集（上）》，2012，頁 485 以下。

❸❸ Freund, AT, 2. Aufl., 2009, §10 Rn. 149.

❸❹ 101 臺上 5199 判決。

❸❺ 32 上 1905 判例。

　　一旦存在以下條件：　1.共同的犯罪計畫、　2.共同實行構成要件行為與 3.於實行階段有重要貢獻**❸**，即無須再檢驗所有參與者的個別行為是否對結果的發生具備因果關係**❸**，而應一起為共同行為歸責。並應注意，共同正犯只有不法是連帶的，罪責仍須個別認定**❸**。實務見解如：

　　「共同實行犯罪行為之人，在合同意思範圍以內，各自分擔犯罪行為之一部，相互利用他人之行為，以達其犯罪之目的者，即應對於全部所發生之結果，共同負責**❸**。」、「刑法上之共同正犯，雖應就全部犯罪結果負其責任，但科刑時仍應審酌刑法第五十七條各款情狀，為各被告量刑輕重之標準，並非必須科以同一之刑**❹**。」、「共同正犯就全部犯罪結果，固應共同負其責任，惟關於共同犯罪之各該行為人其本身是否有加重（如累犯等）、減輕（如犯製造毒品罪，於偵、審中自白減輕，或依刑法規定自首得予減輕等）刑罰之個別事由，則應依各該行為人之具體情形而分別判斷之**❹**。」

　　謹再就其概念內涵與主、客觀成立要件，進一步說明如下：

---

❸ Roxin, AT II, §25 Rn. 189.

❸ 許澤天，〈共同實施犯罪者，皆為正犯〉，《法學講座》，第 17 期，頁 64；古承宗，〈規範上的共同性與共同犯意聯絡〉，《台灣法學雜誌》，第 185 期，頁 202；蕭宏宜，〈共同正犯的概念內涵與實務發展〉，《法令月刊》，第 65 卷第 2 期，頁 80 以下。

❸ 如 101 臺上 5029 判決：「共同正犯係因對於犯罪之實行具有犯意聯絡及行為分擔，行為人間彼此互相利用，共同完成犯罪，自應對於犯罪之全部結果共同負責，學理上以共犯連帶責任稱之，關於從刑之宣告，同有適用。」

❸ 102 臺上 1262 等判決。

❹ 47 臺上 1249 判例。

❹ 102 臺上 3452 判決。

㈠概念與要件

1.共同犯罪計畫

【一廂情願案】互不認識的甲、乙、丙三人，在 PUB 緊鄰而坐，飲酒閒聊；席間，丁走了進來，還順便對停在附近巷口的車子再按了一下防盜鎖。甲抬頭看丁，直覺其貴氣逼人，起了盜心，乃離席欲竊取丁車中財物。乙注意到甲的眼神與舉止，也隨後跟了過去，並看著甲拿出工具，即將對丁車動手。此時，丁的手機突然響起，由於 PUB 人聲鼎沸、樂聲震天，於是拎著手機欲出去接聽；丙見丁起身，為了讓甲的犯行能夠成功，在甲並未意識到有貴人相助的情況下，藉口攔住丁，終使甲的竊盜行為得逞。請問：甲、乙、丙是否成立加重竊盜罪（刑法第 321 條第 1 項第 2 款）的共同正犯？

　　共同正犯在主觀要件上必須存在犯意聯絡，即學說所謂的「共同犯罪計畫」(gemeinsamer Tatplan) 或共同犯罪決意 (gemeinsamer Tatentschluss)；僅片面對於他人的犯罪行為予以認可，不能認為數行為人之間存在犯罪共同體所必須的共同作用。以本案而言，關鍵在於甲是否知悉乙的協助行為；如果甲根本未察覺，或者甲察覺後認為這樣的援助其實可有可無，就不能認為甲也將乙視為自己犯罪的一分子。簡單說，不論是共同的犯罪計畫或犯罪決意，每一個行為人都必須對於彼此間屬於相互補充的協力關係，亦具備知與欲；據此可推論，無所謂「片面共同正犯」❷與「過失共同正犯」❸。

---

❷ 基於「共同犯罪計畫」的要求，單方面的共同作用 (einseitiges Zusammenwirken) 並不足以成立共同正犯。也因此，類如：甲眼見警察 A 即將逮捕竊賊乙，便在乙不知情的情況下將 A 制服，致乙順利得手後逃之夭夭；甲僅能成立竊盜罪的**幫助犯**（請查閱我國刑法第 30 條

　　應注意的是，犯意聯絡的產生時點並不必然是著手前，在別人著手以後才加入，仍然可以成立承繼（相續）的共同正犯，難處只在於半途加入後，是否仍應就已實現的不法相互歸責。換句話說，共同擬定犯罪計畫不是共同正犯成立的必要條件，重要的是如何認定彼此間存在行為分擔，而可認為是「共同實行」構成要件行為。我國實務對此亦採取肯定而寬鬆的立場，認為：「關於犯意聯絡，不限於事前有所協議，其於行為當時，基於相互之認識，以共同犯罪之意思參與者，亦無礙於共同正犯之成立。且數共同正犯之間，不以直接發生犯意聯絡者為限，即有間接之聯絡者，亦包括在內❹。」、「如甲分別邀約乙、丙犯罪，雖乙、丙間彼此並無直接之聯絡，亦無礙於其為共同正犯之成立❺。」

　　至於默示合致之判準，最高法院 94 年臺上字第 3528 號判決曾指出：「係指依其舉動或其他相關情事，依社會通常觀念，得以間接推知其意思者而言；單純之沉默，尚與默示之合致有間❻。」此外，「所謂共同犯罪之意思，係指

　　第 1 項）。其他討論可參閱吳天雲，〈片面對向犯不處罰的依據〉，《鳥瞰共同正犯，余振華教授刑法研究會叢書》，頁 355 以下。

❹ 「刑法第二十八條之共同正犯，以二人以上實行犯罪行為，有共同故意為要件，若二人以上同有過失行為，縱於其行為皆應負責，亦無適用該條之餘地。(44 臺上 242 判例)」學說見解的詳細討論，日本部分可參閱曾淑瑜，〈成立過失共同正犯之立論根據〉，《甘添貴教授祝壽論文集——刑事法學之理想與探索(I)》，頁 445 以下；德國意見可參閱周慶東，〈論過失共同正犯〉，《鳥瞰共同正犯，余振華教授刑法研究會叢書》，頁 121 以下。有別於我國實務的立場，越來越多學者肯定過失共同正犯的成立可能。Roxin, AT II, §25 Rn. 242; 余振華，《刑法總論》，2013，頁 406 以下有詳細介紹。

❹ 102 臺上 1262 等判決。又，依 73 臺上 2364 判例：「意思之聯絡並不限於事前有所謀議，即僅於行為當時有共同犯意之聯絡者，亦屬之，且其表示之方法，亦不以明示通謀為必要，即相互間有默示之合致，亦無不可。」

❺ 77 臺上 2135 判例。

基於共同犯罪之認識，互相利用他方之行為以遂行犯罪目的之意思；共同正犯因有此意思之聯絡，其行為在法律上應作合一的觀察而為責任之共擔。至共同正犯之意思聯絡，不以彼此間犯罪故意之態樣相同為必要。蓋刑法第13條第1項、第2項規定，雖分別規定直接故意、間接故意，惟不論明知或預見，僅係認識程度之差別，間接故意於構成犯罪事實之認識無缺，與直接故意並無不同，進而基此認識使其發生或容認其發生，共同正犯間在意思上乃合而為一，形成意思聯絡❹。」

2. 共同實行行為

　　共同正犯必須就構成要件的實現提供客觀的肇因貢獻，即每一位參與者，基於共同犯罪計畫，在此範圍內於實行階段協力共同實現構成要件。就共同正犯「行為相互歸責」的本質而言，參與實現構成要件，並不意味著必然是「親自實行」構成要件行為，只要由共同犯罪決意的內容（犯罪計畫）可認為對於構成要件行為的實行存在功能的角色分工，即為已足。

　　有疑義者在於，必須貢獻或影響到多少程度，才能被認為是共同作用的犯罪主體？具體而言，參與者如果沒有在現場，甚至在其他犯罪者著手後也始終未出現，是否還能成立共同正犯？如果採取較為嚴格的立場，雖然共同正犯的成立不以出現在犯罪現場為必要，但就共同作用的要求而言，除非著手後還能透過電話或無線電等方式持續支配構成要件的實現，否則頂多只能考慮間接正犯❹；如果採取較為寬鬆的立場，雖然僅於其他參與者著手前共

---

❹ 德國聯邦最高法院立場相同 (BGHSt 37, 289)，認為可以透過推測的合意 (konkludente Verabredung) 成立共同正犯；Heinrich, AT, 3. Aufl., 2012, Rn. 1223. 學說評此舉極度擴張了共同正犯的成立，vgl. Puppe, Spinellis-FS, 2001, 925 f.

❹ 101 臺上 5999 判決。

❹ Roxin, AT II, §25 Rn. 200.

同謀議，還是可以認為已經滿足共同實行的要求❹。

　　由我國實務立場觀察，在採取「整體審查」的主、客觀擇一標準下，事實上只要求行為人具有自己犯罪的意思，即可成立共同正犯；也因此，只要參與者之中有人已付諸著手實行，其他參與者並不以在犯罪現場或分擔任何行為為必要（參閱大法官會議釋字第 109 號解釋），而仍可成立「共謀」共同正犯。

　　關於「共同實行」的概念內涵，除了前述「是否於實行階段才會產生共同作用」的問題外，另一個爭點在於，如何確定行為人所為「於實行階段對犯罪貢獻的必要性」？

　　這件事緣起於學說認為：在實行階段的犯罪貢獻必須夠重要，才足以作為成立共同正犯的基礎，並滿足功能支配的結構要求❺：一個必要的、足以成立共同正犯的共同作用，首應來自於「犯罪相關的實行舉止」(deliktsrelevante Ausführungsakte) 被分配給了多數人，例如：甲、乙共同對丙劫財，由甲負責壓制被害人，由乙負責取其財物。但，即便其舉止並非構成要件該當的實行行為，只要關乎構成要件實現，仍可滿足共同正犯的成立基礎，典型的例子如：對犯罪計畫的實現具有必要性的把風 (Schmierestehen)。

❹ Jakobs, AT, 2. Aufl., 1993, 21/48 f. （創造「形塑支配」(Gestaltungsherrschaft) 的概念以解決「客觀共同作用的必要性」爭議）本說支持者稍多，如 Heinrich, AT, 3. Aufl., 2012, Rn. 1226; Wessels/Beulke, AT, a.a.O., Rn. 529; Rengier, AT, a.a.O., §42 Rn. 19.
德國實務亦採取寬鬆標準，認為預備階段的精神作用（如：加強其他人的犯罪決定）仍可能成立共同正犯。S. RGSt 14, 28 f.; BGHSt 11, 268 ff. 在帝國法院時期，如此的司法實踐基礎，可以訴諸前述正犯與共犯區分標準中的主觀理論（只要行為人具有自己犯罪的意思，即為正犯）；儘管目前的實務採取「規範結合理論」，透過法官在個案中的價值判斷，一樣可以讓預備行為與未來的實行者成立共同正犯。

❺ Vgl. etwa Stratenwerth/Kuhlen, AT I, 6. Aufl., 2011, §12 Rn. 93.

因此，一旦行為人所為透過事前判斷認為不具有必要性，或僅係附帶事實性的貢獻，則只能考慮是否成立幫助犯，如：對性侵者煽風點火的言論或送給竊賊一瓶飲料❺❶。

我國實務對於「必要性」要件的立場，始終不甚清楚。簡單的例子，如：幫忙詐騙集團提款的車手，其貢獻是否足以在價值上被認為是共同正犯？

對此，最高法院一方面抽象的指出：「犯罪意思之聯絡並不限於事前有所謀議，即僅於行為當時有共同犯意之聯絡者，亦屬之，且其表示之方法，並不以明示通謀為必要，即相互間有默示之合致，亦無不可。至刑法上之幫助犯，係指以幫助之意思，提供構成要件以外且不具犯罪支配之幫助，而未參與實行犯罪構成要件之行為者而言；如就構成犯罪事實之一部已參與實行者，即屬共同正犯❺❷。」、「刑法上所謂幫助犯，係指對他人決意實行之犯罪有所認識，而基於幫助之意思，於他人犯罪實行之前或進行中資以助力，予以實行上便利，使犯罪易於實行之人；是凡任何足使正犯得以或易於實行犯罪之積極或消極行為，不論其於犯罪之進行是否不可或缺，亦不問所提供之助益是否具有關鍵性影響，均屬幫助犯罪之行為❺❸。」另一方面卻又欠缺說理的認為車手應屬共同正犯❺❹，其判斷的標準到底是什麼？

---

❺❶ Roxin, AT II, §25 Rn. 211.

❺❷ 101 臺上 5190 判決。

❺❸ 101 臺上 4507 判決。

❺❹ 「自蘇○○九十二年間起提供內碼資料、偽造信用卡、盜刷及銷贓變現等犯罪階段以觀，缺乏任一階段之行為人參與，即無法取得犯罪所得以滿足任一階段行為人之利益。故各階段行為人顯相互利用他人之行為，以達犯罪之目的。縱下游之車手或銷贓者，或不識上游之蘇○○，而與蘇○○無直接之犯意聯絡；又同屬車頭之韋○○、張○○亦不識黃○○，亦無直接之犯意聯絡，但透過蘇○○之居間聯繫，而得彼此互通有無，相互利用，故各該行為人均應成立共同正犯。（102 臺上 1358 判決）」、「許○○、吳○○、黃○○、許○○既

　　依本書意見，形式上隨著車手的提款，似乎因此而促成詐欺罪的構成要件實現，但實際上隨著存款進入人頭帳戶時，財產損害即已造成，不論未來是否實際取得該款項，都不會改變已經既遂的詐欺罪，遑論車手可能根本不知詐騙集團其他成員的犯罪計畫從而也無所謂既遂後產生的犯罪決意可言，據此，沒有道理將車手的提款行為一律認為是「共同實行」犯罪，而放棄評價為幫助犯，甚至是不罰的事後幫助的可能；透過將「犯意聯絡」的概念內涵擴張及於「間接」與「默示」，再以此作為車手的提款行為可以成立共同正犯的基礎，難謂妥當。

> 　　甲、乙二人與年僅 13 歲之丙共商議至 A 宅行竊，並由甲、乙二人進入 A 宅行竊，丙在外把風，經竊得珠寶一批後央請丁代為銷贓。惟丁取得贓款後卻將其據為己有花費殆盡，不肯返還。試論甲、乙、丙、丁四人之罪責❺❺？

分別從事接聽電話或試卡及詐騙所得款項（被害人將款匯進人頭帳戶，在領取前，存在人頭帳戶之款項，仍屬於該人頭戶所有）之領款行為，顯已參與犯罪行為之實行，而非單純於該詐欺集團犯罪行為完成後，予以助力，縱未參與事前之謀議及事中之詐騙行為，仍應成立共同正犯，上訴意旨主張其等行為僅為刑法上不罰之『事後幫助』或單純之幫助犯，同有誤會。（100 臺上 2833 判決）」評釋見柯耀程，〈「車手」共同正犯的共同性研判〉，《月旦裁判時報》，第 17 期，頁 50 以下；薛智仁，〈網路釣魚的刑事責任〉，《東吳法律學報》，第 24 卷第 3 期，頁 176 以下。

❺❺96 年司法四等考題。類似案例：已成年之甲夥同 19 歲之乙及 15 歲之丙企圖行搶某郵局，由丙擔任把風，乙則發動車子在外準備接應，而由甲持槍入內劫得現款 1 百萬元，事後被捕，問本案甲、乙、丙三人之刑責各應如何論處？（98 年調查局調查工作組）

參考解答

　　一、甲、乙二人進入 A 宅行竊的行為，應成立共同侵入住宅竊盜罪（刑法第 321 條第 1 項第 1 款、第 28 條）

　　㈠甲、乙進入 A 宅的行為，未得居住權人之同意，亦無正當理由，可認為係「無故」的侵入住宅行為；復依題示，其後更竊得珠寶一批，竊盜行為應已既遂。

　　㈡甲、乙對於侵入 A 宅竊盜的事實有認識並決意為之，同時對於犯罪的實現不僅具有行為支配，主觀上亦係基於正犯的意思參與犯罪，此等基於共同侵入住宅竊盜之犯罪計畫而分擔行為之實行，不論依實務（25 上 2253 判例）或犯罪支配理論之功能支配觀點，均應成立上述二罪的共同正犯。

　　㈢別無其他阻卻違法與罪責事由。甲、乙所為應分別成立侵入住宅罪、普通竊盜既遂罪與加重竊盜既遂罪；為避免重複評價，僅選擇加重竊盜既遂罪予以適用。

　　二、丙在外把風接應的行為，可能成立侵入住宅竊盜罪的共同正犯（刑法第 320 條第 1 項第 1 款、第 28 條）

　　㈠依 25 年上字第 2253 號判例：「凡以自己犯罪之意思而參與犯罪，無論其所參與者是否犯罪構成要件之行為，皆為正犯。……」在場把風，固非實施侵入住宅或竊盜等行為，依實務見解，如行為人具有「自己犯罪的意思」，仍得成立共同正犯（24 上 2868 判例）；依學說，只要對犯罪計畫的實現具有必要性，即便其舉止並非構成要件該當的實行行為，如案例事實中的把風，仍可滿足共同正犯的成立基礎。

　　㈡有疑義者在於，丙係無責任能力之人，依 28 年上字第 3242 號判例：「刑法對於無責任能力者之行為，既定為不罰，則其加功於他人之犯罪行為，亦應以其欠缺意思要件，認為無犯意之聯絡，而不算入於共同正犯之數。」同

時，依 30 年上字第 1240 號判例：「刑法第三百二十一條第一項第四款所稱結夥三人，係以結夥犯全體俱有責任能力及有犯意之人為構成要件，若其中一人係缺乏責任能力或責任要件之人，則雖有加入實施之行為，仍不得算入結夥三人之內。」據此，丙自始即無法與甲、乙成立共同正犯，遑論「結夥三人」行竊。

㈢惟管見以為，共同正犯係參與實現構成要件的方式之一，有無責任能力則屬個別行為人應否負擔刑事責任的問題，從而，共同正犯之成立要件似與責任能力無涉。

㈣若然，丙既係基於前述與甲、乙的共同犯罪計畫，進而為此角色分擔，其行為對構成要件的實現具有必要貢獻，與甲、乙的行為自得以直接相互歸責；丙所為至少仍具有上述二罪的構成要件該當性。

㈤如甲、乙、丙三人得成立共同正犯，由於結夥犯亦屬刑法第 28 條所規定之共同正犯❺❻，其竊盜行為即具有刑法第 321 條第 1 項第 4 款「結夥三人以上而犯竊盜罪」之構成要件該當性。

三、丁代為銷贓並將所得贓款據為己有花費殆盡的行為，分別成立贓物罪與侵占罪（刑法第 349 條第 2 項、第 335 條第 1 項）

㈠丁代為銷贓之行為，依具體事實，可能先後「受寄」與「居間介紹買賣」，而得分別成立寄藏與牙保贓物罪。由於兩行為係針對同一贓物，為避免雙重評價，應認成立法條競合，僅成立一罪。

㈡有疑義者在於：「因贓物變得之財物，以贓物論。」刑法第 349 條第 3 項設有明文規定，就此「不法原因之寄託物」，不論侵占行為係以違背信賴關係為基礎抑或竊盜罪以外的截堵構成要件，應無影響❺❼。據此，丁將銷贓所

---

❺❻ 51 臺上 1816 判例：「結夥三人以上竊盜罪之各結夥人，應就全部犯罪結果負責任，自應援引刑法第二十八條之共犯規定辦理。」

得之贓款花費殆盡，拒不返還之行為，既透顯其易持有為所有之意思，應成立侵占罪。

四、結 論

㈠題示情形，如依實務意見，甲、乙二人僅成立共同侵入住宅竊盜罪；如依管見，甲、乙、丙三人應成立共同侵入住宅竊盜罪與結夥三人加重竊盜罪，此際，依最高法院 69 年臺上字第 3945 號判例：「刑法第三百二十一條第一項所列各款為竊盜之加重條件，如犯竊盜罪兼具數款加重情形時，因竊盜行為祇有一個，仍祇成立一罪，不能認為法律競合或犯罪競合，但判決主文應將各種加重情形順序揭明，理由並應引用各款，俾相適應。」據此，由於甲、乙、丙三人應僅成立一個加重竊盜罪（刑法第 321 條第 1 項第 1 款與第 4 款）。

㈡丙所為因欠缺責任能力，均不罰。

㈢丁則分別成立贓物罪與侵占罪，依刑法第 50 條規定，實質競合，兩罪併合處罰。

---

[57] 甘添貴，《體系刑法各論(II)》，2000，頁 231、237；高金桂，〈侵占罪之構成要件分析〉，《月旦法學雜誌》，第 163 期，頁 25（違反法秩序的期待並考慮利益衡量的法理）。附帶說明：德國刑法第 246 條關於侵占罪之規定，於 1998 年有重大修正；新規定不再以持有他人之物為成罪前提，其與竊盜罪的互斥關係因而也不復存在。詳細的討論，見許澤天，〈論侵占罪——德國法的啟發〉，《法令月刊》，第 58 卷第 5 期，頁 55 以下。

㈡個別的問題

1.承繼共同正犯

　　甲擬殺乙，某日將乙強架至車上載往山中一棟空屋，以繩索將其捆綁後，正持利刃刺中肩膀一刀時，適甲之友丙爬山路過，聽聞乙之哀叫聲，乃循聲而至。因乙與丙亦有過節，丙遂利用此機會將乙刺殺身亡。試問：甲、丙應否負何刑責❺❽？

問題解析

一、前已提及，犯意聯絡的產生時點不必然是著手前，只要其他行為人的行為已進入未遂階段（著手實行後），共同正犯即具備成立的可能；實務見解也同樣認為：「意思之聯絡並不限於事前有所謀議，即僅於行為當時有共同犯意之聯絡者，亦屬之❺❾。」這樣，就產生了這裡所要處理的承繼（相續）共同正犯的問題：在共同正犯的參與時點可能是其他參與者(1)著手前、(2)著手後既遂前，甚至(3)既遂後違法狀態結束前的情況下，行為人對於加入前的其他參與者行為，應否負責？

二、其中難處，不僅在於(1)半途加入者的犯意，到底是以自己主觀為準，還是以所表現出來的行為為斷，更出現於(2)內含數行為的構成要件。就第一個疑問而言，如：甲於行竊得手之際，不慎失風而面臨追捕，路過的

---

❺❽ 96 年原住民三等考題。

❺❾ 73 臺上 2364 判例。

乙出手相救，打開車門讓甲上車，因而成功的保住甲及其贓物。此時，乙是成立竊盜罪的共同正犯還是藏匿人犯罪？就第二個疑問而言，如：甲基於侵入住宅竊盜的故意，破壞 A 宅門窗後入室翻搜，見 A 宅頗多值錢財物，無法以一人之力全部搬走，於是打電話找乙一起搬。若乙事後並未分贓，則究應成立竊盜罪還是加重竊盜罪的共同正犯？再如：甲基於強盜故意，制伏被害人後，知情而半途加入的乙，取其財物。乙能否直接成立強盜罪的共同正犯？

三、事實上，主觀犯意的認定牽涉到是否存在自己犯罪的正犯意思（animusauctoris）；一旦犯罪事實涉及構成要件的行為單數❻，例如繼續犯或實質結合犯（多行為犯）❻，在部分行為已經完成的情況下，即必須考慮應否讓半途加入者，回溯的對其加入前的行為所產生的法律效果歸責的問題。對此，實務目前的立場是：「刑法之相續共同正犯，基於凡屬共同正犯對於共同犯意範圍內之行為均應負責，而共同犯意不以在實行犯罪行為前成立者為限，若了解最初行為者之意思，而於其實行犯罪之中途發生共同犯意而參與實行者，亦足成立；故對於發生共同犯意以

---

❻ 如果行為人所為是自然意義下的數個物理動作，但無法被判定為是自然的行為單數時，透過對構成要件的法社會解釋，評價為一行為；由於構成要件僅實現一次，並非同種想像競合。常見的犯罪類型如：實質結合犯（強盜罪、擄人勒贖罪、強制性交罪）、繼續犯（私行拘禁罪、侵入住宅罪、醉態駕駛罪）；至於形式結合犯與集合犯，則仍有爭議。S. v. Heintschel-Heinegg, MK zum StGB, Band 2/1, 1. Aufl., 2005. §52 Rn. 24.

❻ 案例如：【見財起意案】甲、乙相約教訓丙，某日攔住丙後即加以毆打，期間，雖然乙提議順便劫財，甲卻不表同意。未久，丙已被打暈，乙遂自己動手搜刮其皮夾內金錢，並欲與甲對分，甲見數額不少，誘惑難耐，取之。改寫自黃惠婷，〈在構成要件形式上完成後之共同正犯與幫助犯成立之可能性〉，《刑事法雜誌》，第 41 卷第 2 期，頁 165；並參閱同作者，《刑法案例研習㈢》，2011，頁 105 以下。

前，其他共同正犯所為之行為，苟有就既成之條件加以利用而繼續共同實行犯罪之意思，則該行為即在共同意思範圍以內，自應共同負責**❷**。」簡之，共同犯罪計畫形成時，半途加入者已決定利用既存的條件狀態承繼共同實行，自應就共同犯罪計畫的意思範圍內，一併對於已產生的不法共同負責**❸**。

四、這樣的作法，對於加入前的行為與加入後的行為可分別成立犯罪的情形，如前揭【見財起意案】，由於甲是在乙實現強盜罪的法益侵害後才加入，回溯既往要求對於乙所為的所有行為負責，等於無視其並未針對加入前的行為有過共同的犯罪計畫與行為分擔，就相互歸責而言，並不合理**❹**。部分實務立場相同：「學理上所稱之相續共同正犯（承繼共同正犯），固認後行為者於先行為者之行為接續或繼續進行中，以合同之意思，參與分擔實行，其對於介入前先行為者之行為，有就既成之條件加以利用而繼續共同實行犯罪之意思，應負共同正犯之全部責任。但結合犯或刑法修正前之連續犯、牽連犯，本係合併數個獨立犯罪或結合成一罪，或以一罪論或從一重處斷。如後行為者介入前，先行為者之行為已完成，自不應令其就先行為者之行為，負共同正犯責任**❻**。」

五、本書認為，前揭最高法院 102 年臺上字第 1358 號判決所謂「若了解最初

---

❷ 102 臺上 1358 判決。

❸ 德國實務立場相同，s. BGHSt 2, 344, 346 ff.; BGH NStZ 1984, 548 f.; BGH StV 1998, 649. 並見 Wessels/Beulke, a.a.O., Rn. 527; SSW-StGB/Murmann, §25 Rn. 38.

❹ 德國實務同旨，vgl. Roxin, AT II, §25 Rn. 221 ff. 但其立場並不一貫，於甲強制性交 A 後，乙利用 A 筋疲力盡、無力反抗的狀態與其性交的案例，乙僅成立類似我國刑法第 225 條的乘機性交罪（德國刑法第 179 條），而非我國刑法第 222 條第 1 項第 1 款加重共同強制性交罪（德國刑法第 177 條第 2 項）。(BGH NStZ 1985, 70)

❻ 101 臺上 4907 判決。

行為者之意思，而於其實行犯罪之中途發生共同犯意而參與實行者，亦足成立（承繼共同正犯）」其實是頗有問題的說法。如何可以僅因為半途加入者主觀上認識既存的法益侵害狀態，即得創造出足以回溯既往的共同犯罪計畫（決意）？再就上開最高法院 101 年臺上字第 4907 號判決以論，所謂「先行為者之行為已完成」，語意上亦不清楚，而可能同時涵蓋行為已完成，但構成要件既遂或未遂的情形；問題是，構成要件若已實現，在嗣後的加入者未曾於先前的實行階段具有正犯意思並提供重要貢獻的事實下，又如何「就既成之條件加以利用」？德國即有學說反對其實務將相續共同正犯的參與時點設定在犯罪終了前，而主張除接續犯或繼續犯外，均應改以「構成要件既遂前」作為判準者❻。

六、按，自然科學或是日常生活的語言，並無法拘束立法者或裁判者對行為數的認定，即便在自然意義上屬於數個物理動作，透過對行為動作的法社會意義關連或刑事政策等目的考量，不論立法者或裁判者，均可將物理意義的數行為，延伸擬制為「法的」行為單數。常見的類型如：自然的行為單數❻與構成要件的行為單數。本文認為，嗣後加入者如果能「就既成之條件加以利用」，又不違反相互歸責原則，唯一的可能只有自然的

---

❻ Heinrich, AT, 3. Aufl., 2012, Rn. 1237.

❻ 其概念特徵為：⑴由單一意志承載、⑵數個同種類舉止、⑶空間與時間的關連密切且相互連接、以至於⑷整個事實可以客觀的透過第三人的自然觀察而認定為係一個一體的行為。如：打人一頓或罵人一回。BGHSt 10, 230, 231; Heinrich, a.a.O., Rn. 1413; Wessels/Beulke, a.a.O., Rn. 764. 我國實務見解不僅接受此一現象，更稱之為「接續犯」：「……如『數行為』於同時同地或密切接近之時地實施，侵害同一之法益，各行為之獨立性極為薄弱，依一般社會健全觀念，在時間差距上，難以強行分開，在刑法評價上，以視為數個舉動之接續施行，合為包括之『一行為』予以評價，較為合理，則屬接續犯，而為包括之一罪。(86 臺上 3295 判例)」

行為單數情形；否則一旦犯罪已經既遂，在其未參與先行為加工的情況下，如果還可以認為（曾經）共同實行犯罪，無異於將共同犯罪計畫的決意回溯，讓主觀利用意思客觀化為不法歸責，不合理處，至為顯然。至於構成要件的行為單數，如果自然意義上的數個行為所造成的法益侵害是可分的，在法益侵害已經實現的情況下，勢必無法滿足已為我國實務接納的功能支配概念所要求的「分工實行」。

七、簡之，若事前欠缺共同犯罪計畫，事中亦無共同實行，沒有理由在法益侵害實現後，讓半途加入者透過承繼共同正犯的概念操作，將其主觀犯意溯及至參與前，從而擬制出共同犯罪決意。據此，類如：甲基於強盜故意，制伏被害人後，知情而半途加入的乙，取其財物的案例，理應與甲在制伏被害人「前」，知情而半途加入的乙有所區別。就前案而言，由於甲侵害他人自由法益的強制行為已經既遂，乙只成立竊盜罪，而非成立強盜罪的共同正犯；至於後案，既然是基於與甲的分工而行為，在共同犯罪決意的範圍內，自應承擔甲的不法，成立強盜罪的共同正犯❸。

八、在這樣的理解下，嗣後加入者本來就應為後來發生的法益侵害負責，也只在這個範圍內負責，不及於其他行為人已經實現的不法，除非承認「事後故意」，在罪刑法定的要求下❹，於犯罪既遂後加入者，只能依個案事實考慮是否成立我國刑法第 164 條藏匿人犯罪、同法第 165 條湮滅刑事證據罪與同法第 349 條的贓物罪，而非再行透過承繼共同正犯的概念操作，羅織入罪；據此，應認為承繼共同正犯的概念已無使用必要❺。

---

❸ Stratenwerth/Kuhlen, AT, 6. Aufl., 2011, §12 Rn. 81 f.; Grabow/Pohl, Jura 2009, 658 ff.

❹ Geppert, Jura 2011, 34 f.; Rengier, JuS 2010, 282 f.

❺ 亦見謝開平，〈相續共同正犯應否對加入前之行為負責〉，《月旦裁判時報》，第 2 期，頁 149。

　　甲、乙二人將富商張三於住家門口強押上車，擄至某山區進行勒贖。因為甲、乙二人與張三家人熟識，恐打電話去勒索贖款時，被識破報警。於是將上述實情告知友人丙，並以 5 萬元代價，要求丙撥打公用電話給張三家人付款贖人。不料，丙打電話多次後，為警方偵破，張三終被順利救出。請問：甲、乙、丙三人之罪責如何**❼**？

參考解答

一、甲、乙二人將張三強押上車，擄至山區進行勒贖的行為，成立擄人勒贖既遂罪（刑法第 347 條第 1 項）

　　依實務見解：「刑法第三百四十七條第一項規定之擄人勒贖罪，係以行為人基於勒贖目的而擄人，僅須被擄人喪失行動自由，而置於加害者實力支配之下即屬既遂，至於嗣後是否實行勒贖或是有無取得贖款，均不影響犯罪之成立。（最高法院 99 年臺上字第 2661 號判決）」據此，勒贖的行為未遂，甚至未實行勒贖，均不影響本罪既遂的成立。題示情形，甲、乙主觀上基於勒贖意圖，客觀上復著手實行擄人的妨害自由行為，別無阻卻違法與罪責事由，應成立本罪。

二、丙撥打公用電話給張三家人付款贖人的行為，僅成立恐嚇取財未遂罪（刑法第 346 條第 3 項）

　　㈠實務見解向來認為：「擄人勒贖罪，本質上係妨害自由及強盜之結合，形式上則為妨害自由與恐嚇取財之結合，其和強盜、恐嚇取財罪不同者，在於以被害人生命、身體安全或自由，換取相當之對價（例如贖金），亦即擄人

勒贖之行為概念中，必須存有『贖』之因素，而單純之強盜或恐嚇取財，則無❼。」據此，本題關鍵在於，丙係在甲、乙犯該罪既遂後，始起意加入，能否認為成立該罪的共同正犯？

㈡依實務見解：「擄人勒贖罪，固以意圖勒贖而為擄人之行為時即屬成立，但勒取贖款，係該罪之目的行為，在被擄人未經釋放以前，其犯罪行為仍在繼續進行之中。上訴人對於某甲被擄時雖未參與實施，而其出面勒贖，即係在擄人勒贖之繼續進行中參與該罪之目的行為，自應認為共同正犯❼。」要之，擄人勒贖罪屬繼續犯，行為尚未終了前，三人仍可成立擄人勒贖罪的承繼共同正犯。

㈢惟管見以為，丙加入與否，已不妨礙擄人勒贖既遂罪的實現；既然犯罪已經既遂，如果還可以評價為共同實行犯罪，等於是將共同犯罪的決意回溯！丙既未參與擄人，打電話只是為了侵害他人財產利益所為的「恐嚇」行為而已，實不宜僅因擄人勒贖罪具有繼續犯的性質，即率爾將丙於他人既遂

❼ 100 臺上 4911 判決。一併摘錄其後段要旨：「從而，在押人以強盜財物之情形，若並要脅被害人提領存款或舉債支應，以滿足行為人之需索，倘依社會通念，尚與『贖身』之概念不相適合時，當認仍為原強盜之不法意圖所含攝，僅依強盜罪論擬；至於押人行為，則視其具體情況，或為強盜罪所吸收，或另論以妨害自由罪，而與強盜罪想像競合或數罪併罰處遇之。」

❼ 28 上 2397 判例，其雖已遭最高法院 94 年第 14 次刑事庭決議不再沿用，但其立場仍被後來的判決所繼受：「共同正犯，只須行為人間具有犯意聯絡及行為分擔，而不問犯罪動機起於何人，亦不問每一階段犯行是否均經參與，皆無礙於共同正犯之成立。本件行為人雖未出面實行強盜而擄人勒贖之行為，但於他行為人等強盜後起意擄掠被害人勒贖時，與他行為人合作將被害人移置至自己之小客車內，嗣後並分得強盜而擄人勒贖取得之現金，自屬已就共同擄掠被害人，使喪失行動自由，而移置渠等不法實力支配之下，圖使被害人或其家人以財物取贖被害人人身之犯行有犯意聯絡及行為分擔，故自成立強盜而擄人勒贖之共同正犯。（100 臺上 4420 判決）」

後加入的行為，也當成是擄人勒贖行為的一部。

三、小　結

題示情形，如依實務見解，可認為丙係擄人勒贖罪之共同正犯，惟管見以為，基於丙已無法與甲、乙產生擄人勒贖罪的功能支配，不應成立共同正犯（也非幫助犯），僅成立恐嚇取財未遂罪。

2. 共謀共同正犯

前已提及，共同正犯的概念特徵本來就不要求每一個參與者對於犯罪的環節都親自實行，從而也可以推導出，就共同作用的要求而言，只要著手後還能持續支配構成要件的實現，共同正犯的成立並不以出現在犯罪現場為必要。問題只在於，僅於犯罪著手前參與謀議而未再進一步分擔實行階段的工作，如何能認為對構成要件的實現具有必要的貢獻，而足以形成其正犯性？以犯罪支配理論的角度來說，謀議如何產生功能支配？若否定，有無成立間接正犯的可能？

？

【萬能鑰匙案】甲、乙是好友，兩人同時就讀高一，平日在校成績不佳，整天只想著把妹與飆車。某日，甲獲得其學長所贈的萬能鑰匙一把，宣稱可以順利開啟8成左右的機車，甲心癢難耐，即拿出來對乙炫耀，並邀其一起行竊。乙從未騎過重型機車，聽過甲的吹噓後，極其心動，但認為偷車無須兩人一起行動，遂面告甲只要順利牽到重機，願意包辦油錢，讓兩人騎車兜風。甲當下付諸實行，順利取得一臺Ducati。請問：甲、乙是否成立共同正犯？

問題解析

一、我國實務向來均承認「共謀共同正犯」的概念：「按共謀共同正犯係以自己犯罪之意思而事先參與謀議，推由其他共同正犯實行犯罪構成要件行為，而必須就其他共同正犯所實行之行為，在謀議之範圍內共負全部責任。……又共謀共同正犯之共謀人，僅事先同謀而不參與犯罪行為之實行，就外形上觀察，與教唆犯頗為類似之處，實則有別。蓋共謀共同正犯間彼此均係出於自己之意思發動而共同謀議犯罪，教唆犯則為唆使原無犯罪意思之人，實行犯罪行為。（最高法院 101 年臺上字第 3868 號判決）❼❹」

二、暫不論是否妥適❼❺，其結果自然導致共同正犯在客觀成立要件上的鬆動：只要預備階段的共同犯罪計畫持續於其他人著手後發揮作用，即可認定

---

❼❹ 並見大法官會議釋字第 109 號解釋：「以自己共同犯罪之意思，參與實施犯罪構成要件以外之行為，或以自己共同犯罪之意思，事先同謀，而由其中一部分人實施犯罪之行為者，均為共同正犯。」值得一提的是，100 臺上 4902 判決甚至肯認共謀者亦得適用刑法第 31 條第 1 項，成立純正身分犯的共同正犯（未敘明理由）。

❼❺ 學說上對共謀共同正犯的正犯性基礎，大致有：共同意思主體說、間接正犯類似說、包括的正犯說、目的行為支配說，茲不贅。詳細的說明可見甘添貴，〈共謀共同正犯與共犯的區別——最高法院 98 年度臺上字第 877 號刑事判決評釋〉，《法令月刊》，第 61 卷第 2 期，頁 55 以下；柯耀程，〈共同正犯形成之判斷，評刑法修正後之適用與釋字第 109 號之重新詮釋〉，《東海大學法學研究》，頁 1 以下；余振華，《刑法總論》，2011，頁 393 以下。本書支持「共謀共同正犯否定說」，同旨可見：黃常仁，《刑法總論》，2009，頁 217；柯耀程，《刑法釋論 I》，2014，頁 583；黃惠婷，〈犯罪支配理論下的共謀共同正犯〉，《台灣法學雜誌》，第 161 期，頁 73；陳志輝，〈共謀共同正犯與共同正犯之參與行為〉，《月旦法學雜誌》，第 114 期，頁 35；林書楷，〈論共同正犯之行為分擔——重新界定「共謀共同正犯」概念〉，《鳥瞰共同正犯，余振華教授刑法研究會叢書》，頁 266 以下；游明得，《共同正犯概念之重塑》，輔大法研所博士論文，頁 88。

未分擔任何行為的行為人，仍與其他已著手實行者之間，存在相互利用補充的關係，而非僅僅是一種教唆或幫助行為。德國實務見解立場相同，如 1961 年的【駕車兜風案】❼❻，即認為：犯罪現場的行為支配，只是判斷共同正犯的其中一條線索，存在於預備階段並持續發揮精神性作用的決定性允諾，即充分製造了「與犯罪行為的緊密關係」，而得以評價為共同正犯。要之，參與謀議時即已顯露其正犯意思，進而將謀議範圍內的他人行為，視為自己的行為，而必須為其他人已經著手實行的行為負責。

三、依本書意見，共謀共同正犯的概念承認，實際上是對於正犯的判斷採取主觀說❼❼，除了完全漠視著手後是否存在行為支配，更會造成正犯與共犯間的區別界線益發模糊。簡單講，把刑法第 28 條要求的「共同實行」透過解釋涵蓋謀議或鼓勵，如同「相約看電影＝一起看了電影」，根本是一種目的性擴張而違反罪刑法定❼❽，遑論仍無法滌除成立間接正犯或共犯的可能。申言之，若行為人的主觀意志於其他行為人著手後果然仍持續作用，這不是間接正犯所描述的優越意思決定支配嗎？即便否定，

---

❼❻ Spritztour-Fall, BGHSt 16, 12.

❼❼「共謀是一個規範性、評價性的實行行為，按理應該要有產生結果的類型化物理以及心理因果性，這些都是要經過嚴格證明的客觀事實。心理因果性是一般單獨正犯不可能存在的因果關係，但這不會使共謀共犯關係中的物理因果性失去重要性或不需要被嚴格證明。過度地主張主觀的共犯論，重視『為自己犯罪的意思』，然後將本來應該透過共同意思主體、類似的間接正犯關係或類似的犯罪支配理論等確立的心理因果性的客觀程度，予以無限地主觀化，最後再輕忽所有客觀的物理因果性的認定，正是我國（實務）在判斷共謀共同正犯是否成立時的最大缺失。」李茂生，〈對徐自強案論以共謀共同正犯的可能性〉，《月旦法學雜誌》，第 102 期，頁 229。

❼❽ 刑法第 28 條的文字使用「共同實行」，共謀者在客觀上既沒有任何「實行」可言，如何與其他行為人共同？

難道教唆犯或幫助犯對於犯罪的既遂就毫無利益？所謂「形塑支配」等對實行行為影響強度的描述❼，若欲以此補足實行行為的欠缺，恐怕是對間接正犯與共同正犯的概念混淆。

四、總結而言，共謀共同正犯的案例應分別論以間接正犯、教唆犯或幫助犯，此一概念顯無使用實益。值得注意的是，即便實務見解向來肯認共謀共同正犯的概念使用，不僅在刑法分則的「結夥犯」適用上予以限縮（最高法院 76 年臺上字第 7210 號判例），近年亦已將檢驗重心移往「參與謀議的事實與範圍」的客觀證明❽，可見已看到問題。

3.預備共同正犯

> 乙與丙共同謀議殺 B，並約好由乙去購買殺 B 的毒藥。當乙購妥毒藥後，被警察逮捕。試問乙、丙的行為應如何處斷？並說明理由❽。

---

❼ Jakobs, AT, 2. Aufl., 1993, 21/49 f. 依本書，這樣的處理方式只是透過魔術術語，排除間接正犯的成立。

❽ 102 臺上 716 判決：「二人以上以基於共同犯罪之意思，事前同謀，推由其中部分之人實行，其未參與實行之共謀者，固為學說上所稱之共謀共同正犯，依司法院釋字第一〇九號解釋，仍成立共同正犯。但未參與實行之共謀共同正犯，因祇有犯罪之謀議，而無行為之分擔，僅以其參與犯罪之謀議為其犯罪構成要件之要素，則渠等之間如何為犯罪之謀議、如何推由其中部分之人實行？即為決定該同謀者，是否成立共謀共同正犯之重要依據，自應於事實明白認定，且須於理由內說明所憑之證據及其認定之理由，方足以資論罪科刑。」並見何賴傑、黃朝義、李茂生，〈徐自強擄人勒贖殺人案評析〉，《月旦法學雜誌》，第 102 期，頁 209 以下討論。

❽ 97 年調查局調查工作組考題。

參考解答

一、2005 年刑法修正時，將第 28 條原所規定之「二人以上共同『實施』犯罪行為者，皆為正犯」修改為「二人以上共同『實行』犯罪行為者，皆為正犯」。根據其修正理由：基於近代刑法之個人責任原則及法治國人權保障之思想，必須著手於犯罪行為之實行，始有共同正犯成立之可能，而不再承認向來暫行新刑律、舊刑法、原刑法立法理由所肯定之陰謀實施之正犯、預備實施之正犯。簡之，否定陰謀共同正犯、預備共同正犯之存在❷。

二、事實上，形式預備犯作為一種構成要件行為的附屬預備狀態，其行為根本無固定的內容或外觀可言，既然預備罪在立法上屬於例外中的例外，對於行為人行為是否屬於形式預備犯，在解釋上理應從嚴；若肯定預備行為亦屬實行行為，則「實行行為」將成為空洞無實質內容之概念❸。在所有參與者都還未著手實行的情況下，承認預備罪的共同正犯，無異將其他可能無法被評價為預備犯的參與行為，也一併成立預備罪予以處罰，誠非妥適。

三、題示情形，乙、丙固有共同謀議與預備之行為，惟既未有人著手實

---

❷ 「按犯罪之行為，係指發生刑法效果之意思活動而言；自其發展過程觀之，乃先有動機，而後決定犯意，進而預備、著手及實行。次按犯罪型態有一人單獨為之者，有二人以上為之者；依行為時刑法第二十八條規定『二人以上共同實施犯罪之行為者，皆為正犯。』，其參與犯罪構成要件之行為者，固為共同正犯；至於以自己共同犯罪之意思，事先同謀，而由其中一部分人實施犯罪之行為者，亦為共同正犯，對於全部行為所發生之結果，亦同負責任（司法院釋字第一○九號解釋理由參照），此即學理所稱之『共謀共同正犯』。又九十四年二月二日修正公布，自九十五年七月一日起施行之刑法第二十八條雖將『實施』修正為『實行』，排除『陰謀共同正犯』與『預備共同正犯』，但仍無礙於『共謀共同正犯』之存在。故參與共謀者，其共謀行為，應屬犯罪行為中之一個階段行為，而與其他行為人之著手、實行行為整體地形成一個犯罪行為。（96 臺上 1271 判決）」

❸ 詳細的討論可見陳子平，〈正犯與共犯〉，《2005 年刑法總則修正之介紹與評析研討會論文集》，頁 103 以下。

行，由於預備殺人罪並非實質預備犯，即無實行行為可言，乙、丙應分別檢驗能否成立預備犯，而非成立「預備共同正犯」。依題旨，僅乙成立刑法第271條第3項預備殺人罪，丙則根本不構成犯罪。

4.加重結果犯的共同正犯

> 甲在某卡拉OK店飲酒唱歌作樂，因細故而與該店員工A發生爭吵，於是打電話央請友人乙與丙二人持木棍前來教訓A。乙與丙二人進入該店後，以所持木棍一陣毆打A，導致A受傷送醫，經醫師診治後，發現A脾臟破裂，乃施行手術切除脾臟。試問：甲、乙、丙三人之行為應如何處斷[84]？

問題解析

一、對於加重結果犯的共同正犯，學說有採否定見解者[85]，亦有肯定者[86]，依最高法院91年臺上字第50號判例：「共同正犯在犯意聯絡範圍內之行為，應同負全部責任。惟加重結果犯，以行為人能預見其結果之發生為

---

[84] 100年高考一般行政考題。類似案例：「甲、乙二人長期與A有嫌隙，因而二人約好共同教訓A，某日看見A單獨一人在堤防邊散步，於是說好將A打成鼻青臉腫的輕傷程度即可（輕傷的故意）後，一齊向A跑去。甲先趕到A身邊，想用腳踹A的腳，卻不小心踹到腹部，當場導致A的內臟破裂而死亡，乙隨即趕到而尚未出手。試問甲、乙二人的行為，應如何論處？試根據實務與學說見解詳細分析論述。（103年司法官特考考題）」

[85] 陳友鋒，〈數人參與下的加重結果犯——兼評最高法院100年臺上字第6904號判決〉，《鳥瞰共同正犯，余振華教授刑法研究會叢書》，頁24以下；謝開平，〈結果加重犯之共同正犯——從我國最高法院相關見解談起〉，《鳥瞰共同正犯，余振華教授刑法研究會叢書》，頁65以下；徐育安，〈共同正犯之意思聯絡與加重結果〉，《月旦裁判時報》，第7期，頁99。

[86] 黃常仁，《刑法總論》，頁214以下。

要件，所謂能預見乃指客觀情形而言，與主觀上有無預見之情形不同，若主觀上有預見，而結果之發生又不違背其本意時，則屬故意範圍；是以，加重結果犯對於加重結果之發生，並無主觀上之犯意可言。從而共同正犯中之一人所引起之加重結果，其他之人應否同負加重結果之全部刑責，端視其就此加重結果之發生，於客觀情形能否預見；而非以各共同正犯之間，主觀上對於加重結果之發生，有無犯意之聯絡為斷。」

二、肯定說牽涉到對加重結果犯與過失共同正犯這兩個爭點的構造理解，考量到論述的篇幅，必須擱置。應予指出的是：就上開實務意見而言，基於其否定過失共同正犯的一貫立場（最高法院 44 年臺上字第 242 號判例），加重結果的部分既然頂多成立過失，各行為人當然只能就故意的基礎行為產生犯意聯絡，而不可能及於加重結果；也因此，行為人應各自、分別判斷是否滿足加重結果犯的成立要件，而非成立加重結果犯的共同正犯。當然，再深一層解讀，儘管實務否定重結果可以相互歸責，由於其對於是否成立加重結果犯所使用的標準是「客觀能預見」❽，根本與

---

❽ 僅補充一則重要實務見解：「刑法第二百七十七條第二項傷害致人於死、致重傷罪，係因犯傷害罪致發生死亡或重傷結果之『加重結果犯』（刑法第二百七十八條第二項重傷致人於死罪，亦相同），依同法第十七條之規定，以行為人能預見其結果之發生為其要件，所謂能預見，乃指客觀情形而言，與行為人主觀上有無預見之情形不同。若主觀上有預見，而結果之發生又不違背其本意時，則屬故意範圍。故傷害行為足以引起死亡或重傷之結果，如在通常觀念上無預見之可能，或客觀上不能預見，則行為人對於被害人因傷致死或重傷之加重結果，即不能負責。此所稱『客觀不能預見』，係指一般人於事後，以客觀第三人之立場，觀察行為人當時對於加重結果之發生不可能預見而言，惟既在法律上判斷行為人對加重結果之發生應否負加重之刑責，而非行為人主觀上有無預見之問題，自不限於行為人當時自己之視野，而應以事後第三人客觀立場，觀察行為前後客觀存在之一般情形（如傷害行為造成之傷勢及被害人之行為、身體狀況、他人之行為、當時環境及其他事故等外在條件），基於法律規範保障法益，課以行為人加重刑責之宗旨，綜合判斷之。申言之，傷害行

行為人無涉！結論是：只要「一般人」對加重結果的發生不會感到意外而認為違反日常生活經驗，所有故意基礎行為的共同參與者就都要負責；簡單說，即使不成立加重結果犯的共同正犯，只要其中一個參與者成立加重結果犯的單獨正犯，參與故意基礎行為者一樣都會（個別）成立加重結果犯的單獨正犯，罪名無分軒輊。

5. 未遂的成立判準

【天衣無縫案】甲、乙任職鑽石公司，甲是主管、乙為工友，由於甲遭受性別歧視，即便能力優秀仍無法順利晉升，任職多年的乙亦因妻子罹患癌症，微薄的薪水無力支付龐大醫藥費而神傷。某日，兩人一拍即合，相約竊取儲存於金櫃的鑽石，細節是：由乙負責偷取鑽石，一旦成功，即由甲在下水道接應，將鑽石運走，事成後再見面平分。不料，乙運氣不佳，行竊過程觸動隱藏式攝影機與警報，導致其在離開金庫時被捕，根本來不及將鑽石藉由水管沖往地下道❽❽。

為對加重結果（死亡或重傷）造成之危險，如在具體個案上，基於自然科學之基礎，依一般生活經驗法則，其危險已達相當程度，且與個別外在條件具有結合之必然性，客觀上已足以造成加重結果之發生，在刑法評價上有課以加重刑責之必要性，以充分保護人之身體、健康及生命法益。即傷害行為與該外在條件，事後以客觀立場一體觀察，對於加重結果之發生已具有相當性及必然性，而非偶發事故，須加以刑事處罰，始能落實法益之保障，則該加重結果之發生，客觀上自非無預見可能性。（102 臺上 2029 判決）」

❽❽ 案例事實改寫自 2008 年的電影「天衣無縫」（*Flawless*）。

問題解析

一、由前揭「預備共同正犯」的討論可知，至少要參與共同犯罪計畫的其中一人已經著手實行，才能論以共同正犯。舉例：儘管幾個人決議一起殺甲，如果大家都還在預備階段，沒有任何人動手，就無所謂「共同預備殺人罪」（刑法第 271 條第 3 項、第 28 條）可言。但，是否只要其中一個人著手，就真的可以不用再考慮其他人是否已經依照犯罪計畫，從事分擔行為，而仍然一律成立共同正犯？換言之，一人著手、全體未遂？

二、多數學說與我國實務均採取「整體解決」（Gesamtlösung）方案，不論其他約定的參與者是否已經著手自己的約定分擔行為，均一起成立未遂的共同正犯❸。據此，案例事實中的甲、乙均一起成立共同加重竊盜未遂罪。

三、值得注意的是，有力意見指出：基於功能支配的「分工合作」要求，只有每一位參與者都已經著手實行其分擔的行為，才能合理要求其就彼此的行為相互歸責；何況，於共謀共同正犯的討論中已知，既然共同正犯的既遂要求實行階段的支配力，在不採取寬鬆的支配認定下，是否成立未遂的問題，當然應個別檢驗每個參與者的行為是否已達著手的階段。舉例：假設【天衣無縫案】中還有第三位參與者丙，雖然一開始並未參與甲、乙的犯罪計畫商議，在加入後卻分擔甲取得鑽石後的開車接應行為，若甲、乙計畫成功，丙卻於接應甲前，因為開車超速遭警察攔停，

---

❸ 學說意見參考黃惠婷，《刑法案例研習㈡》，2008，頁 90 以下；Stratenwerth/Kuhlen, AT I, 6. Aufl., 2011, §12 Rn. 107. 德國實務見 BGHSt 39, 236, 237 f.；我國實務見解如：「共同實行犯罪行為之人，在合同意思範圍內，各自分擔犯罪行為之一部，相互利用他人之行為，以達其犯罪之目的者，即應對於全部所發生之結果，共同負責；共同正犯間，非僅就其自己實行之行為負其責任，並在犯意聯絡之範圍內，對於他共同正犯所實行之行為，亦應共同負責。（102 臺上 1800 判決）」

根本未出現於犯罪現場，那麼儘管甲、乙既遂，由於丙始終欠缺支配（既無共同實行也無必要貢獻），不會一起成立加重竊盜既遂罪的共同正犯；問題來了，為何甲、乙未遂時，反而可以要求同樣欠缺支配、什麼都沒有做的丙，成立加重竊盜未遂罪的共同正犯？一旦採取整體解決方案，形同擴大未遂犯的處罰範圍❾⓿。我們把這種只有自己行為也已進入著手階段，才能成立共同未遂罪的觀點，稱為「個別解決」(Einzellösung) 方案；基於犯罪支配與未遂理論，尚未著手的參與者就僅能論以精神幫助犯❾①。

四、回到【天衣無縫案】，甲雖然尚未實行其由下水道搬運鑽石的分擔行為，只要其已經在下水道待命，仍可能被評價為已經著手；若肯定，無論是否依整體解決方案，甲、乙均無礙於成立共同加重竊盜未遂罪。有疑義的情形在於，一旦甲所為並非著手，是否仍堅持「共同正犯之行為，應整體觀察，就合同犯意內所造成之結果同負罪責，而非僅就自己實行之行為負責❾②」？上開「個別解決」的方案，提供了具有說服力的處理方向。

---

❾⓿ Roxin, AT II, §25 Rn. 300 ff. 把情況設計得再複雜一些：若甲、乙在著手後、被發覺前合意中止，並電告尚未出發的丙，甲乙兩人雖然可以成立共同（加重）竊盜未遂罪的中止犯，丙卻因為整體解決理論，儘管自己的行為尚未著手，不僅仍然一起成立共同（加重）竊盜未遂罪，甚至還未必成立中止犯，十分不合理。

❾① Roxin, AT II, §25 Rn. 297 f.

❾② 102 臺上 2985 判決。

6.共同正犯的過剩與客體錯誤

　　【烏龍槍擊案】甲、乙二人相約持槍搶劫富商 A，事前即約定好由甲持槍壓制被害人，再由乙搜刮財物。豈料當甲脅迫 A 就範時，A 竟奮力掙扎呼救，驚動正在附近巡邏的員警 B；B 循聲奔來，甲一慌，竟誤把站在遠處的乙當成 B，對乙開槍。假設甲、乙於作案前同時約定，甲於必要時可「使用」槍械，則在乙男僥倖中彈未死的情況下，請討論甲、乙所為的刑事責任如何❾❸？

問題解析

一、不能以假設的意志取代事實上欠缺的共同意思。舉例：甲夫乙妻決議殺死女兒丙的非婚生子女 A。一起動手後，甲以為已成功結束 A 的生命，先一步離去；留在現場的乙發現 A 還活著，於是單獨將 A 殺死。這種情形，甲、乙只能成立故意殺人未遂罪的共同正犯，由乙獨自成立故意殺人既遂罪。理由是：在甲以為犯罪結束而離開後，就不能再將乙後續的動作解釋為是甲犯罪決意的一部分。

❾❸ 案例改寫自德國聯邦最高法院的【追蹤者案】(Verfolger-Fall; BGHSt 11, 268)。類似案例：「【獨吞金錶案】鑽石大盜甲探聽到富商 A 坐落於某鄉間的別墅內藏有剛進口的鑽石一批，於是向乙說明詳情，尋找乙合作一起竊盜，乙應允。甲載著乙到別墅附近，甲在外把風，乙進入別墅。乙進入兩分鐘後，在外把風的甲見有雙 B 名車駛近停在別墅隔壁不遠處另一棟綠色小屋前，赫然又發現下車進入綠色小屋者正是富商 A，甲始知乙所進入者根本不是 A 的別墅，於是趕緊打手機聯絡乙放棄行動。在別墅裡翻箱倒櫃兩分鐘的乙根本找不到鑽石，卻發現金錶一隻，於是在接到甲的緊急通知後隨即帶著金錶退出別墅，不過乙事後卻獨吞金錶，根本沒有讓甲知道竊得金錶的事情。(102 年高考一般行政)」

二、同理，共同正犯於共同實行犯罪行為時，如有人逾越原來共同犯罪決意的範圍，則此部分欠缺相互歸責的基礎❾；「共同正犯的過剩」(Exzess eines Mittäters) 因此不能歸責給其他犯罪參與人❾。實務見解亦同：「共同正犯之所以應對其他共同正犯所實施之行為負其全部責任者，以就其行為有犯意之聯絡為限，若他犯所實施之行為，超越原計畫之範圍，而為其所難預見者，則僅應就其所知之程度，令負責任，未可概以共同正犯論。(最高法院 50 年臺上字第 1060 號判例)」舉例：甲、乙約好持槍搶劫富商 A，過程中，由甲持槍抵住 A，由乙負責搜刮財物。豈料，由於 A 激烈反抗，致甲受傷，惱怒之餘，在乙成功取走財物後，甲竟對 A 開槍，致 A 死亡。此時，僅甲成立故意殺人既遂罪。

三、麻煩的問題是，學說亦指出，若參與者只是輕微背離計畫的因果歷程，也視為與犯罪計畫合致，只要其他參與者不排除犯罪實行時有可能也會發生；同時，共同的犯罪決意所形成的犯罪計畫不需要對每個行為的實行細節鉅細靡遺，只要在具體個案中，依生活習慣可以預期共同正犯的偏離行為，偏離行為也符合其他共同正犯的利益或符合開放性的犯罪計畫時，即未逾越共同犯罪計畫的範圍❾。

---

❾ 舉例：「侵入室內竊盜者，於尚未得財之際，因被事主發覺，而由竊盜之犯意變更為強盜之犯意，其在外把風者，對於強盜行為因無意思之聯絡，不算入強盜之共犯，此種情形係指各該共犯於犯罪之初，本無強盜之犯意者而言。倘共犯之間，自始即基於強盜之犯意，而侵入者又於被事主發覺後，已實施強暴、脅迫行為，至使被害人不能抗拒，而強取財物，其在外把風者，仍應負共同強盜罪責。(94 臺上 5693 判決)」

❾ Roxin, AT II, §25 Rn. 193 f.

❾ Roxin, AT II, §25 Rn. 196；黃惠婷，《刑法案例研習㈡》，頁 101 以下。實務見解同：「共同正犯因為在意思聯絡範圍內，必須對於其他共同正犯之行為及其結果負責，從而在刑事責任上有所擴張，此即『一部行為，全部責任』之謂。而此意思聯絡範圍，亦適為『全部責任』之界限，因此共同正犯之逾越（過剩），僅該逾越意思聯絡範圍之行為人對此部分負

四、於【烏龍槍擊案】，多數學說與德國聯邦最高法院認為：共同正犯發生客體錯誤的情形，只要參與者事先有所約定，且錯誤在構成要件上所侵害的法益與共同犯罪計畫相同時，即不具有重要性，而無逾越或過剩的問題**[97]**。據此，甲、乙的協議於甲開槍時既仍有效，甲的等價客體錯誤會讓甲、乙一起成為故意殺人未遂罪的共同正犯**[98]**。另有學說主張：「槍殺同夥」本身已逾越甲、乙的共同犯罪計畫，對乙而言，甲的客體錯誤因此應認為是因果歷程錯誤**[99]**，乙對甲誤傷自己的行為，不能認為有故意！僅成立刑法第 284 條第 1 項過失致傷罪。

責，未可概以共同正犯論。至於共同正犯意思聯絡範圍之認定，其於精確規劃犯罪計畫時，固甚明確，但在犯罪計畫並未予以精密規劃之情形，則共同正犯中之一人實際之犯罪實行，即不無可能與原先之意思聯絡有所出入，倘此一誤差在經驗法則上係屬得以預見、預估者，即非屬共同正犯逾越。蓋在原定犯罪目的下，祗要不超越社會一般通念，賦予行為人見機行事或應變情勢之空間，本屬共同正犯成員彼此間可以意會屬於原計畫範圍之一部分，當不必明示或言傳。（101 臺上 4673 判決）」曾淑瑜教授具體指出，就犯意的不一致而言，不重要的事項如時間、動機、個人刑罰減免事由、加重條件、犯罪之工具等，見氏著，〈共犯與錯誤〉，《月旦法學雜誌》，第 163 期，頁 218（附圖）。

[97] 黃惠婷，《刑法案例研習㈡》，頁 102；曾淑瑜，前揭文，頁 218 以下。實務亦認為客體錯誤不影響構成要件故意：「按行為人認識之犯罪事實與發生之犯罪事實不符，為構成事實之錯誤，而其不符之原因，係對於犯罪客體之屬性認識有誤者，為客體錯誤。此項錯誤，如認識之客體與現實客體屬同一法定構成要件，在刑法規範上所受保護之價值相等，且二者又為合一之目標，應視為認識與事實無誤，不影響犯罪之故意。是以行為人槍擊之客體與認識之客體雖有不符，惟主觀上之認知與實際發生之結果均係殺人，法律上之評價並無不同，屬『等價之客體錯誤』，無礙其殺人故意之認定。（102 臺上 335 判決）」

[98] 徐育安，〈共同正犯與客體錯誤〉，《月旦法學教室》，第 108 期，頁 39 以下。案例如：「甲與乙有金錢糾紛，雙方相約某日清晨到公園談判，甲為了壯大聲勢，找來友人丙攜帶槍支到場助陣。丙抵達公園時，遲遲未見乙現身，正好丁開車進入公園，被丙誤認是乙，而遭丙開槍，腦部中彈死亡。試分析甲、丙可能涉及之刑事責任。（100 年三等地特一般行政）」

[99] Roxin, AT II, §25 Rn. 195.

四、間接正犯

甲因同業競爭，素來與乙不合，甲想要藉機整乙。某日，在警方公布希望民眾檢舉之超商搶案錄影畫面中，甲覺得該畫面的搶匪面貌與乙有幾分神似，甲明知乙並不是超商搶匪，但甲認為此刻是「整乙的好機會」，乃向警方檢舉乙為搶匪，甲希望警察會因受騙而逮捕乙。受理之警察丙到乙宅查看，當丙一看到乙，就知道乙根本不是錄影帶中之搶匪，特徵差異明顯，但由於乙態度不好，丙也就想整整乙，把乙當成是超商搶匪予以逮捕。試問本案甲、丙之刑責各如何⑩？

 問題解析

一、19 世紀末期，在扣緊法實證主義的形式思考下，對刑法上的正犯採取緊縮的解釋方式，以法定構成要件為準，將其定義為：「親自實現構成要件行為者」，在這樣的看法下，教唆或幫助行為不僅被認為是一種擴張刑罰事由，更由於對共犯的成立採取嚴格的從屬形式，必須被教唆者實現不法且具有罪責，教唆者才可能被處罰。為了彌補處罰上可能產生的漏洞（甲教唆無責任能力人乙，兩人均不罰），遂發展出法律上虛構的間接正犯概念。其一方面在法律評價上被認為具有「正犯性」，另一方面，若幕後者因為未親自實行而無法實現構成要件要素（己手犯），或欠缺支配性（過失行為無法「利用」他人），多數見解認為均不能成立間接正犯。

二、應注意的是，屬於間接結果肇因 (mittelbare Erfolgsverursachung) 的間接

---

⑩ 100 年調查局調查工作組考題。

正犯到底存在哪些類型，關鍵在於如何對其「定義」。長期以來，無論實務還是學說，對此均有不同意見，從而在日、德兩國，亦因間接正犯之範圍認知有別，而分別再發展出共謀共同正犯與正犯後正犯等概念。詳言之，間接正犯一詞的使用，如前述，是為了彌補共犯從屬性採取嚴格從屬說，在處罰上可能產生的漏洞，由學說與實務逐漸演變而成的，是法理上為了補充教唆犯而衍生出來的犯罪類型思考。實務對於此種法無明文的正犯類型，徵諸判例與判決，也是採取肯認的立場，如：

㈠「間接正犯，係指行為人利用他人作為犯罪之工具，以實現直接正犯之犯意與犯行；亦即間接正犯係隱藏於幕後，操縱支配被利用者之意思與意思活動，而達到與親自實行構成要件該當之意思支配之謂 **❿**。」

㈡「刑法上之間接正犯，係利用他人之無責任能力、無犯罪故意或阻卻違法等行為，以實行自己所欲實現之犯罪行為；雖利用者與被利用者並未共同實行犯罪之行為，但被利用者無異為利用者使用之犯罪工具，被利用者不負罪責，而利用者應與直接正犯負同一罪責 **❿**。」

㈢「間接正犯係利用無刑事責任之人實施自己所欲犯之罪而成立，故必以被利用人之行為係犯罪行為為先決條件，如被利用人之行為不成犯罪，則利用者，自亦無犯罪之可言 **❿**。」

㈠概念與範圍

多數學說亦認為：於間接正犯，被利用的工具與幕後者相比，必須是處於一個較低的地位，犯罪支配才能確立，並舉出幕後者的犯罪支配，係產生

---

❿ 93 臺上 244 判決。

❿ 98 臺上 4768 判決。

❿ 27 上 672 判例、98 臺上 7970 判決。

於下列情形：基於工具的錯誤、強制、缺乏認識或意志力，而將其掌握於手中。申言之，只有被利用的工具人其可歸責性完全阻卻時（如：足以成立免除罪責的緊急避難），才存在優越的意思決定支配，此稱為「負責原則」(Verantwortungsprinzip)❿。理由大致是：一個實現不法且有罪責的正犯，即具有意思決定自由，不可能被他人的意志所支配；一個具有自主性的人，不能與無自由意志的工具同視。據此，多數學說認為間接正犯不可能發生在被利用的工具人是一個自由而且可以自我負責之人的情形，否則就會造成一個人同時是自由，又是不自由的工具的矛盾。

常舉的間接正犯類型有：利用他人構成要件不該當的行為，譬如：甲為了殺害盲人乙，乃引誘乙觸摸高壓電線，致乙被電擊斃；利用他人無故意的行為，譬如：甲欲竊取掛在衣帽間之他人大衣，惟因身材矮小，而無法取得，乃央求不知情的乙幫其取下，而將大衣帶走；利用他人被強制的行為，譬如：甲對乙說：「你去把丙殺了，不然我就殺你❺。」；利用他人過失的行為❻；利用他人阻卻違法的行為，譬如：甲對乙心生怨恨，某日同坐捷運，竟大聲於車廂內喊：「非禮啊！」致乙遭熱心民眾誤為色狼，予以逮捕；利用無責任能

---

❿ 在被利用人不構成犯罪下，必須有人為犯罪的實現負起責任，間接正犯即是指替直接實行構成要件者承擔責任的人。Jescheck/Weigend, AT, S. 664; Roxin, AT II, §25 Rn. 48; Rengier, AT, 5. Aufl., 2013, §43 Rn. 2; Stratenwerth/Kuhlen, AT I, 6. Aufl., 2011, §12 Rn. 49.

❺ 詳細的討論，可參閱許澤天，〈強制支配──犯罪支配概念的具體續造〉，《東吳法律學報》，第 21 卷第 3 期，頁 43 以下。

❻ 案例如：成年士兵甲對士兵乙不願與他對調站崗時間一事一直懷恨在心，亟思報復。某日出外操練時，甲對另一成年士兵丙說：「乙很不上道，待會我拿把沒有子彈的槍給你，你往乙腿部假裝射擊來嚇嚇他！」隨後便遞了一支步槍給丙，事實上甲早就在槍內置有子彈，並已上膛。丙不知，遂開玩笑的往乙腿部射去，乙中彈倒地受傷致截肢。試問甲與丙之罪責？（100 年高考二級法制）

力者，譬如：甲對 5 歲的乙說：「你幫我把桌上的手機（丙所有）拿過來」，以達其竊取目的；利用他人禁止錯誤的行為❿。

　　時至今日，共犯的限制從屬原則既為通說與 2005 年刑法修正所接受，間接正犯的概念也逐漸發展成獨立型態，即「利用他人作為工具，以實現構成要件者」。據此，其範圍將大於上述實務與學說見解，尤其是對於「正犯後正犯」概念的承認❿。不僅前述學說的所有類型均可無礙的被涵蓋，而且也只以利用者是否具備力量或資訊上的「優勢性」(Übergewicht)，作為間接正犯成立與否的判準。

　　依本書，以「被利用者不負刑事責任」作為解釋間接正犯本質的多數意見，於利用他人「過失」或「禁止錯誤」的類型，難免出現解釋的困難。先不說被利用人罪責的有無如何改變幕後利用者的支配力？遑論被利用人的不認識法律係屬「可避免」時，仍存有罪責而成立犯罪。然而，學說卻一直承認並全盤接受（不論能否避免），顯然矛盾❿。既然對於犯罪具有支配地位者即屬正犯，根本不需再考慮被利用者有無罪責！新近實務見解亦有放寬趨勢❿。

---

❿ 詳細的討論，可參閱古承宗，〈第三人之禁止錯誤與資訊風險〉，《成大法學》，第 19 期，頁 1 以下。

❿ 林山田、黃榮堅、黃常仁、陳志龍、張麗卿、柯耀程、許玉秀、黃惠婷等教授，均接受此概念，應可認為係國內多數說。明確反對此概念者，如鄭逸哲，〈修法後的「正犯與共犯」構成要件適用與處罰（上）〉，《月旦法學教室》，第 40 期，頁 82。

❿ 評論參閱蔡聖偉，〈論間接正犯概念內涵的演變〉，《刑法問題研究(一)》，2008，頁 173。

❿ 如：「間接正犯之成立，不以利用無刑事責任或無犯罪意思之人實行全部之犯罪構成要件行為為必要。即使僅係利用無刑事責任或無犯罪意思之人，實行部分犯罪構成要件行為，再利用該他人已完成之部分犯罪行為，予以加工，以完成預定之全部犯罪行為，該利用他人之行為部分，仍屬間接正犯。（102 臺上 784 判決）」、「意欲犯罪之人，不親自實施犯罪行

甲無任何疾病，為圖向服務之公司請假，遂至長庚醫院看診，向醫生乙謊稱嚴重暈眩、耳鳴，請求診治並出具證明，乙誤信為真，遂出具記載上開病情之診斷書予甲，甲是否屬刑法第 215 條之間接正犯⑪？

問題解析

一、甲會否成立業務登載不實罪的間接正犯，關鍵在於間接正犯的概念範圍。

二、如前述，本書認為間接正犯有兩個重要的特徵：一是利用「人」做為行為工具，二是利用該工具「實現構成要件」，並以此為已足。

三、應注意的是，間接正犯既係利用他人完成「自己的犯罪」，則於利用他人從事與身分有關的犯罪時，自應以「利用人」本人具備身分為前提。舉例：A 男強迫生母 B 殺嬰，利用人並不成立「生母殺嬰罪」的間接正犯，而僅成立普通殺人罪。申言之，在身分犯或己手犯的情形，如利用人欠缺身分，非難基礎即不存在，除非法有明文規定處罰（如刑法第214 條），否則利用人應不成立間接正犯。實務見解亦同：

㈠「刑法第二百十三條公務員登載不實罪，其犯罪主體為職掌製作公文書之公務員，故為登載不實；而同法第二百十四條使公務員職務上登載不實文書罪，以公務員在不知情或受欺罔之情形，在其職務上所掌公文書

為，而利用不知情之人，以實施其所意欲之犯罪行為者，仍應負正犯之刑事責任，即學理上所稱之間接正犯。（101 臺上 584 判決）」、「所謂間接正犯之成立，係利用他人作為犯罪工具，以實行犯罪行為，故行為人必須對於犯罪事實，有所認知，並就全部犯罪行為之實行，居於掌控之地位始可。（99 臺上 757 判決）」

⑪ 96 年高考三級法制考題。

上為不實登載，其犯罪主體則為凡使公務員為不實登載之人均屬之，包括其身分亦為公務員之人在內。是以，無職掌製作公文書權限之公務員，利用有此權限之他公務員不知情而使之登載，該使為登載之人雖亦具公務員之身分，僅能論以刑法第二百十四條之使公務員不實登載罪，無論以同法第二百十三條之公務員登載不實罪之間接正犯之餘地。（最高法院101年臺上字第5856號判決）**⑫**」

(二)「刑法第二百十五條之從事業務者登載不實罪，係以從事業務之人，明知為不實之事項，而登載於其業務上作成之文書，足以生損害於公眾或他人，為構成要件，屬於身分犯之一種。故非從事該項業務之人，除有與特定身分、關係者共犯情形，得依刑法第三十一條第一項規定處理外，即無成立該罪之餘地。至若他人明知為不實之事項，而使從事業務者，登載於其業務上作成之文書，因本條文無如同法第二百十四條（使公務員登載不實罪）之相類規定，法律既無處罰明文，亦不能再擴張援引間接正犯之理論論處**⑬**。」、「依罪刑法定原則，自無從逕依該法條論罪。從而，刑法第二百十五條之罪，應認有排斥普通人成立間接正犯理論之適用，此觀同法第二百十三條與第二百十四條之關係，其意甚明**⑭**。」

---

⑫ 98臺上5581判決復指出：「然若公務員與使公務員為不實登載之行為人（包括具公務員之身分者），均明知該事項為不實，縱公務員之登載係出於行為人申請後始被動為不實之登載，亦因雙方均對事項之不實有所共識，應已入於共同正犯範圍，均成立刑法第二百十三條之罪。」

⑬ 86臺上5125判決。

⑭ 88臺上3116判決。

㈡相關的爭議

1.正犯後正犯

某醫院院長甲與 A 本為長年好友，後因細故衝突而積怨。某日，甲得知 A 因病住進該醫院，前由院內主治醫師乙負責治療。甲深知乙平日對自己（院長）所言皆深信不疑，且乙因工作忙碌，對於可以不作的測試就省略不作，進而決定利用乙，達成殺害 A 的目的。甲明知 A 有特殊體質，若施以 X 藥物加以治療，將導致 A 死亡，竟向乙偽稱說因與 A 係多年好友，深知 A 絕無特殊體質，為避免測試費時而耽誤病情，應立刻投藥治療，不需測試。乙身為主治醫師，本該進行特殊體質測試始能投與 X 藥，卻因此貿然投藥，後 A 果然因 X 藥物而死亡。請問甲、乙的刑責為何❶❶❺？

　　在實務與多數學說見解下，基於所謂負責原則，被利用人作為工具或道具，必須不具可歸責性（即必須具備所謂「道具性格」或「犯罪缺陷」），已如前述❶❶❻。簡單說，由於被利用人一定不會構成犯罪，此種對間接正犯成立範圍的限縮，進一步導致在組織性犯罪的情形，大哥大大只能成立教唆犯，或透過擴張共同正犯的概念射程，成立「共謀共同正犯」。

　　然而，以負責原則作為間接正犯的成立基礎，多少受到概念創設之初，

---

❶❶❺ 99 年司法三等書記官、檢事官、監獄官考題。

❶❶❻「刑法之間接正犯，係利用無責任能力及無責任意思之人，以實施自己所欲實現之犯罪行為；被利用者所為之犯罪行為，無異為利用者之道具行為，利用者與被利用者之關係，並非分擔或共進犯罪行為，被利用者不負刑事責任，而利用者應與直接正犯負同一之刑事責任。（94 臺上 2823 判決）」

係為了填補可罰性漏洞的影響，問題是，一方面被利用人出現過失或禁止錯誤時，利用人仍可成立間接正犯，在概念成立的類型操作上，早已溢出負責原則的範圍，另一方面，是否可以將負責原則反轉過來解釋，認為「只要被利用人應該負責，利用人即無須為其負責」**⑰**？

本書因此認為：利用「有」責任能力人時，只能成立教唆犯而無法成立間接正犯的說法，不具有說服力；間接正犯的概念核心在於行為人是否對因果歷程具有支配力，至於「被利用人」是否具備罪責而構成犯罪，根本無關緊要**⑱**。其實，既然正犯的旁邊可以同時有正犯存在（共同正犯或同時犯），那麼正犯的背後當然也無礙於存在另一個正犯，學說乃提出「正犯後正犯」的類型概念，以此擴大間接正犯的成立範圍。

(1)利用他人錯誤

甲知悉乙之殺丙計畫。甲為除掉競爭對手丁，乃設計丁前往行兇地點。乙誤認丁為丙，將丁殺死**⑲**。

---

⑰ 尤其在錯誤與強制的類型，其支配強度可能與負責原則重疊。Rengier, AT, 5. Aufl., 2013, §43 Rn. 38. 事實上，有能力阻止法益侵害發生者，本來就可能有多數人（尤其在不作為犯，如：老爸看著別人殺死自己的小孩），我們能找出什麼理由，認為一個人應該背負的責任，可以因為有其他人也同時必須負責，即可被阻卻？詳細的說明，見蔡聖偉，〈論間接正犯概念內涵的演變〉，《刑法問題研究(一)》，2008，頁 166 以下。

⑱ Freund, AT, 2009, §10 Rn. 86 ff.; Heinrich, AT, 3. Aufl., 2012, Rn. 1254 ff., 1260. 更深入的討論，見林書楷，《刑法總則》，2014，頁 315 以下。

⑲ 黃常仁，《間接正犯與正犯後正犯》，1998，頁 112。

問題解析

　　上述案例，可以稱之為「利用前行為人（犯罪實行者）的客體錯誤」。這種型態的本質要素係「使用他人已知的犯罪意圖」，而該意圖的執行尚須依附於由幕後者所引起之某條件。申論之，被利用人既然不認識被害者，在此情況下，幕後者也實在不可能以教唆甚至幫助的方式，喚起被利用人的犯意或促成構成要件的實現，就此而言，共犯的成立可能幾已確定排除。惟幕後者對於他人的犯罪決意既已有認識（對因果歷程的特別認知），地位即因而改變；結果雖然不是被利用人所具體渴望的，卻是幕後者渴望的，既然一切如其設計，自應承擔罪責，成立間接正犯。

> 甲誘使乙縱火燒丙屋（丙屋有人居住），並對乙佯稱丙屋乃不吉之「空屋」。乙因而燒毀丙屋[120]。

> 甲誘引乙並對乙佯稱：丙之古董花瓶係仿製品，毀損它無妨。據此，乙毀損自認「無甚價值」之丙物；但如甲所知悉的，丙物係屬真品[121]。

問題解析

　　第一個案例稱為「利用前行為人（犯罪實行者）的變體構成要件錯誤」，第二個案例則是所謂「具體行為意義上的錯誤」。在此，縱被利用的工具自己

---

[120] 黃常仁，《間接正犯與正犯後正犯》，1998，頁 127。

[121] 黃常仁，前揭書，頁 107。

具有故意，亦純屬動機錯誤，利用人此種「為自己利益所為的盤算」，純屬內在態度或立場問題，與犯罪構成要件的加重與否無關，學說因此認為僅成立教唆犯⑫。

【貓王案】甲對易受影響的乙，透過種種行為，令其相信有所謂已經成為魔鬼的化身與人性毀滅者的「貓王」存在。此貓王要求一具人的屍體作為祭品，因此甲要求乙必須將丙殺死，才能拯救百萬人的性命。由於乙的內疚與種種精神因素，乃相信甲向他宣稱的所謂「神喻」，著手實施以刀子刺丙的行為，未果，丙及時獲救⑬。

問題解析

一、【貓王案】可以稱為「利用前行為人（犯罪實行者）可避免的禁止錯誤」。上開情形中的乙，不僅對於要拯救百萬人類性命的方式，必須藉由殺害被害人的方式（涉及緊急避難的前提要件事實）認識有誤而已，重點在於，依其利益衡量（一命可救百萬人），雖然符合緊急避難的形式要求，卻因對整體事實的評價有錯誤的判斷，換言之，誤判了緊急避難的法律界線，而屬於可避免的禁止錯誤，仍然要負殺人未遂的責任⑭。問題在於，幕後主導促成此一結果的甲，究應該當教唆犯抑或間接正犯？

---

⑫ 黃常仁，前揭書，頁110。其他常見案例如：幕後者基於殺人故意，命令被利用人以獵槍射擊大門，但被利用人不過具有毀損大門的故意；或者幕後者明知某畫為梵谷真跡，卻對被利用人聲稱該畫一文不值，速將其破壞。

⑬ Katzenkönigs-Fall; BGHSt 35, 347.

⑭ Rengier, AT, 5. Aufl., 2013, §43 Rn. 42. 並可參閱陳志輝，〈間接正犯與被利用人之禁止錯誤〉，《月旦法學教室》，第35期，頁18以下。

二、我國實務❶就被教唆人有關法律的認識錯誤，即「誤信為合法行為」，並未進一步再就此一錯誤能否避免（關鍵在「幕後者作用的強度」），區別情形加以探討，但結論上倒是明快地（未附詳細說理的）採取了成立間接正犯的看法。相較於此，德國學說上的處理顯得有些複雜。就「被利用者具有不可避免的禁止錯誤」的情形，多數學者對間接正犯的成立採取支持的看法。理由在於，此時的前行為人（犯罪實行者）並不具有不法意識，幕後者有如利用一個無罪責的人，盲目的實行犯罪，這個被利用的工具因無能力瞭解與判斷非法，故完全是無辜的，此時幕後人應成立間接正犯❷。有爭議的是上開【貓王案】可避免禁止錯誤情形（成立教唆犯?），因為，關鍵顯然還是在於「被利用者此時需負刑責」。

三、事實上，禁止錯誤是否可避免，所影響者僅為「被利用人」是否具有罪責，至於利用人是否具有犯罪支配，顯然與此無關❸；將被利用者的禁止錯誤再區分其可否避免，對於間接正犯的是否成立，是一種模糊焦點的說法。

---

❶ 28 上 19 判例：「……若他人誤信其所教唆之事項為合法行為而實施之，並無犯罪故意者，則授意人係利用不知情之人以實施自己之犯罪行為，即屬間接正犯，而非教唆犯。反之如授意人誤信為合法行為，因介入他人之不法行為而致成立犯罪者，應由行為人獨立負責，在授意人因欠缺故意條件，亦無成立教唆犯之餘地。」

❷ 可參閱林山田，《刑法通論（下）》，2008，頁 60 以下。

❸ 此似為國內多數見解（林山田、林鈺雄、柯耀程、許玉秀、黃惠婷、蔡聖偉、許澤天等教授）。

(2)利用組織支配

　　黑幫組織總堂主甲，指示忠堂堂主乙，務必殺丙滅口。乙乃指示其堂口之「執行小組」為之。最後，丙果為「執行小組」之成員丁、戊所圍殺 ⑫。

　　效忠於軍事獨裁政權之情報局長 A 少將，為剷除經常在海外為文著書批評獨裁者之自由作家 B，遂對執掌暗殺小組之 C 中校下達暗殺指令，C 接獲指令後，立刻令其小組成員 D 與 E 赴美執行暗殺計畫。半個月後，B 果真在晨跑返家途中，遭到 D 與 E 所殺害 ⑬。

問題解析

一、在肯認「共謀共同正犯」與「默示犯意聯絡」並受 25 年上字第 2253 號判例支配的我國實務，將上述案例解為共同正犯似乎並無阻礙。惟，就犯意聯絡或共同犯罪計畫而言，其內容似乎無法僅因「客觀上」參與同一組織，即可推定其存在，更因為領導者往往只是單純的下達命令而已，僅有共同預備或共同謀議的共同正犯，既未著手實行，如何滿足直接與相互歸責的要求，成立共同正犯 ⑭？偏偏領導者可能根本不認識真正在

⑫ 黃常仁，《間接正犯與正犯後正犯》，1998，頁 119。

⑬ 林山田，《刑法通論（下）》，2008，頁 63。

⑭ 廣義的理解犯罪支配理論時，僅參與犯罪預備階段者於實行階段交由其他參與者實行犯罪，仍可經由其在整個犯罪過程扮演的角色與地位，平衡其因為在「實行」階段缺席，而對犯罪參與所形成的「負值」而論以（共謀）共同正犯；不僅 2005 年刑法修正的第 28 條立法

　　第一線實行行為的行為人，既然不認識被教唆人，又如何具有教唆故意？

二、在上述概念困局下，Roxin 乃於 1963 年首先提出組織支配 (Organisationsherrschaft) 的概念，以此作為間接正犯的新類型：人要在沒有親自動手的情況下控制整個事件，除了透過強制與欺騙，或許也能夠透過藉由國家機器的命令，確保其實行❸；誰動手無關緊要，因為直接實行者（工具人）的可替換性 (Fungibilität)，作為一個運行中國家機器的小螺絲釘，已向幕後者保證了構成要件行為的實行，並使其支配整個事件，讓操作國家機器的命令發布者與教唆者有別，而成為書桌正犯 (Schreibtischtäters)❸。

三、值得注意的是，由於德國實務的【圍牆守護案】❸，並未如學說以權利機關 (Machtapparat)、可替換性 (Fungibilität) 與脫法性 (Rechtsgelöstheit) 三個特徵❸建構其採納的組織支配概念，從而也取得將其適用到層級化企業組織的可行性❸。

理由，持此立場，學說亦有將案例事實理解為共同正犯者，如 Jescheck/Weigend, AT, §62 II 8 (S. 670)；Jakobs, AT, 2. Aufl., 1993, 21/103 u. 190 f. 然而，有力見解（狹義的犯罪支配）則對於類如幫派首領的犯罪參與情形，質疑其橫向的犯罪支配力是否與如何存在而認為應係成立間接正犯（正犯後正犯）或教唆犯的問題。參考黃惠婷，《刑法案例研習㈡》，頁 94。

❸ Roxin, AT II, §25 Rn. 105.

❸ Roxin, AT II, §25 Rn. 107.

❸ Mauerschützenfall, BGHSt 39, 1; 50, 16; BverfGE 95, 96; EGMR NJW 2001, 3035, 3042.

❸ Heinrich, AT, 3. Aufl., 2012, Rn. 1255.

❸ SSW-StGB/Murmann, §25 Rn. 27 f. 林書楷，《刑法總則》，2014，頁 321 以下已討論此問題。

2.著手時點的決定

?

> 甲、丙均在商場上吃過乙的暗虧，對乙心懷恨意；甲善妒，更欲殺之而後快，惟礙於身分地位，難以親自動手。某日，聽聞丙失業在家，乃慫恿其可趁乙一早開車出門時，在路上趁機洗劫；並拿一瓶藥給丙，告訴丙可先強行對乙灌「安眠藥」，免其驚叫。丙採納甲的計畫，只是在前往途中，出於好奇心將甲給的藥瓶打開，竟聞到一股怪異氣味，遂高度懷疑係致命的毒藥，於是放棄所有計畫。問甲、丙罪責❶❸❻？

問題解析

一、從結論來看，丙所為僅成立預備強盜罪（刑法第 328 條第 5 項）。這裡要討論以下爭點：是否已經著手？是否屬於中止犯？如肯定，則預備行為有無中止犯之適用？

二、關鍵在於丙雖放棄，能否認為甲已著手實行，而可成立殺人未遂罪的間接正犯？由於間接正犯係利用他人作為工具以實現構成要件，利用人本人並未親自實行構成要件行為，其著手如何認定，遂生疑義。

⑴以被利用人是否著手為準（整體解決方案）

從犯罪支配的角度觀察，只有確定間接正犯是藉由「哪一個行為」以「實現」犯罪，才能決定何時未遂。既然只有被利用者的行為才能實現犯罪，如果僅僅考慮利用者完成的行為，等於又回到判斷正犯的標準曾有的形式客觀

---

❶❸❻ 案例改寫自黃惠婷，《刑法案例研習(一)》，2006，頁 67。

理論。學說因此認為：關鍵在間接正犯支配了什麼事件的因果歷程，工具人只是一個行為媒介；應將幕後者的利用行為與被利用行為視為「一個整體行為」❸。換句話說，被利用者的行為如利用者自己的行為，間接正犯的著手實行因此應以被利用的行為工具開始實行為準。再者，被利用者若尚未實行犯罪，利用者不應視為已「著手」，否則，等於將預備階段的行為視為可罰的未遂行為，故間接正犯之「著手」不應比被利用者之「著手」還提前發生。林東茂教授具體指出：「如果被利用的道具警覺，未採取行動，利用者只是預備。被利用的工具如果發動攻擊，才是間接正犯的著手。被利用者的行為，在刑法評價上，視同利用者的行為❸。」

　　我國實務採此說：「間接正犯中之被利用者之行為，乃利用者誘致行為之當然延長，則間接正犯成立犯罪與否及其犯罪是否既遂，均應視被利用者之行為而定，即以被利用者之行為係犯罪行為為先決條件，若被利用者尚未為犯罪行為，則利用者自無成立犯罪可言，如被利用者所為之犯罪行為既遂，利用者亦為既遂犯，被利用者所為之犯罪行為未遂，利用者之間接正犯，亦為未遂犯❸。」

⑵以對被利用人開始產生支配為準（廣義的個別解決方案）

　　依此說，間接正犯一旦作用於被利用人時，即屬未遂。舉例：【報復情敵案】A 是有名的神經內科醫生，礙於初戀情人的請託，仍收治多年前的情敵B。但，為了報復 B 當時介入，破壞了自己本可能組成的美好家庭，A 決定在 B 的藥中下毒，讓 B 死亡。假設 B 都是於傍晚時分，透過晚班的護士領

---

❸ Stratenwerth/Kuhlen, AT I, 6. Aufl., 2011, §12 Rn. 105; Rengier, AT, 5. Aufl., 2013, §36 Rn. 5 f.

❸ 林東茂，《刑法綜覽》，2012，頁 1–236。採此說者尚有黃榮堅，《基礎刑法學（下）》，2012，頁 196。

❸ 94 臺上 2823 判決。

藥，而 A 一早就先將有毒的藥劑放在護士取藥的位置。那麼依前面的整體解決方案，A 此時只成立預備殺人罪的間接正犯，若改依個別解決方案，即可以無視被利用人是否已經開始依照利用人的安排從事活動，直接將決定的關鍵點前移到放藥或取藥的那一刻。據此，A 就可能會成立故意殺人未遂罪。

⑶以事件是否已不受利用人控制為準（修正的個別解決方案）

如前述，間接正犯「作用」的時點，現實上往往流於各說各話，模稜兩可，學說乃嘗試將其修正為：事件是否還在利用人控制之下，而仍能有所選擇。換句話說，利用人對工具的影響完成後，一旦被利用的工具人接管了後續事件發展的因果歷程，即可認為進入未遂。以上開【報復情敵案】而言，由於 A 還能對事件如何發展予以控制（把藥收回來），B 尚未受到直接危害，因此只成立預備殺人罪；除非護士已將藥拿走，卻在交給 B 的時候掉在地上散掉了，才能認為 A 成立故意殺人未遂罪。本說是目前德國的相對多數學說與實務見解[140]。

⑷視「被利用人」係善意或惡意而定（區別理論）

有別於上，早期曾受支持的學說認為：間接正犯是否已經著手實行，應以行為工具是否善意不知情，抑或惡意知悉幕後者的犯罪計畫，作為判斷標準。在前者，著手實行的時點係以幕後利用者對於行為工具產生支配作用為準；於後者，著手時點則改以行為工具開始著手實行之時為準，此稱為「被利用者主觀認知說」或「區別理論」。申言之，此說部分採取整體解決方案，部分吸納修正的個別解決方案，從而認為：善意的被利用者有如機械或其他工具一樣，間接正犯對其影響即為「著手」。相反地，若被利用者係出於惡意時，因間接正犯影響犯罪實現的因果歷程尚未開始，被利用者仍掌握犯罪實

---

[140] Heinrich, AT, 3. Aufl., 2012, Rn. 751; Rengier, AT, 5. Aufl., 2013, §36 Rn. 10 ff.; Roxin, AT II, §29 Rn. 244 f. 張麗卿，《刑法總則理論與運用》，2012，頁 359 似採此立場。

現與否，間接正犯的「著手」與否即應以被利用者的行為而定[141]。

⑸一般理論

依此說，間接正犯的著手時點判斷與其他犯罪類型無異，根本沒有再做進一步區分的必要，只需依照未了未遂的判斷法則即可。據此，關鍵只在於何時可以認為已對法益產生危害？「只要按照幕後利用者主觀的認知，其所策動的攻擊行為歷程已經展開，且又無其他重大的介入措施或較長時間的中斷者，即使行為工具尚未開始實行構成要件行為，仍可判斷間接正犯之行為業已進入著手實行階段。……設若行為工具雖已脫離幕後利用者的支配範圍，但依據幕後利用者主觀的認知，行為工具尚須從事某些必要的準備工作，以至於幕後利用者本身亦不確定其所操控導引的犯罪因果歷程是否已經對於被害人造成直接危險時，則間接正犯的著手時點，必須等到行為工具結束預備階段而開始著手實行之時[142]。」

⑹理論選擇

就間接正犯的著手判準採取一般理論，不特別再做處理，在方向是對的，但本書於前章關於未遂的論述已提及，我國多數學說在著手判準上的主觀傾向，有其德國法上的發展背景與彼邦第 22 條的文字依據；據此，與其採取植基於主觀，並嘗試吸納修正的個別解決方案的「一般理論」，不如直接採取「修正的個別解決方案」。

簡單的說，不管行為人是透過自己放置定時炸彈的方法，還是利用一個年幼的小孩去啟動開關，著手的判準應該是一致的；在放好炸彈後、啟動開

---

[141] 黃惠婷，《刑法案例研習⑴》，頁 70。

[142] 林山田，《刑法通論（下）》，2008，頁 67 以下；「如果對法益侵害已經進入直接的危險，利用者已經放任犯罪的進行時，應可視為著手。」張麗卿，《刑法總則理論與運用》，2012，頁 359；林書楷，《刑法總則》，2014，頁 333。

關前，只要還有改變的選擇機會，都只是預備。

3.幕後者的錯誤

間接正犯的結構，實際上不過是以人作為工具的一種犯罪現象的描述而已。詳言之，間接正犯的正犯性是來自「幕後者藉由力量與資訊上的優勢創造風險，致被利用者代為實現利用者所想望的構成要件。」也因此，利用人不僅主觀上想把他人行為視為自己的作品（主觀的正犯意思），更重要的是，構成要件的實現係在行為人的意思支配下進行（客觀的支配事實）；只要主觀與客觀出現不一致，一樣會發生直接正犯的構成要件錯誤情形，並且於「被利用人」出現錯誤時，同樣必須處理歸責問題。其態樣約略如下：

⑴行為工具逾越幕後利用者的犯罪計畫

被利用之行為工具若因錯誤而實行逾越利用人犯罪計畫之行為，因間接正犯對超越部分之犯罪事實欠缺認識，並無意思決定支配可言，無法成立間接正犯。如：甲利用 6 歲之乙童去丙店中行竊，乙行竊過程被丙發覺，乙慌亂中咬丙之手臂後逃逸。對於行竊部分，甲可成立竊盜罪之間接正犯，但對於乙咬傷丙之部分，由於逾越其犯罪計畫，不能認為存在意思決定支配，故此部分甲不須負擔故意傷害罪的刑責❸。惟應注意的是，有學說認為，如甲對此等傷害結果可認為具有過失（至少能預見），仍可成立過失傷害罪的直接正犯❹。

⑵利用者誤認所利用之人具有意思決定的自主性

居於幕後之行為人若誤認其所利用之人具有罪責，然事實上被利用者卻因存在精神障礙狀態，根本欠缺責任能力，如：甲遊說乙去殺丙，乙果照甲

---

❸ 張麗卿，《刑法總則理論與運用》，2012，頁 361（因為並無犯意，對不法行為欠缺支配性，不成立犯罪）。

❹ 林書楷，《刑法總則》，2014，頁 330。

之指示為之，事後發現乙係一外觀不易發覺之精神病患。

此種行為人以為自己只是在對別人造成影響，而非掌握時，技術上因為欠缺把他人行為視為自己作品的正犯意思，已無法成立間接正犯。詳言之，「由於甲在主觀上並不認為乙係一『犯罪工具』，故而欠缺『犯罪支配意思』。從此當可推知：甲係一『教唆者』或『造意者』，亦即以『教唆故意』出發；縱使在客觀上，甲係該殺人犯罪之主導者，但在法律上仍應評價為教唆犯，因為甲自始至終欠缺間接正犯所應具有的犯罪支配意思。甲於此應成立教唆殺人既遂罪[145]。」

(3)利用者誤認所利用之人「不」具有意思決定的自主性

如果幕後行為人誤認所利用之人不具罪責，如：甲誤認乙係精神障礙者，欲利用乙去殺丙，乙事實上卻是正常人，卻也依甲的指示將丙殺害。類此情形，行為人主觀上雖具有自己犯罪的意思且自認為居於意思支配地位，客觀卻無支配的事實，而只是促成被利用人萌生殺人犯意的教唆情狀而已。依多數學說，由於在參與犯結構中，間接正犯與教唆犯相形之下，係屬較重的參與型態，其主觀上的犯罪支配意思可以涵蓋教唆故意，故行為人甲仍具有教唆殺人既遂故意，而應論以教唆殺人既遂罪[146]。

---

[145] 黃常仁，《間接正犯與正犯後正犯》，1998，頁 44 以下。同立場見張麗卿，《刑法總則理論與運用》，2012，頁 360；林鈺雄，《新刑法總則》，2014，頁 437；林書楷，《刑法總則》，2014，頁 327；Heinrich, AT, 3. Aufl., 2012, Rn. 1266.

[146] 所謂「所知重於所犯，從其所犯」，行為人僅就其主觀認知與客觀事實一致的部分負責。系爭情形，成立教唆犯屬於多數意見，參閱林山田，《刑法通論（下）》，2008，頁 72 以下；黃常仁，《間接正犯與正犯後正犯》，1998，頁 457；張麗卿，《刑法總則理論與運用》，2012，頁 360；林鈺雄，《新刑法總則》，2014，頁 437；林書楷，《刑法總則》，2014，頁 328；Heinrich, AT, 3. Aufl., 2012, Rn. 1265.

⑷被利用的行為工具出現錯誤

針對被利用人出現打擊錯誤的情形，如：A 交給重度精神障礙者 B 一把手槍，叮囑 B 將惡魔 C 給殺死，B 聽話照做，卻因距離過遠與欠缺射擊經驗，未能順利擊中，C 倉皇走避，倖免於難，流彈卻不幸擊中路人 D。由於被利用人僅是利用人實行構成要件行為的工具，通說均認為 B 所生的打擊錯誤，對幕後利用者而言，其現象亦有如打擊錯誤❶。據此，A 對 C 成立故意殺人未遂罪、A 對 D 可能成立過失致死罪，如均成罪，則依想像競合從一重處斷，論以故意殺人未遂罪。

較有爭議者在於「被利用之工具出現客體錯誤」時，如：甲利用精神病患乙去殺丙，乙卻誤丁為丙，而將丁殺害。或者：甲偽裝成醫師，將毒針交由不知情護士乙，囑咐為病患丙注射，乙卻誤聽為丁，而替丁注射，丁於注射後身亡。

如何處理，大致有以下幾種解決方案：

①打擊錯誤

德國多數說採此看法，一如被利用者出現打擊錯誤的情形，就間接正犯的利用支配關係而言，由他人所擔任的「人的工具」與他人使用「機械性的工具」並無差異，故就客體錯誤而言，工具根本不生辨識行為客體的問題，一旦認錯對象，對於利用者而言，其彰顯的現象有如打擊失誤。也因此，不必區分行為工具是否為故意行為，均以打擊錯誤處理。亦即，對目的客體成立故意未遂犯，對於失誤的結果客體則有可能成立過失犯，如均成罪，再依想像競合處斷❶。

---

❶ 林鈺雄，《新刑法總則》，2014，頁 438；林書楷，《刑法總則》，2014，頁 328。

❶ 林山田，《刑法通論（下）》，2008，頁 74；黃常仁，《間接正犯與正犯後正犯》，1998，頁 52；張麗卿，《刑法總則理論與運用》，2012，頁 361；Heinrich, AT, 3. Aufl., 2012, Rn. 1267.

②**區分行為工具是否具有特定被害人的權限而異**

一旦被害人的特定交由被利用人掌握，依一般生活經驗，就利用人而言，即便被利用人出現客體錯誤，仍在可預見的範圍內，儘管行為工具出現選擇錯誤，亦如同利用人自己的客體錯誤，從而必須承擔被利用人出現客體錯誤的效果；僅於利用人已自行特定被害人，並未將客體選擇權交給被利用人時，被利用人的客體錯誤才如使用工具般，對利用人依打擊錯誤處理⑭。

依本書意見，為了合理分配風險，應考慮利用人是否「已經特定目標客體」，後說可採。詳言之，一般情形，被利用人即使出現誤認，有如放狗咬人一般，狗沒咬到主人的仇家，卻咬到其他無辜者，對主人而言，由於到底要狗去咬誰是由自己決定的，「選擇與確定行為客體」的權限不在被利用人，此種現象即如利用人自己親自動手，故應以打擊錯誤處理。反過來說，如果利用人將目標客體是誰的權限交由被利用人自己決定，事實上等於是說：「被利用人怎麼做，我都無所謂」，此種對不特定行為客體的不確定故意，始可例外的以客體錯誤處理。

✦ 五、共　犯

前已提及，一個人的犯罪，透過觀察他做了什麼，即可決定其不法與罪責；數個人的犯罪，由於我國採取區分正犯與共犯的立法模式，就只能仰賴對每一個參與者的犯罪貢獻或支配程度的評價以為決定。更麻煩的是，既然要處罰並非構成要件行為主體、所為並非構成要件行為的共犯，不僅必須解釋處罰的原因，還難以迴避如何區分正犯與共犯，以及共犯必須從屬正犯到什麼程度的問題。爰進一步說明如下。

⑭ 林鈺雄，《新刑法總則》，2014，頁 439 以下；林書楷，《刑法總則》，2014，頁 329 以下。

㈠共犯從屬與未遂教唆

1.限制從屬原則

?

　　成年人甲唆使未滿 14 歲之乙去便利商店行竊，乙因而單獨一人前往行竊，問甲、乙之刑責❶❺⓪？

?

　　甲用 500 元的代價，慫恿年僅 12 歲的中輟生乙，到超商竊取名貴女用化妝品五瓶，得逞後，交給甲變賣花用，問本案甲、乙二人之刑責各應如何論處❶❺❶？

問題解析

一、答題應先尋找正犯。理由是基於共犯從屬性。進一步說，由於共犯行為本身並非構成要件行為（否則自己就是做壞事的人，就成為正犯了），而只是透過教唆或幫助而參與正犯的構成要件實現，也因此，共犯的參與形式的不法，只好攀附於正犯的不法，換句話說，正犯不去做壞事的話，法益當然不會只因為有人動動嘴，就受到侵害或危險，而難以在什麼都沒有的情況下，要求唆使或援助的人負責。

二、更詳細的說，刑法分則對犯罪的描述，多是用來掌握正犯行為而已，正

---

❶❺⓪ 99 年三等身障特考一般行政考題。
❶❺❶ 98 年三等原住民特考一般行政考題。

犯與共犯間的關係，實際上是以規定於正犯的構成要件，擴張至共犯而適用。因此，為了不違反罪刑法定，在教唆或幫助行為本身「不是」構成要件行為下，不得不對構成要件行為立於從屬的關係，此即共犯從屬性。否則，教唆行為或幫助行為，充其量也只能看成是著手前的預備行為，在正犯尚未動手的情況下，根本不可能對法益造成侵害，如果還對其處罰，等於是在處罰思想；為了避免可罰性過度擴張，就必須對於不是正犯、沒有從事構成要件的參與者，在什麼條件下才能成立犯罪，設計一套機制，這就是共犯從屬原則。

三、在 2005 年刑法修正前，一個教唆或幫助行為要進一步成立教唆犯或幫助犯，必須先存在一個正犯；而這個正犯，其行為必須是可罰的，換言之，能夠讓這些教唆或幫助行為去依附的正犯，必須以其所為該當構成要件、違法且「行為人也有罪責」作為前提。這被稱為「極端（嚴格）從屬性」。問題是，被教唆或被幫助的人一旦欠缺罪責，依前揭「極端（嚴格）從屬性」，必然連帶導致教唆者或幫助者連帶不罰的結果，但，深一層思考：罪責的有無，本來就因人而異、個別判斷，為什麼被教唆或被幫助的正犯出現精神障礙等責任缺陷，教唆者或幫助者也可以連帶因為這個責任缺陷而不被處罰？這明顯不合理。

四、德國 1975 年修法後，即已採取限制從屬性 (limitierte Akzessorietät)，認為教唆或幫助行為僅從屬「故意的違法行為」，即為已足；2005 年我國刑法修正，亦從善如流，明文採納[152]。也因此，只有、也只要透過一個

---

[152] 請查閱 2005 年修正刑法第 29 條與第 30 條的立法理由。文獻參閱：柯耀程，〈共犯理念的重新建構〉，《輔仁法學》，第 39 期，頁 101 以下；黃惠婷，〈共犯之從屬原則〉，《月旦法學教室》，第 55 期，頁 15；許澤天，〈主行為故意對共犯從屬的意義〉，《成大法學》，第 24 期，頁 111–153。

故意違法的主行為去侵害法益時，才會被當作是共犯。申言之，為了滿足構成要件明確性的要求，透過「共犯行為與正犯的違法行為共同作用而造成法益侵害」的說法，使因為可罰性擴張所涵蓋的共犯，不會動搖構成要件的界線❸。

五、總結而言：教唆行為或幫助行為必須以被教唆或被幫助的正犯著手實行違法行為作為前提；正犯不著手，根本不成立教唆犯或幫助犯，共犯行為如無所附麗，即不構成犯罪！

六、謹將不同的共犯從屬程度所造成的影響予以圖示：

		最小從屬性說	限制從屬性說	極端從屬性說	誇張從屬性說
正犯的要件	構成要件該當性	○	○	○	○
	違法性	×	○	○	○
	責任	×	×	○	○
	處罰條件	×	×	×	○
共犯的成立範圍		廣 ◄―――――――――► 狹			
間接正犯成立範圍		廣 ◄―――――――――► 狹			

七、應注意的是，共犯從屬性是不法的從屬，不是責任的從屬，已如前述。簡單說，教唆或幫助行為能否成立教唆犯或幫助犯，必須藉助正犯已否著手實行違法行為來判斷，但已成立的教唆犯或幫助犯是否具備罪責而應被處罰，當然是自己的問題，與正犯沒有關係。此外，德國學說也指

---

❸ 這個問題還牽涉到「共犯處罰基礎」的爭議，學說紛雜，大致有：責任共犯說、不法共犯說與因果共犯說（惹起說；Verursachungstheorie）；因果共犯說中，又再被細分為純粹惹起說、修正惹起說與法益侵害導向的惹起說，茲不贅。更詳細的討論，見陳子平，《刑法總論》，2008，頁 481 以下；靳宗立，《刑法總論 I》，2010，頁 400 以下。德國學說部分見林書楷，《刑法總則》，2014，頁 356 以下；Roxin, AT II, §26 Rn. 11–31.

出，由嚴格從屬性過渡到限制從屬性的實踐意義不大，因為正犯一旦出現精神障礙、危難狀態或無法避免的禁止錯誤而得以免責，除非行為人對此欠缺認識，否則已對間接正犯的成立提供了基礎。

八、限制從屬性的使用實益應在於「非支配犯」。更詳細的說，於義務犯（純正身分犯）的情形，例如：醫師利用精神病人洩漏其業務秘密（刑法第316條），儘管醫師有可能主張（減免罪責的）緊急避難或無法避免的禁止錯誤，但依照限制從屬原則，醫師還是會成立教唆犯，而非不罰。同樣地，於己手犯的情形，前已提及，因為這一類的犯罪，正犯必須、也只能親自實行，不可能成立間接正犯，採取限制從屬原則剛好可以堵住可罰性的漏洞❶❺❹。案例如：某大兵因事得罪長官，接到指示執行虐兵《紅色指令》的士官為了避免事情鬧大，乾脆持槍強迫該大兵離營，致其觸犯陸海空軍刑法第39條逃亡罪（這是己手犯），士官仍可成立教唆犯（再透過緊急避難減免罪責）。

?

　　某建設公司老闆甲，某日得知有人告發自己的建設公司以及友人乙的建設公司各別行賄政府高官及立法委員，因此法務部調查局將到各自的公司搜查相關證據，而趕緊打電話通知其秘書丙將行賄的資料銷毀，也同時通知友人乙趕緊銷毀相關資料。就在乙、丙各自銷毀一部分相關資料時，被法務部調查局人員到場查獲。試問甲、乙、丙三人的行為應如何處斷？（本題不必論述行賄罪部分❶❺❺）

---

❶❺❹ Roxin, AT II, §26 Rn. 33. 並可參考高金桂，〈共犯從屬性之鬆動〉，《月旦法學教室》，第78期，頁20–21。相關案例如：甲殺害乙之後，丙教唆甲自行湮滅甲殺害乙之證據，或甲殺害乙之後，甲教唆丙代為湮滅甲殺乙之證據。請問上述兩例教唆犯，應否（如何）處罰？（93年退除役軍人轉任公務員）

2.未遂教唆

甲與丙本係好友，嗣因事反目，甲遂唆使乙將丙殺害，以雪心頭之恨。某日，乙身懷兇刀，擬往丙宅尋釁，因行跡可疑，途中即被巡邏警察帶回警局調查，致未能成事。試從我國刑法第 29 條教唆犯修正前、後規定，檢討甲、丙各應負何刑責❶❺❻？

參考解答

一、乙未下手殺丙，不成立故意殺人未遂罪（刑法第 271 條第 2 項）

㈠未遂犯之成立，以既遂構成要件未實現且行為人主觀上具有故意、客觀上已著手實行為必要。本題中，乙僅前往犯地途中，尚未動手殺丙，不能認為已著手於犯罪行為的實行，故不成立本罪。

㈡雖然如此，依實務見解，所謂「預備」，係指行為人在著手實行犯罪前，為實現某一犯罪行為之決意，而從事之準備行為，用以積極創設犯罪實現之條件，或排除、降低犯罪實現之障礙，其態樣如準備實行之計畫、準備

---

❶❺❺ 101 年鐵路特考高員三級政風考題。類似案例：甲身為某公司老闆，一向把多年行賄公務員之帳簿放在公司的保險櫃裡。某日上午，甲正要從家裡出發到公司時，接獲調查局將搜索該公司之訊息，立即打電話通知私書乙將保險櫃裡的帳簿銷毀，該私書獲知後卻將該帳簿放入微波爐內微波，以為微波就可以加以銷毀。不久，調查局人員到達公司進行搜索時，發現該帳簿在微波爐裡依然完好無缺。事實上，在此之前，調查人員原是為了搜查該公司逃漏稅情事，而行賄之事實尚未被發現。試問甲、乙的行為應如何處斷？（甲之行賄罪部分，不予論述）（95 年司法官）

❶❺❻ 改寫自 95 年三等原住民特考一般行政考題。

犯罪之器具及前往犯地之途中是（97 臺上 1730 號判決），據此，乙仍可成立預備殺人罪（刑法第 271 條第 3 項）。

二、甲教唆乙殺丙的行為，可能成立教唆殺人未遂罪（刑法第 271 條第 2 項、第 29 條）

㈠2005 年刑法修正前，原第 29 條第 3 項規定：「被教唆人雖未至犯罪，教唆犯仍以未遂犯論。但以所教唆之罪有處罰未遂犯之規定為限。」即學說上所謂的「未遂教唆」；至於教唆未遂與未遂教唆的差別，依過往多數學說見解，前者係指正犯已經著手實行構成要件行為，後者之正犯則尚未著手實行。

㈡本題中，被教唆的乙既尚未著手實行殺人行為，即屬「未至犯罪」，如依舊刑法與過往之最高法院 64 年第 7 次決議，甲仍可成立教唆殺人未遂罪（刑法第 271 條第 2 項、第 29 條第 1 項與第 3 項）。

㈢惟 2006 年生效之新刑法已刪除第 29 條第 3 項規定，根據立法理由，教唆犯如採共犯獨立性說之立場，實側重於處罰行為人之惡性，此與現行刑法以處罰犯罪行為為基本原則之立場有違，更不符合現代刑法思潮之共犯從屬原則。對此，雖有學說認為刪除刑法第 29 條第 3 項後，會使失敗教唆及無效教唆兩種未遂教唆受到寬容，形成處罰漏洞；同時，新刑法規定「教唆他人『使之實行犯罪行為』」，其文字敘述上是否必然不能涵蓋預備罪的教唆犯，亦仍有爭論❺❼。惟若依新刑法之立法意旨，乙既未著手實行，甲即不構成犯罪。

㈣綜上，題示情形之某乙不論於刑法第 29 條教唆犯修正前後，均成立預

---

❺❼高金桂，〈論不能未遂與未遂教唆〉，《月旦法學雜誌》，第 130 期，頁 211；許澤天，〈對 2005 年 1 月刑法總則篇「刑事責任」、「未遂犯」及「正犯與共犯」章修改之評釋〉，《台灣本土法學雜誌》，第 67 期，頁 117。但請注意，這可能與第 29 條第 1 項的文義背離（教唆他人「使之實行」犯罪行為）；甘添貴教授即指出：只有正犯著手實行後，才有成立教唆犯的餘地！氏著，〈預備罪之教唆犯與幫助犯〉，《月旦法學教室》，第 48 期，頁 19。

備殺人罪；某甲則於舊刑法第 29 條第 3 項規定刪除前成立教唆殺人未遂罪，刪除後依多數學說與立法意旨，無罪。

> 類似案例如：張三、李四平日相處不睦，張三因心懷恨意，欲使李四雙腳殘廢，乃於 100 年 5 月間教唆王五伺機持刀將李四雙腳砍斷，王五接受張三教唆後，亦決意持刀砍殺李四雙腳使其殘廢。然於動手前，因口風不緊，將上情透露給李四友人趙六。趙六得知該消息後迅速告知李四應防備受害，經李四報警而查獲張三、王五。問張三是否應負教唆重傷害罪責❶❺❽？

(二)教唆犯

> 甲任職於某財團法人基金會，受行政院環境保護署權限委託進行廢輪胎回收的稽核認證工作。甲在執行駐場稽核認證工作時，發現經營廢輪胎回收業務之某公司負責人乙勾結貨運公司老闆丙偽造過磅單，浮報超過廢輪胎處理量，有詐領行政院環境保護署補助款之嫌，因此，開始蒐集證據。乙、丙發現甲已蒐集明確證據後，多次向甲表示願意支付 1 百萬元，以換取甲之不告發，均經甲嚴詞拒絕。在乙、丙放棄與甲協議後，甲認為不能縱放此類行為，因此向乙、丙虛偽表示，同意接受之前的條件，等到收到乙、丙交付之現金後，立即將上述違法證據交給檢察官。問：如何論處甲、乙、丙的行為❶❺❾？

依前述的限制從屬原則，由於教唆行為本身並非構成要件行為，在教唆

---

❶❺❽ 102 年高考法制考題。

❶❺❾ 101 年高考法制考題。

者具備教唆故意的前提下，還必須攀附於一個「確定的故意違法行為」(vorsätzlich begangenerrechtswidriger Tat bestimmt)，才能滿足對教唆犯成立的不法結構要求**⓰**。

此不僅涉及如何確定被教唆者的犯意及其教唆行為的確定，一旦被教唆者改變犯罪計畫，從而出現正犯過剩，甚至發生事實面錯誤的情形，是否還能要求教唆者對已實現的不法負責？萬一被教唆者實現加重結果構成要件、從事純正身分犯或己手犯的行為，或者是透過不作為的方式實行犯罪，教唆者又該如何負責？再者，教唆者於主觀上必須具備「雙重教唆故意」，這又是什麼意思？

這些圍繞著教唆犯的相關爭點，根本上不脫「非」正犯的框架與主、客觀如何對應的問題，更多的則是互為主觀的共鳴，難有定論。雖然如此，還是努力說明如下：

1.教唆行為

⑴製造犯意

教唆是一種造意犯，對象必須是原無犯意之人，透過教唆行為而推動被教唆者決定實行犯罪。也因此，教唆者必須對實行犯罪者存在「動機支配」(Motivherrschaft)，因其教唆而促使產生犯罪決意 (Hervorrufen des Tatentschluss)；如果被教唆者先一步產生具體實行犯罪的決意，就不再成立教唆犯，而只能成立精神幫助犯**⓱**。

有疑義者在於，我們怎麼知道被教唆者是否已經打定主意犯罪？每一個

⓰ 更詳細的討論，可見許澤天，〈主行為故意對共犯從屬的意義〉，《成大法學》，第 24 期，頁 111 以下。

⓱ Vgl. etwa Stratenwerth/Kuhlen, AT I, 6. Aufl., 2011, §12 Rn. 144; Wessels/Beulke, AT, 41. Aufl., 2011, Rn. 568 f.（如前述，我國刑法目前已經不罰未遂教唆）

決定不僅仍存在改變的可能，假設這個決定堅如磐石，無法更改，事實上也無所謂透過心理層次的精神幫助去加強或維持可言。雖然如此，學說還是以「犯罪動機相對於猶豫，是否已經存在明確的優勢」作為判斷標準。換句話說，如果一個人對於要不要實行犯罪還在搖擺猶豫，就是尚未產生犯意，而能夠被其他人教唆（當然，教唆人必須為被教唆人的犯罪傾向創造出心理優勢）；反之，儘管一個人在做出決定後還有疑慮，消除這個掛礙的人已經是精神幫助❶❷。

　　此外，於勸阻教唆 (Abstiftung) 的情形，例如：A 成功的說服 B 不要攜帶武器去行竊，以免出現更糟糕的後果。由於 B 原來的實行故意（加重強盜）更重於教唆者的故意，從而也因為欠缺對犯罪決意的激勵，而無教唆可言！同樣的道理，儘管 A 只是說服 B「不要偷那麼多錢」，只要 B 真的改變計畫，減少行竊的金額，學說亦基於風險降低的法理，認為不成立任何犯罪❶❸！詳言之，把客觀歸責理論運用於教唆犯的判斷，教唆者創造出「足以肇致犯罪決意的風險」，並以被教唆者的犯罪決意與構成要件實現，分別作為教唆行為的第一個結果與間接導致的第二個結果❶❹。

　　最後應指出的是，無所謂「不作為教唆」可言。所謂不作為，觀念上是指「應為而不為」，必須先存在作為義務，才有違犯此一作為義務的不作為。

---

❶❷ Vgl. Roxin, AT II, §26 Rn. 65 ff.

❶❸ Roxin, AT II, §26 Rn. 69.

❶❹ Christmann, Zur Strafbarkeit sogenannter Tatsachenarrangements wegen Anstiftung: ein Beitrag der Lehre von der objektiven Zurechnung zum Strafgrund der Anstiftung, 1997, S. 90. 不過，這樣處理並非毫無問題；追問教唆行為是否創造超越日常生活的風險、是否以重要的方法增加了對法益的風險，意義不大。舉例：對著一個億萬富翁說：「我給你一千塊，你幫我去偷東西好不好？」關鍵還是富翁到底有沒有去偷東西，教唆的方式其實一點都不重要，遑論我國刑法也已經不處罰未遂教唆（含所謂失敗教唆）。

舉例：A 答應幫鄰居 B 收信，眼見 B 信箱已塞爆，卻刻意什麼都不做，希冀因此受到小偷注意，光顧 B 宅。A 對小偷而言，根本無所謂教唆，充其量只是「創造出挑唆犯罪的情境」而已 ❻。

⑵變更教唆

如果甲教唆乙決意實行詐欺行為後，成功的促使乙轉而實行竊盜，甚至改找丙從事詐欺或竊盜行為，會否影響甲成立教唆犯？只要被教唆人最終實行犯罪行為，不論構成要件行為如何改變、實行者是誰，當然還是成立教唆犯。

有疑義者在於，如果甲知道乙想要在半夜偷啤酒宴客，卻成功的以酒後不方便開車為由，促使乙轉偷果汁，或者說服乙將偷來的酒或果汁轉賣，甚至連行竊的時間都改為白天呢？依學說，由於教唆行為的支配對象不是「犯罪實行的過程」，而是對被教唆者的動機支配（或犯罪計畫支配），上述情形，乙的竊盜動機或計畫並非來自甲的創造或激發，在甲所為未改變犯罪同一性的情況下，應認為是對乙原有計畫的補充或修改，而只能評價為幫助。不過，對於「高度屬人性法益」的行為客體或犯罪動機的改變，學說則有不同看法，認為此時已是製造另一個新的犯意，應成立教唆。舉例：甲說服原來決定傷害丙的乙，改為傷害丁 ❻。

⑶加重教唆

更麻煩的是，一旦涉及加重的情形，如：甲知道乙想要「偷」啤酒宴客，成功促使乙轉而攜帶凶器行竊或行搶。德國實務認為 ❼，由於犯罪的不法內涵與其原計畫相較，已被大為提高，對此「犯罪決意加重」（Übersteigerung

---

❻ Roxin, AT II, §26 Rn. 86.

❻ Roxin, AT II, §26 Rn. 96 ff.

❼【椅角案】(Stuhlbein-Fall; BGHSt 19, 339)。

des Tatentschlusses) 的情形，應直接對加重犯罪成立教唆犯。學說多表反對，認為：教唆的對象只是已實現構成要件的一部分，被教唆者既然對基礎犯罪早已產生犯罪決意，而非因教唆者促使，針對加重犯罪的實行，僅成立精神幫助犯[168]。

支持實務的學說對於將加重犯罪拆解後分離觀察，不以為然。以竊盜變強盜為例，其認為不能將強盜理解為是竊盜加上強制或傷害的不法組合，再就教唆部分成立傷害罪或強制罪的教唆犯，而應認為強盜罪有其別於竊盜的高度不法內涵；換句話說，A+B 之後，就已經成為 C，而不是把 C 再切割為A+B。否則，如：甲看到體格健壯的乙男正在與嬌小的丙女肢體衝突，正當乙男已將丙女制服在地時，甲說服乙對丙進一步實行強制性交，難道也分離觀察，切割為強制與傷害？據此，應認為仍可就加重犯罪成立教唆犯[169]。

依我國實務見解（重要！）：「刑法第十七條之加重結果犯，係故意的基本犯罪與加重結果之結合犯罪。以傷害致人於死罪為例，非謂有傷害之行為及生死亡結果即能成立，必須傷害之行為隱藏特有之危險，因而產生死亡之結果，兩者間有相當因果關係。且該加重結果客觀上可能預見，行為人主觀上有注意之義務能預見而未預見，亦即就加重結果之發生有過失，方能構成。良以傷害致人於死罪與傷害罪之刑度相差甚大，不能徒以客觀上可能預見，即科以該罪，必也其主觀上有未預見之過失（如主觀上有預見，即構成殺人

---

[168] Vgl. etwa Gropp, AT, 3. Aufl., 2005, §10 Rn. 123; Stratenwerth/Kuhlen, AT I, 6. Aufl., 2011, §12 Rn. 145; zum Ganzen: Hillenkamp, AT 32. Problem, 13. Aufl., 2010, S. 179; 王效文，〈加重教唆〉，《月旦法學教室》，第 113 期，頁 34 以下。

[169] Vgl. etwa Krey/Esser, AT, 4. Aufl., 2011, Rn. 1046 ff.; Rengier, AT, 5. Aufl., 2013, §45 Rn. 37 f., 41; Roxin, AT II, §26 Rn. 104 ff. 此種立場稱為「非價（負價值）升高理論」(Unwertsteigerungstheorie)。

罪），始克相當，以符合罪刑相當原則。又共同正犯在犯意聯絡範圍內，就其合同行為，均負全部責任，惟加重結果犯之加重結果，行為人僅有過失，主觀上均未預見，則各共同正犯間就加重結果之發生，無主觀上之犯意，當無犯意聯絡可言，各共同正犯就加重結果應否負責，端視其本身就此加重結果有無過失為斷。教唆犯或幫助犯（下稱共犯）依從屬性原則，依附於正犯之不法行為而成立犯罪，就加重結果而論，共犯僅就故意之基本犯罪從屬於正犯，對加重結果則無從屬可言（過失犯不能成立共犯），則其是否應對加重結果負責，亦唯共犯本身就加重結果之發生能否預見，有無過失為問，且通常較諸共同正犯不易成立。尤其共犯對犯罪行為之風險製造及因果流程之控制，一般均較共同正犯為少，故對其加重結果之成立與否，論斷應負之注意義務時，允宜較共同正犯為輕⑰。」

⑷正犯過剩與客體錯誤

> 甲因為與乙有珠寶商同業公會事務上的口角糾紛，給付丙新臺幣 30 萬元，請丙代為給乙一些警惕。丙攜帶手槍到乙的店面找乙，見到乙正在與客人丁談生意，朝乙的小腿開了一槍。乙雖只受皮肉傷，但因驚嚇，拿起桌上的煙灰缸丟擲丙。丙動怒，對著乙的胸部開了一槍，乙當場倒地死亡。丙見到桌上放著一顆兩克拉的鑽石，順手牽羊。丙因恐丁多管閒事，用槍口對著丁，逼迫丁退到後面，然後自己揚長而去。甲、丙二人刑事責任如何⑰？

⑰ 100 臺上 3062 判決。

⑰ 99 年高考二級法制考題。

問題解析

一、所謂正犯過剩 (Exzess)，大致上是指「被教唆者在犯罪實行中，（做了其他不同的行為而）偏離了教唆者先前所顯示的路線」。應注意的是：假設甲教唆乙週末行竊，乙擅自改為週三，又或者甲教唆乙開卡車去，乙卻決定開貨車，由於犯罪行為的具體細節通常難以預見與確定，也因此，一如前面關於教唆後動機變更的說明❿，這些改變對於教唆犯的成立都不會造成影響。

二、但，前面也同時提到，類如：甲說服原來決定傷害丙的乙改為傷害丁的情形，甲對丁仍可成立教唆犯；如果這個案例是乙在沒有甲的變更教唆下，自己決定要將傷害的對象改為丁，甲要不要負責？再比如：甲教唆乙詐欺後，成功的促使原本打算詐欺的乙轉而實行竊盜，甲固然對竊盜罪仍可成立教唆犯；如果這個案例是乙在沒有甲的變更教唆下，自己決定要將詐欺的犯行改為竊盜，甲要不要負責？

三、合理的結論是，基於教唆行為必須是「確定的」故意違法行為的要求，教唆故意必須針對特定的構成要件；一旦被教唆人對於原來的行為客體或實行行為有所改變，即失去與教唆故意的關連，這種正犯過剩的情形，教唆者就成為局外人，不再對被教唆者實現的不法負責，不成立教唆犯⓱。實務見解亦同：「教唆犯須以實施者之犯罪在其教唆範圍以內者，始負責任，如實施者之犯罪越出教唆範圍之外，則教唆者對於越出部分之犯罪行為，不負教唆責任。（最高法院 30 年上字第 597 號判例）」

---

❿ 再複習一次：儘管 A 成功說服 B 竊取富商 C 的財物濟助貧困，一旦 B 得手後決定據為己有，也不會改變 A 已經成立的教唆竊盜既遂罪。

⓱ Roxin, AT II, §26 Rn. 112.

　　A 唆使 B 殺乙，當 B 埋伏在乙宅等候殺乙時，B 改變心意，只把剛回到家門口的乙打成重傷，又因看見乙手上戴著不錯的錶，就趁乙無法抵抗而將錶取走。試問 A、B 之行為應如何處斷❶❼❹？

參考解答

一、B 的刑事責任

㈠ B 將乙打成重傷的行為，成立刑法第 278 條第 1 項重傷既遂罪；見乙手上戴錶，趁乙無法抵抗而將錶取走的行為，成立刑法第 328 條第 1 項強盜既遂罪。關鍵在於，B 之行為得否論以刑法第 332 條第 2 項第 4 款強盜重傷罪之結合犯？

㈡按學說與實務多主張基本強盜罪與相結合之罪間，並無一定的先後關係❶❼❺，復以最高法院 85 年第 2 次決議更肯定相結合之罪與基本罪間無須有所謂「犯意聯絡」，據此，B 所為得成立刑法第 332 條第 2 項第 4 款強盜重傷罪之結合犯；至於解釋論上宜否限縮、立法論上應否限制或廢除結合犯之規定，均係另一問題。

二、A 的刑事責任

㈠「刑法上之教唆犯，係指基於使他人犯罪為目的，對於本無犯罪意思

---

❶❼❹95 年高考三級法制政風考題。

❶❼❺實務意見如 70 臺上 959 判決（先強制性交後取財）、89 臺上 1455 判決（先擄人勒贖後強盜）；學說意見參閱甘添貴，《體系刑法各論(II)》，2000，頁 193 以下；褚劍鴻，《刑法分則釋義（下）》，2000，頁 1172 以下；黃惠婷，〈強盜結合罪〉，《月旦法學教室》，第 34 期，頁 69；黃榮堅，〈犯罪的結合與競合〉，《刑法問題與利益思考》，頁 415。

之人，以挑唆或勸誘等方式，使其萌生犯罪之決意進而實行犯罪之行為者而言。（最高法院 100 年臺上字第 7022 號判決）」關鍵在於，A「僅」唆使 B 殺乙，被教唆人在未生任何客體或打擊錯誤的情形下，基於意思決定的自主性，變更犯罪計畫，教唆人應否負教唆之責？

㈡刑法於 2005 年修正後，對教唆犯的成立採取限制從屬原則，只有正犯故意著手實行確定的違法行為，教唆行為才因共犯從屬原則而可能成立教唆既遂或未遂。同時，教唆犯主觀上亦須具備雙重教唆故意，不僅對於教唆行為有所認識，更應針對教唆他人特定犯罪既遂有所認識。

㈢被教唆者實行的犯罪必須符合教唆故意的重要特徵，若被教唆者逾越教唆範圍，教唆者即須進一步依逾越部分的內容是否重要，而決定應否負責。要之，關鍵在於正犯過剩的逾越行為是否仍與教唆故意關連，而在教唆的不法範圍內而定。

㈣據上，題示情形 B 所犯之罪，就結合構成要件的適用而言，固不在 A 教唆故意的範圍內，A 無庸負責；惟 B 所實行之重傷行為部分，因侵害法益與行為客體仍具有同一性，可認為與教唆者主觀想像的因果歷程並無重大偏離，復以重傷之不法內涵並非不能為殺人之不法內涵所涵蓋，行為方式的差異並不具有重要性，從而可認為 A 的教唆故意，及於 B 的重傷害犯罪事實，得論 A 以教唆重傷既遂罪（刑法第 278 條第 1 項、第 29 條）。

三、結　論

㈠B 成立刑法第 332 條第 2 項第 4 款強盜重傷罪之結合犯。

㈡A 的教唆殺人行為，因 B 於著手前已放棄殺人，2005 年刑法修正後刑法既不罰「未遂教唆」，A 僅成立教唆重傷既遂罪。

【農莊繼承案】農民 A 與其子 B 不合，心中萌起殺意。慮及自己是父親，於是花錢找了 C 動手。儘管 C 已見過 B，並且也有 B 的照片，卻還是因為燈光昏暗，持槍埋伏在馬廄的 C 仍然錯把進入馬廄的鄰居 D 誤當成 B，開槍將 D 殺死⓱。

參考解答

一、C 的刑事責任

㈠ C 持槍埋伏於馬廄的行為，成立預備殺人罪（刑法第 271 條第 3 項）。

㈡ C 誤 D 為 B，將 D 殺死，係對於想要攻擊的對象，產生誤認，依學說，屬於所謂「等價客體錯誤」。對於這種「（構成要件）等價的客體錯誤」，在刑法評價上可不予以注意，仍不阻卻故意。理由是：從構成要件故意的認識範圍來看，只要求行為人認識自己正在「殺人」，構成要件並未進一步對於被害的客體，有進一步的區分或特定。這自然也可以適用到被教唆人（正犯）。據此，C 對 D 成立故意殺人既遂罪（刑法第 271 條第 1 項）。

二、A 的刑事責任

㈠關鍵在於，被教唆人產生等價客體錯誤時，教唆人是否亦成立教唆既遂罪？

㈡依實務見解：被教唆人乃由於教唆犯的教唆行為萌生犯意，始生此客

⓱案例摘自德國聯邦最高法院 1990 年的判決 (Hoferben-Fall; BGHSt 37, 214)。近似案例：甲經常受 A 霸凌而痛苦不堪，乃向友人乙訴苦，願意提供新臺幣 10 萬元代價，僱請黑道兄弟殺害 A，以資報復。乙同情甲之處境，以甲所提供之新臺幣 10 萬元僱請丙殺 A。丙前往 A 住處後，卻將 B 誤認為 A，而將 B 殺死。試問：甲、乙、丙三人之行為應如何論處？（100 年高考三級一般行政）

體錯誤，客體錯誤按照一般生活經驗，應屬教唆人能夠預見者，則教唆人自應成立教唆既遂犯（最高法院 16 年上字第 1949 號判例❼）。依學說，若可認為被教唆人只是拿錢辦事，即便發生客體錯誤，也是遵循著教唆者對被害人的描繪與指示從事行為的話，即屬於不重要的故意偏離，亦非正犯過剩；這種如程式編程般的計畫行為，對於教唆犯的可罰性不生影響❽。德國實務立場相同 (BGH NStZ 1988, 294 u. 1999, 514)。

　　㈢要之，被教唆人（正犯）的誤認，對於共犯是否產生影響，關鍵在於由共犯的故意觀察，正犯行為的偏離是否已經逾越生活經驗而無法預見；除非被教唆者已背離教唆者當初的指示路線，教唆人仍應為被教唆人的誤認負責❾。如此見解在刑法已不罰未遂教唆的情形下，有其實益，蓋若把被教唆者的客體錯誤等同於教唆人的打擊錯誤，一旦過失行為亦無處罰規定，教唆人豈非完全不用負任何刑責❿？

❼「甲造意之目的，僅在殺死乙一人，而被教唆者既誤入丙家，又於甲所欲殺之乙一人外更連殺二人，是被教唆者之犯罪行為，顯與教唆者之意思不能一致。雖關於甲教唆殺死乙部分，因被教唆者目的錯誤，致將丁殺死，甲仍應負責外，至被教唆者於甲所教唆外更有殺人行為，即非甲所預知，因而甲對於教唆者殺死其他二人不能負教唆之責。」

❽ Freund, AT, 2. Aufl., 2009, §10 Rn. 131; Rengier, AT, 5. Aufl., 2013, §45 Rn. 57 ff.; Roxin, AT II, §26 Rn. 128.

❾ 這種說法（「重要性理論」）其實不太能服眾。先不說能不能預見本身可以被個案操作，即便「能預見」，充其量也頂多成立過失，如何一躍成為故意的根據？德國多數學說 (zum Ganzen: Hillenkamp, AT 32. Problem, 13. Aufl., 2010, S. 186 f.) 因此「把被教唆者的客體錯誤等同於教唆者的打擊錯誤」（稱為「打擊錯誤理論」），見林山田，《刑法通論（下）》，2008，頁 124；黃惠婷，〈教唆既遂、教唆未遂或未遂教唆〉，《台灣本土法學雜誌》，第 96 期，頁 206 以下；許澤天，〈被教唆人的客體錯誤與打擊錯誤〉，《台灣法學雜誌》，第 167 期，頁 114。深刻的說明，見林書楷，《刑法總則》，2014，頁 389 以下。

❿ 王皇玉，〈教唆與客體錯誤〉，《台灣本土法學雜誌》，第 92 期，頁 166 以下。

三、結 論

㈠ C 先後成立預備殺人罪與故意殺人既遂罪，惟兩罪具有保護法益的同一性，為避免重複評價，應成立法條競合，選擇故意殺人既遂罪予以適用。

㈡ A 的行為，依實務見解仍得成立教唆殺人既遂罪。

2. 教唆故意

刑法第 153 條煽惑罪之「煽惑」與刑法第 29 條教唆犯之「教唆」有何差異？試說明之[181]。

參考解答

一、刑法第 153 條煽惑罪之煽惑，乃以使不特定人從行為人之企圖而為之，一有煽惑行為即行成立，至不特定人是否因此接受煽惑，則非所問（最高法院 24 年 7 月總會決議）。要之，煽惑屬於行為犯；煽惑對象是否本來即已具有犯意、被煽惑後是否犯罪，均非所問。在範圍上，除方法限於「公然」以外，係針對「不特定人」，亦不問煽惑內容是否屬於特定之罪。案例如：透過無線電邀約不特定之計程車司機圍堵警察以妨礙公務之執行。

二、至於刑法第 29 條教唆犯，依其規定：「教唆他人使之實行犯罪行為者，為教唆犯。教唆犯之處罰，依其所教唆之罪處罰之。」範圍遠較煽惑為窄，不僅教唆者須具有教唆他人犯罪的「雙重教唆故意」，亦即⑴認識自己正在促使他人產生特定犯罪的決意⑵希望被教唆者因此而實行且既遂[182]，並且，

---

[181] 98 年三等退除役軍人轉任考試政風考題。

[182] 據此，於陷害教唆的情形（後述），教唆者即因欠缺教唆他人犯罪既遂的故意，而不構成教

其行為客體與侵害的法益均屬特定。舉例：甲對在場的幾個人說：「你們之中有誰出面把乙打一頓的，我就給他 1000 塊錢。」即涉及「被教唆人的確定性」問題。多數意見認為，不需要具體特定哪一個人，而是只要在具體確定的人群中要求一人，即為已足；反之，如果人群的規模與範圍無法確定，就只能考慮煽惑罪了 ❸。

三、應補充說明的是：依德國實務 (BGHSt JZ 1986, 907) 與相對多數的學說見解，教唆故意必須涵蓋事件的對象、時間、地點等具體的個別化要素，但（為避免過分限縮教唆犯的成立可能）哪些具體事實可以欠缺，則依個案判斷 ❹。有力學說則採取相對寬鬆的見解，認為，教唆者不必知悉未來犯罪實行的一切細節，在他的主觀想像中，只要包括與構成要件相關的重要事實或不法的必要特徵，即為已足。理由是：教唆犯的不法內容基本上是透過被教唆者實行的犯罪不法所決定，據此，教唆犯的故意當然僅指對於決定不法內容的具體事實的認識 ❺，而不及於特定行為客體、時間與空間等行為情狀。

四、煽惑與教唆就煽動蠱惑他人而言，或許有其近似之處；然根據前述，

唆犯！林東茂，《刑法綜覽》，2012，頁 1–252 以下；許澤天，《刑總要論》，2009，頁 200 以下。

❸ Roxin, AT II, §26 Rn. 148.

❹ Jescheck/Weigend, Lehrbuch des Strafrechts, AT, 5. Aufl., 1996, S. 688; Wessels/Beulke, AT, 42. Aufl., 2012, Rn. 572.

❺ Roxin, AT II, §26 Rn. 135 ff.; Stratenwerth/Kuhlen, AT I, 6. Aufl., 2011, §12 Rn. 147. 國內的支持者如林書楷，《刑法總則》，2014，頁 372 以下有更深刻的說明。按，教唆者本來就不是要自己去做壞事，若還強求教唆故意必須認識到那麼多，而對於犯罪細節精細掌握，主觀上就很難說他只是教唆犯而已，而可能進一步評價為共同正犯或間接正犯，而導致正犯與共犯之間的區別益發模糊；由其非直接犯罪，而只能期待被教唆人於未來實行這一點來看，太過具體的故意內容要求，會否反而產生可罰性的漏洞？進一步的討論可見黃惠婷，〈教唆故意與縱放人犯〉，《月旦法學雜誌》，第 196 期，頁 200 以下。

兩概念仍有以下差異：

㈠煽惑屬行為犯，並不以引起他人犯罪決意為必要；教唆則依共犯從屬性原則，不僅要求被教唆人須產生犯罪決意，更必須被教唆人進一步著手實行，教唆者才能成立教唆犯。

㈡煽惑之對象無須特定，教唆對象則為特定人。

㈢煽惑方式受到刑法分則構成要件的限制，不僅必須公然，且僅能以「文字、圖畫、演說或他法」為之；教唆不以公然為必要，亦無限定其行為方式。

㈣依實務見解，煽惑的內容僅以違背法令或抗拒合法命令為已足，教唆則限於「犯罪」。

- - - - - - ●●● - - - - - -

⑴間接教唆故意

儘管德國實務與學說均承認教唆故意可以透過間接故意的方式為之[186]，我國實務卻採否定見解：「刑法上之故意，分為直接故意（或稱積極故意、確定故意）與間接故意（或稱消極故意、不確定故意）二種。前者（直接故意）係指行為人主觀上明知其行為將發生某種犯罪事實，卻有使該犯罪事實發生之積極意圖而言。而後者（即間接故意），則指行為人並無使某種犯罪事實發生之積極意圖，但其主觀上已預見因其行為有可能發生該犯罪事實，惟縱使發生該犯罪事實，亦不違背其本意而容許其發生之謂。又刑法上之教唆犯，係指行為人並無自己犯罪之意圖，卻基於使他人犯罪為目的，對於本無犯罪意思之人，以挑唆或勸誘之方式使他人萌生犯罪決意進而實行犯罪之行為者而言。故教唆犯雖無自己犯罪之意思，但卻有使他人萌生犯罪意思之積極意圖，則其主觀上當然具有教唆他人犯罪之『直接故意』，而無所謂基於『間接

---

[186] BGHSt 2, 279, 281 ff.; Roxin, AT II, §26 Rn. 130; Stratenwerth/Kuhlen, AT I, 6. Aufl., 2011, §12 Rn. 146.

故意』而教唆他人實行犯罪行為之餘地。（最高法院 101 年臺上字第 1084 號判決）」

本書認為，教唆行為固然具有請求、促使 (Aufforderung) 的本質，但教唆人未必都是以被教唆人「因此而接受」為其目的，而也可以是一種樂觀其成的容許態度。舉例：甲強制性交乙之後，抬頭問佇立一旁猶豫不決的丙：「你也要嗎？ [187]」事實上，刑法在第 29 條的文字描述是「教唆他人『使之』實行」，並沒有說一定要限於教唆者在主觀上已十拿九穩的認定將製造出被教唆者。據此，應認為實務見解係不當限縮教唆犯的成立範圍。

(2)陷害教唆

> 正值青春期之十五歲甲，經常逃學闖禍，由於不滿母親乙管教，而在網路上張貼訊息，尋找適合對象來殺害母親乙。丙看到訊息後與甲聯繫，甲將殺乙計畫告知丙，丙對甲提供建議，並允諾執行此計畫，此時，甲並不知道丙是由警察假扮。某日，當甲與丙相約見面商討酬勞與相關細節時，立即被丙逮捕。問，如何論處甲、丙之行為 [188]？

> 國際毒販 A 游走臺港澳三地，刑事警察 B 負責偵辦 A 案件，得知 C 為 A 的小學同學。B 就找 C 幫忙，自掏腰包臺幣七千元交付 C 作為向 A 購買海洛因之用。C 就與 A 相約於木柵捷運站交易，二人一手交錢一手交貨後，B 立即於現場將 A 逮捕。試問：依普通刑法，應如何處斷 A、B、C 的行為 [189]？

---

[187] Roxin, AT II, §26 Rn. 82.

[188] 101 年普考法律廉政考題。

問題解析

一、依實務見解：學理上有所謂「陷害教唆」者，則指司法警察人員，祇因認為他人有犯罪之嫌疑，卻苦無證據，遂設下計謀，使該他人果然中計、從事犯罪之行為，然後加以逮捕，倘事後查明，該他人其實原無犯罪之意思，純因司法警察或其相關人員之唆使，始萌生犯意、實行犯罪，形同遭受陷害，為維護司法之純潔及公正性，當予禁止，且不應令其人負犯罪之刑責；此與司法警察人員對於原有犯意之人，運用蒐證之技巧，以「釣魚」方式，使之上、現形，以便利用其再為犯罪之機會，將之逮捕，即學理上所稱之「機會教唆」或「釣魚式偵查」之情形有別。然而無論陷害教唆或機會教唆，均僅係對於該客觀上實行犯罪之行為人，應否課以刑責及犯罪遂行之程度等問題而為探討，無關司法警察有無刑責。進一步言，縱然司法警察採行陷害教唆之辦案方式，有害司法正義，但因不具有自己犯罪或和他人共同犯罪之意思，尚不構成間接正犯或共同正犯，且因被教唆者不會成立犯罪，司法警察亦無成立教唆犯之餘地；至於是否應負行政責任或因其他犯罪情事，須負其他刑責，乃屬另一問題❿。

二、上開判決沒有回答的是，如果被教唆者還是成立未遂罪，教唆者又該如何處理？依前面提及的雙重教唆故意，由於教唆者一開始就沒打算讓犯罪既遂，可認為欠缺教唆他人犯罪既遂的第二個教唆故意，從而一樣不會成立教唆犯❿。講得白些，教唆者縱使製造出被教唆者的犯意，卻是

---

❿ 97 年調查局法律實務組考題。

❿ 102 臺上 317 判決。

❿ 進一步討論見林東茂，〈臥底警探的法律問題〉，《危險犯與經濟刑法》，頁 252 以下；黃惠婷，〈由教唆犯本質論虛偽教唆〉，《台灣本土法學雜誌》，第 21 期，頁 15。至於為什麼雙

基於「誘人入罪」的意思，同時已預見被教唆者無法實現不法構成要件，或雖意識到可能侵害法益，但確信其不發生。這，就導致了主觀不法的欠缺。

三、應注意的是，刑事訴訟的追訴利益不應高過對生命、身體等法益的保護必要，也因此，一旦教唆人具備教唆既遂故意，並且也成功的製造出被教唆人的既遂犯罪時，就必須成立教唆犯，而不再考慮教唆者為什麼要教唆。舉例：儘管教唆者的目的是要揭發某個宗教工作者詐財騙色，以在事後進行告發，使其受到懲罰，還是成立教唆犯；頂多只能勉強考慮是否成立（阻卻違法或減免罪責的）緊急避難❶❾❷。這樣的解釋方式，較能符合刑法理論上的一貫性，唯一的小瑕疵，可能是會對於毒品的偵查實務造成困擾。就此，或可透過對「販賣」的概念予以限縮解釋，要求買方必須是一般消費者❶❾❸，而排除執法工作者；如此處理，被教唆者最

重教唆故意要求教唆者也必須具備教唆他人犯罪既遂的目的，牽涉到為什麼處罰共犯的問題。前面的註釋中曾經提過法益侵害導向的折衷惹起說，由這個角度觀察，比較容易說明。依該說：共犯仍然有其獨自的不法內涵，卻也有部分的不法必須從屬於正犯的主行為才能導出。共犯乃是在欠缺正犯性的情況下，經由共同參與而侵害法益；正犯行為的不法，會劃定共犯不法的上、下限。就此，可以參考陳子平，〈論未遂教唆之可罰性〉，《東吳法律學報》，第 8 卷第 1 期，頁 266 以下。

❶❾❷ 本書的立場被稱為「刑事既遂界限說」，與此相對，尚有「法益危險界限說」與「實質的既遂界限說」。S. Hillenkamp, AT 32. Problem, 13. Aufl., 2010, S. 173 ff. 依法益危險界限說，除非教唆人已善盡其注意義務去排除法益的實質危險，否則仍成立教唆犯；實質的既遂界限說則認為，雙重教唆故意中的「教唆既遂故意」，應解釋為涵蓋有意使法益侵害實質終了或產生不可回復的法益侵害，也因此，若行為人無意造成這樣的狀態，即仍欠缺教唆既遂故意。「實質的既遂界限說」為德國多數說，國內採此立場者，如林東茂，〈臥底警探的法律問題〉，《危險犯與經濟刑法》，2002，頁 258 以下；林書楷，《刑法總則》，2014，頁 377。

❶❾❸ Roxin, AT II, §26 Rn. 155.

多也只成立未遂罪，教唆者即可透過雙重教唆故意的概念操作，免受刑罰。

3. 個別的問題

⑴教唆行為與加重結果犯

被教唆人造成的加重結果，教唆人應否負責的問題，實務基本上採肯定見解：「被告某甲教唆某乙等，使之共同實施傷害行為，結果因傷致死，某甲為一個傷害人致死之教唆犯，應依（舊）刑法第四十三條論處[194]。」

但應注意：「加重結果犯之能預見，絕非泛指一般情形而言，必須依個案之具體情形判斷行為人在客觀上是否能預見，上訴人既未具體指示如何傷害被害人，則在客觀上，上訴人自不能預見被害人死亡結果之發生[195]。」並且，教唆者若對加重結果的發生「有」預見，而得論以故意，即非加重結果犯之教唆犯：「刑法第二百七十七條第二項後段之普通傷害致重傷罪，係對於犯普通傷害罪致發生重傷害結果所規定之加重結果犯，依同法第十七條規定，以『客觀上能預見』被害人重傷害結果之發生，而行為人『主觀上並無預見』為其要件。在同謀或教唆他人實行普通傷害行為之場合，若同謀或教唆者雖指使或教唆他人對被害人實行普通傷害之犯行，但其主觀上若已預見被害人可能因而發生重傷害之結果，仍不顧其是否發生而執意為之，即屬間接故意（即不確定故意）之範疇，而無論以加重結果犯之餘地[196]。」

---

[194] 19 非 70 判例。

[195] 97 臺上 5757 判決。

[196] 100 臺上 978 判決。

> 甲男得知女友乙移情別戀，某夜約乙於公園談判試圖挽回，惟乙執意與甲分手，致甲懷恨在心，遂教唆丙傷害乙，惟丙於傷害乙時，因下手過重，致將乙毆斃。試問甲、丙之刑責應如何論處⓳？

問題解析

一、本題宜先檢驗著手實行之被教唆者丙，成立刑法第 277 條第 2 項。關鍵在於，教唆者甲應否為重結果的發生負責？

二、依刑法第 277 條第 1 項、第 29 條第 1 項與第 2 項，甲具有教唆普通傷害罪的構成要件該當性，惟就被教唆人另成立過失致人於死罪，進而有同法第 277 條第 2 項加重結果構成要件的適用而言，由於重結果的發生並不在教唆故意的範圍內，除非甲能預見，否則教唆人應僅成立教唆傷害罪，而非教唆傷害致人於死罪；實務見解亦同：「因犯罪致發生一定之結果而有加重其刑之規定者，如行為人不能預見其發生時，不適用之，刑法第十七條定有明文。此項規定，對於教唆犯本身仍有其適用，且判斷能否預見，須教唆犯與被教唆犯分別認定始可，亦即若被教唆者對加重結果能預見，而教唆者不能預見時，則祇有被教唆者成立加重結果犯，教唆者僅成立普通犯罪⓲。」

三、詳言之，加重結果犯的犯罪參與問題，由其結構而言，是教唆或幫助行

⓳ 101 年調查局調查工作組考題。類似案例：甲、丙與乙有仇，甲遂教唆丙以傷害的犯意毆打乙，乙因被毆傷重死亡，請問甲、丙是否應負傷害致死罪責？倘若甲教唆丙殺人，丙下不了手，只痛毆乙一頓而已，論罪用法是否有所不同？（98 年高考二級法制）

⓲ 77 臺上 2935 判決。

為再加上正犯的過失行為。也因此，在適用共犯從屬性原則下，加重結果犯的共犯問題除了正犯必須故意實行違法行為外，還必須正犯的基本犯罪行為與加重結果之間存在「特殊危險關連」（或固有危險性），最後才分別判斷正犯與共犯就加重結果是否各自具備過失。

四、簡之，犯罪參與者是否也要為加重結果負責，取決於自己的行為與加重結果間的關係。「此處之過失只是罪責要素，只要檢驗主觀預見可能性，因為它的不法內涵已從屬於正犯行為❶❾❾。」

⑵教唆犯的共同正犯

教唆行為不一定只能由一個人做，一群人一起遊說被教唆者，即涉及「共同教唆」的問題。儘管德國多數學說認為這種情形也是共同正犯❷⓪⓪，我國實務見解卻與德國少數學說的立場相同，認為教唆者不是正犯，既然不是正犯，又如何成立共同正犯？「教唆犯並非共同正犯，上訴人夫妻如屬共同教唆偽證，應就教唆行為共同負責，無適用刑法第二十八條規定之餘地。（最高法院73 年臺上字第 2616 號判例）」

雖然實務同時指出「應就教唆行為共同負責」，並且教唆犯的處罰也沒有輕於正犯的明文規定，導致在實踐意義上沒有太大差異。不過，本書還是要指出：否定教唆犯的共同正犯，忽視了刑法第 28 條在文字上僅使用「共同實行犯罪之行為」，而「犯罪行為」並未將教唆犯排除在外。

---

❶❾❾ 蔡蕙芳，〈結果加重犯之共犯問題〉，《月旦法學雜誌》，第 118 期，頁 22。「換句話說，既然對結果加重犯之共犯而言，過失是罪責要件，可以與正犯分開評價，即使正犯對加重結果並無過失，而不成立結果加重犯，也不會影響結果加重犯之共犯是否成立。此外，如果正犯不具備過失而無法論以結果加重犯，共犯也不會失去從屬對象。」

❷⓪⓪ Roxin, AT II, §26 Rn. 173; Stratenwerth/Kuhlen, AT I, 6. Aufl., 2011, §12 Rn. 222.

⑶教唆教唆與教唆幫助

　　教唆教唆犯與教唆幫助犯，應如何處罰？試就「共犯從屬性」理論予以討論 ❷❶。

問題解析

一、此涉及連鎖共犯 (Kettenteilnahme) 的問題。教唆行為不以教唆「實行行為」為限，教唆他人再去教唆他人，亦可成立教唆犯，學說稱為輾轉、間接或連鎖教唆，每個教唆行為都被認為是對主行為的教唆，並且，教唆人也沒有必要具體認識中間教唆人與被教唆人，因為在因果鏈中，每個教唆者已經透過其貢獻，對犯罪行為（共同的）予以確定 ❷❷。我國實務亦肯定之，例如：「受託代雇殺人兇手，亦係教唆他人犯罪，應負教唆之責。（最高法院 27 年上字第 224 號判例）」、「據原審認定事實，甲欲將其子乙殺死，託由丙覓丁轉覓戊，再由戊轉覓己，將乙刺斃，如果屬實，則丙丁上訴人等之犯罪行為，實係輾轉教唆殺人，丁上訴人為教唆教唆犯，丙上訴人為再間接教唆犯。（最高法院 19 年上字第 1907 號判例）」

二、必須補充的是，基於教唆故意的要求，中間教唆人應滿足教唆特定犯罪的要求，並且被教唆人也已經產生特定犯罪的決意，否則，純粹傳遞訊息的行為，應成立幫助犯，而非教唆犯。此外，我國刑法第 29 條與德國刑法第 30 條在文字敘述上存在差異，既然我國的用語是「教唆他人『使

---

❷❶ 95 年調查局調查工作組考題。

❷❷ Roxin, AT II, §26 Rn. 176; BGHSt 6, 359.

之實行犯罪行為』」，從罪刑法定的角度而言，是否肯定此一概念，仍有討論空間。

三、 至於教唆幫助，又稱為幫助犯的教唆犯，案例如：甲獲悉 A 擬殺 B，適甲與 B 亦有仇恨，遂勸誘其友乙將其所持手槍一把借予 A 使用，A 果持該手槍將 B 殺害[203]。關鍵在於，對主行為而言，教唆幫助的作用為何？就本案而言，A 早在甲從事教唆行為之前，就已產生殺人的犯罪決意，甲之於 A，應成立幫助犯。

　　附帶一提，就幫助教唆而言，案例如：甲獲悉 A 擬殺 B，適甲與 B 亦有仇恨，遂介紹殺手乙與 A 見面，A 果付錢讓乙將 B 殺死；甲一樣因其對主行為的作用，僅成立幫助犯。換句話說，不論是教唆幫助還是幫助教唆，都沒有因為幫忙（正犯）借武器或幫忙（教唆者）把正犯帶來，而促成任何犯罪的決意，僅是透過對非正犯的加工，間接的促成犯罪，故均僅成立幫助犯[204]。當然，若把案例事實改為：甲直接幫 A 代找殺手乙，讓乙將 B 殺死，甲（對乙）就會成立教唆犯，自不待言。

⑷教唆不作為犯罪與教唆的行為數計算

　　由於不作為犯罪的行為主體必須背負作為義務，因此可以把不作為看成是一種純正身分犯。就純正身分犯而言，儘管教唆人一旦自己欠缺不法身分，即無法成為正犯，但由於教唆行為對法益的攻擊只能透過從屬於正犯而產生，只要被教唆人具備主體資格，教唆者仍可無礙的成立純正身分犯與己手犯的教唆犯。據此，對不作為犯罪（要求不法身分的純正身分犯）的教唆當然是可能的。簡單的案例如：甲教唆 A 不要去救因施打海洛因過量，正面臨死亡威脅的未成年兒子。

---

[203] 96 年調查局調查工作組考題。

[204] 結論相同：Wessels/Beulke, AT, 42. Aufl., 2012, Rn. 583; BGH NStZ 96, 562.

　　至於教唆行為的單數與複數認定問題，主要表現在兩種情形：甲從早上到下午，耗了一整天在遊說乙殺丙，乙總算點頭同意。再如：甲以一個教唆行為，同時教唆 A、B、C 三人實行犯罪。兩個案例都只有一個教唆行為，後者進一步成立想像競合。

(三)幫助犯

　　刑法第 30 條規定：「幫助他人實行犯罪行為者，為幫助犯。雖他人不知幫助之情者，亦同[205]。幫助犯之處罰，得按正犯之刑減輕之。」行為的實行並不完全依靠幫助犯，幫助犯只不過是提供了援助；正是由於此點差異，幫助與共同正犯對犯罪的貢獻方有所別[206]。

　　在區分正犯與非正犯的「二元參與體系」下，因為幫助犯「不是正犯」，幫助行為本身因此不可能被評價為是構成要件行為[207]，然而，什麼是構成要件行為？實務與部分學說一方面承認間接正犯，另一方面亦使用不以分擔實行行為為必要的共謀共同正犯，在如此寬鬆的正犯框架下，既然正犯不一定親自實行構成要件行為，則即便行為人所為「並非」構成要件行為，依照我國實務判例或學說，當然可能因為主觀上具有自己犯罪的意思，或客觀上存在所謂犯罪支配地位，而成立正犯。這個基本概念非常關鍵，本章一開始就提過：我國的幫助行為不僅成立空間遭到壓縮，更因為主、客觀擇一標準說

---

[205] 案例如：甲知道好友乙準備行竊某豪宅，豪宅有一頭兇惡的狼犬，不易入侵。甲暗中先將狼犬毒殺，但沒有告訴乙。兩天後，乙前往該豪宅行竊，沒有狼犬動靜，順利竊取許多財物。問甲成立何罪？（98 年檢事官）林東茂，《刑法綜覽》，2012，頁 1–257。

[206] Stratenwerth/Kuhlen, AT I, 6. Aufl., 2011, §12 Rn. 158.

[207] 如果幫助行為本身是構成要件行為，那幫助者自己就會變成正犯。典型的例子請翻閱刑法第 162 條、第 275 條、第 282 條、第 315-2 條第 1 項。

的使用，個案中的行為到底是正犯還是幫助犯，往往也淪為價值判斷。這是學習幫助犯的時候所必須特別注意的。

> **?**
>
> 何謂共同正犯？何謂幫助犯？設若甲欲行竊 A 宅，乃夥同好友乙為其把風。試問：乙所為應如何論處[208]？

參考解答

一、依刑法第 28 條，二人以上「共同實行」犯罪行為者，成立共同正犯。共同實行的意義，如依多數學說主張之犯罪支配理論，是指：除了主觀上須具有自己犯罪的正犯意思外，其行為係建立在分工實行的所謂「功能性犯罪支配」的基礎上。申言之，正犯是指實行構成要件該當行為的核心角色，相對的，共犯則為邊緣人物；同時，犯罪支配屬於開放性的概念，無法定義，只能依不同的支配型式予以掌握，而共同正犯的正犯性即是來自共同犯罪計畫下的功能性角色分配與行為分擔，進而就彼此的行為互相歸責。

二、如採實務見解予以檢視，最高法院 25 年上字第 2253 號判例指出：「現行刑法關於正犯、從犯之區別，本院所採見解，係以其主觀之犯意及客觀之犯行為標準，凡以自己犯罪之意思而參與犯罪，無論其所參與者是否犯

---

[208] 98 年三等退除役一般行政考題。類似案例：幫助犯（從犯）與正犯之區分標準如何？請分析下列案例：㈠甲、乙一起前往丙家，欲行竊盜，甲在屋外負責把風，乙入屋內搜尋財物。試問甲、乙各為正犯或幫助犯？㈡甲明知乙經營流動賭場營利，竟為圖得高額租金，以高於一般行情三倍之價位，將其位於山中之工寮出租給乙供為賭場之用，甲並在場內負責替賭客泡茶、買便當，以賺取賭客之小費。試問就所犯意圖營利，供給賭博場所罪而言，甲、乙各為正犯或幫助犯？（100 年高考戶政考題）

罪構成要件之行為，皆為正犯，其以幫助他人犯罪之意思而參與犯罪，其所參與者，苟係犯罪構成要件之行為，亦為正犯，必以幫助他人犯罪之意思而參與犯罪，其所參與者又為犯罪構成要件以外之行為，始為從犯。」學說稱為主、客觀擇一標準說。換言之，「刑法關於共同正犯與幫助犯之區別，係以行為人之主觀犯意及客觀行為，作為判斷之標準。（最高法院 101 年臺上字第 6297 號判決）」

三、實務顯然試圖在客觀理論與主觀理論之間進行最大範圍的妥協，此種操作方式，可以描述為是一種修正主觀理論與實質客觀理論的混合狀態。更詳細的說，「正犯意思」仍然被使用作為關鍵的魔術術語，但其判斷基礎不再僅僅訴諸內在心理狀態，而是透過所有的犯罪情節（例如：是否存在犯罪支配），價值性的決定。

四、至於幫助犯，刑法第 30 條規定：「幫助他人實行犯罪行為者，為幫助犯。雖他人不知幫助之情者，亦同。幫助犯之處罰，得按正犯之刑減輕之。」依實務意見，「刑法上之幫助犯，係指以幫助之意思，對於正犯資以助力，而未參與實施犯罪之行為者而言，如就構成犯罪事實之一部，已參與實施即屬共同正犯。（最高法院 49 年臺上字第 77 號判例）」、「所謂幫助，係指與正犯以便利使其易於實行犯罪行為而言；幫助行為，祇要有促成或便利正犯犯罪之實現，則其方法究為直接抑或間接，實非所問。（最高法院 21 年上字第 815 號判例）」

五、申言之，幫助行為是指對他人的故意違法行為提供協助，幫助者對於犯罪並無共同犯罪決意，亦不具功能性的犯罪支配，故不構成共同正犯；此外，基於共犯從屬原則，幫助犯以正犯已經著手為構成要件，如無正犯的故意違法行為存在，幫助犯即無由成立。

六、就把風行為而言，學說認為：一個必要的、足以成立共同正犯的共

同作用，首應來自於「犯罪相關的實行舉止」(deliktsrelevante Ausführungsakte) 被分配給了多數人，並且，即便舉止並非構成要件該當的實行行為，只要關乎構成要件實現，仍可滿足共同正犯的成立基礎。據此，若「把風行為，在排除犯罪障礙，助成犯罪之實現，在合同意思範圍內分擔犯罪行為之一部，亦係共同正犯。(最高法院 92 年臺上字第 2770 號判決)」

七、要之，在場把風，固非侵入住宅或竊盜等行為之實行，然如行為人具有「自己犯罪的意思」，依實務見解仍得成立共同正犯（最高法院 24 年上字第 2868 號判例）；若依犯罪支配理論，只要把風是基於共同犯罪計畫下的行為分擔，即屬共同正犯。

八、結論：乙應與甲成立侵入住宅竊盜罪之共同正犯（刑法第 321 條第 1 項、第 28 條）。

---

1. 幫助行為

幫助行為是指對他人的故意違法行為提供協助 (Hilfeleisten)[209]。依實務：「所謂幫助他人犯罪，係指就他人之犯罪加以助力，使其易於實行之積極或消極行為而言，故必在他人實行犯罪行為前或實行中，予以助力者，始足當之。(最高法院 98 年臺上字第 1412 號判決)」換句話說，不以幫助行為與構成要件的實現之間存在條件因果關係為必要、涵蓋不作為幫助、不含事後幫助。分別說明如下：

⑴與構成要件實現間的因果關係要求

就「作為犯」而言，因果關係是歸責的基本條件，對幫助行為而言，關鍵在於借給行為人一把鑰匙，或許是打開金庫的唯一方法，卻也可能不是，

---

[209] Freund, AT, 2. Aufl., 2009, §10 Rn. 135; Stratenwerth/Kuhlen, AT I, 6. Aufl., 2011, §12 Rn. 155.

那麼，在是與不是之間，因果關係要如何認定⑩？

多數學說均在形式上要求應存在因果關係，卻也採取折衷（風險升高理論）的觀點，認為：「這裡所稱的因果，要轉換到幫助犯與正犯實行行為的因果貢獻來理解。準此，幫助行為起碼要對犯罪流程產生實際上（精神或物質的）影響，有所因果貢獻，才能歸責給幫助犯，否則幾乎是把幫助犯當成與正犯脫鉤的危險犯、行為犯來處罰⑪。」、「幫助犯是升高既存的法益危險，如果幫助行為與法益的攻擊無關，幫助行為與構成要件的實現欠缺重要關連性，則不能視為幫助⑫。」

我國實務似乎也是這麼處理：「刑法上所謂幫助他人犯罪，係指對他人決意實行之犯罪有認識，而基於幫助之意思，於他人犯罪實行之前或進行中施以助力，給予實行上之便利，使犯罪易於實行，而助成其結果發生者。是行為人對其幫助之行為與被幫助犯罪侵害法益之結果間有因果關係之認知，仍屬意為之，即得認有幫助犯罪之故意，要不因其所為非以助益犯罪之實行為唯一或主要目的而異其結果；且其所為之幫助行為，基於行為與侵害法益結果間之連帶關聯乃刑事客觀歸責之基本要件，固須與犯罪結果間有因果關聯，但不以具備直接因果關係為必要，舉凡予正犯以物質或精神上之助力，對侵害法益結果發生有直接重要關係，縱其於犯罪之進行並非不可或缺，或所提

---

⑩ 可分為結果肇因理論 (ErfoIgsverursachungstheorie)、促進理論 (Förderungstheorie)、風險升高理論 (Risikoerhöhungstheorie) 與抽象危險理論 (Abstrakte Gefährdungstheorie)。德國的實務支持促進理論，風險升高理論為有力見解，多數學說則支持結果肇因理論。更詳細的討論，s. Hillenkamp, AT 32. Problem, 13. Aufl., 2010, S. 189 ff.; 蔡聖偉，〈論幫助行為之因果關係〉，《政大法學評論》，第 134 期，頁 176 以下。

⑪ 林鈺雄，《新刑法總則》，2014，頁 480。

⑫ 林東茂，《刑法綜覽》，2012，頁 1–257。類似意見，林山田，《刑法通論（下）》，2008，頁 137 以下。

供之助益未具關鍵性影響，亦屬幫助犯罪之行為。（最高法院 102 年臺上字第 1650 號判決㉓）」

要之，分別透過對「因果關係」的重新建構或所謂「促進」公式 (Förderungsformel)，放棄對構成要件結果發生的條件因果關係要求。依本書，多數學說與實務之所以不願意放棄形式上的因果關係，緣故不難索解：一旦採取抽象危險理論，將導致「不罰的未遂幫助」與可罰的既遂幫助間的界線消失，「無效幫助」也會被處罰！並且，一方面堅持條件因果關係若有欠缺，即屬於不罰的未遂幫助，若又透過成立精神幫助㉔的方式予以處罰，豈非自毀立場？

?

> 甲與好友乙、丙一同飲酒時跟二人提及，因最近手頭拮据，想要竊走鄰居丁之機車變現。乙聞甲言後，勸甲最好打消此念頭，但由於甲心意已決，乙無法勸其放棄計畫，便跟甲說：「若要去就帶把小刀吧！」而丙為表示義氣，也將其所有之萬能鑰匙借給甲助其偷丁之機車。隔夜，甲聽從乙之建議帶小刀來到丁停機車處，正要拿出丙借給他的萬能鑰匙時，發現丁之機車鑰匙竟然忘了拔出，甲隨即以丁之鑰匙發動機車逃之夭夭。問：甲、乙、丙應負何刑責㉕？

㉓ 只要就他人之犯罪加以助力，使其易於實施（24 上 3279 判例），即為已足。

㉔「精神幫助是指：除了加強正犯早已存在的犯意，也包含排除正犯的疑慮、給予正犯安全感、在旁沈默觀看等方式。此概念爭議之處在於：幫助犯的成立範圍勢將因此蔓延，一方面擴及於原本不具有保證人地位，而不會被處罰的不作為（沈默）上；一方面違反罪疑唯輕原則，有可能將不處罰的未遂幫助，論以既遂的幫助犯。」黃惠婷，〈幫助行為與因果關係〉，《台灣本土法學雜誌》，第 12 期，頁 138。

㉕ 100 年律師考題。

參考解答

一、甲持小刀竊取機車之行為，可能成立刑法第 321 條第 1 項第 3 款加重竊盜既遂罪

㈠依實務見解，凶器是指一切客觀上對於他人生命身體具有危險性器械而言，並且不以攜帶之初有行兇意圖為必要（參考最高法院 70 年臺上字第 1613 號判例）。據此，甲所為該當本罪。

㈡甲無阻卻違法及減免罪責事由，甲成立本罪。

二、乙請甲帶小刀行竊之行為，可能成立幫助加重竊盜既遂罪（刑法第 321 條第 1 項第 3 款、第 30 條第 1 項）

㈠依實務見解：「凡意圖幫助犯罪而以言語或動作從旁助勢，足以增加正犯犯罪之力量者，即屬幫助行為，無解於從犯之責。（最高法院 22 年上字第 395 號判例）」「刑法上所謂幫助，係指與正犯以便利使其易於實行犯罪行為而言；幫助行為，祇要有促成或便利正犯犯罪之實現，則其方法究為直接抑或間接，實非所問。（最高法院 21 年上字第 815 號判例參照）」

㈡申言之，「刑法之幫助犯（從犯），係指幫助他人犯罪之人；即他人已決意犯罪，如以犯罪意思助成其犯罪之實現，或予以物質上之助力，或予以精神上之助力者皆是；幫助行為之性質，為援助或便利他人犯罪，俾易完成，於此，幫助犯除須認識正犯已具實施犯罪之故意外，且須認識自己之行為係在幫助正犯犯罪，更須認識正犯之犯罪行為，因自己之幫助可以助成其結果而決定幫助之故意；又幫助犯以加功於他人之犯罪，以利其實行為特質，其有別於教唆犯者，乃幫助犯並非為他人創造犯意，而係於他人已決意犯罪之後，予以助力，至其幫助行為係事前幫助或事中幫助則非所問；又其中之事前幫助，即事前從犯，係指於正犯決意犯罪之後，實施犯罪之前予以幫助而言，此與對於尚未決意犯罪之人而為唆使其產生犯罪之決意，或使具不確定

犯意之人堅定其犯罪之決意，以促成其為犯罪行為之教唆犯迥然不同……（最高法院 94 年臺上字第 2822 號判決）」

㈢綜上，乙叮囑的行為可認為是使竊盜更易於實現的精神幫助行為，並且也與構成要件的實現存在重要關連性，肯定其因果關係。乙成立本罪。

三、丙提供萬能鑰匙的行為，亦可能成立幫助加重竊盜既遂罪（刑法第 321 條第 1 項第 3 款、第 30 條第 1 項）

㈠丙之幫助行為現實上固未產生任何作用，但其並非無效幫助！多數學說與實務均認為：「幫助之因果關係，實無須要求與單獨正犯之因果關係相同，亦即，將『幫助之因果關係』求之於『幫助行為與實行行為間之關係』即可，而無須直接求之於『幫助行為與正犯結果間之關係』❷❶❻。」

㈡據此，儘管行為人可能有其他途徑，在拿著鑰匙的情況下，即可認為幫助行為具體的對構成要件結果的實現產生貢獻；換句話說，一旦欠缺所提供的鑰匙，行為人即必須改變其行竊的方式，這表示幫助行為確實對結果發生的具體方式有其影響，這樣就可以認為存在因果關係了；縱使最後打開的方法是因為其他原因，還是存在因果關係❷❶❼。丙主觀上既具有幫助故意，成立本罪。

⑵幫助行為的最後時點──事後幫助？

實務見解向來認為：「刑法上所謂幫助犯者，係指於他人實行犯罪之前或

---

❷❶❻ 陳子平，《刑法總論》，2008，頁 587。再強調一次：學說與實務顯然都（說一套做一套）認為：幫助的行為是否可罰，無須與條件因果關係連結：「刑法上之幫助他人犯罪，係就他人之犯罪加以助力，而使其易於實施，非以幫助行為與犯罪結果之發生有直接因果關係為必要。（96 臺上 7142 判決）」

❷❶❼ Roxin, AT II, §26 Rn. 184. 所以即使最後借給正犯的工具未使用，仍成立幫助犯。RGSt 6. 169; 8, 267; 58, 113, 114 f.; BGHSt 8, 390, 391.

實行中，就犯罪構成要件以外之行為予以助力，使之易於實行或完成犯罪行為之謂，故以『事先幫助』及『事中幫助』為限；若於他人犯罪行為完成後，始予以助力或參與者，乃學說上所謂『事後共犯』，為我國刑法所不採。（最高法院 102 年臺上字第 26 號判決）」實例如：「上訴人若事先不知吳某確有強劫銀行之犯行，亦無等候接應吳某於強劫後逃逸之幫助犯罪意思，則其縱於吳某強劫銀行完成後知情並駕車搭載吳某離去現場，甚至代吳某將劫得之財物清償債務，似屬『事後幫助』之範疇，依前揭說明，除別有處罰規定外，尚不能遽依攜帶兇器強盜罪之幫助犯論擬。（最高法院 100 年臺上字第 4045 號判決）」

我們在這一節剛開始談幫助犯的時候，就已經指出：由於（共謀）共同正犯與間接正犯的概念使用，導致幫助犯的成立空間不斷遭到壓縮。既然幫助行為必須是非必要、不重要的貢獻，才能被認為對犯罪的實行不具備支配，那麼在文字的敘述上，幾乎可以斷定所謂的幫助行為，於絕大多數的案例所表現出來的，必然是對於主行為在預備階段就已經開始提供微不足道的舉手之勞、在外圍提供保護或強化犯罪的心理支持，並持續作用到犯罪的完成或未遂[218]。

然而，關於出手幫助的最後時間點問題，其實是存在爭議的。舉例：甲成功自銀樓竊得珠寶，正擬離去時，卻遇到銀樓主人與熱心民眾的追捕。（時點一）若甲難以順利攜贓離去，於是將珠寶藏匿在附近工地的土堆中，乙後來收到甲請託，幫他把這個包裹拿出來。（時點二）是否能夠成立幫助犯？

這種構成要件形式上已經實現（既遂），行為卻因尚未「實質終了」(materiellen Beendigung)，以至於結果如何仍有變數的情形，在贓物尚未確定安全之下，由於法益侵害仍存在改變的可能，依學說，仍可成立承繼幫助犯

---

[218] Roxin, AT II, §26 Rn. 255 f.

(sukzessive Beihilfe)❷❶。反對意見則認為，構成要件一旦既遂，行為人即已無法實現任何構成要件要素，不能再成立幫助犯❷❷，畢竟，在犯罪既遂後才介入的幫助，難以清晰畫出適當的「終了時域」(Beendigungszeitraumes)，從而導致法律適用的不確定性——對財產犯罪而言，贓物到底在什麼時候才總算能認為已獲得確保？對於其他犯罪而言，例如肇事逃逸罪，行為人一離開事故現場，就已經既遂，其阻礙釐清事故責任歸屬的法益侵害也已經確定，這樣的情況下，幫逃逸者順利回家的人，還能成立幫助犯嗎？

應指出的是，儘管反對見解有其見地，卻同時認為對詐欺罪與強盜罪既遂後的搬運行為，還有繼續犯，還是可以成立幫助犯，理論似乎不甚一貫。

我國實務涉及事後幫助的問題，多存在於毒品犯罪。如：「運輸之行為概念，乃指自一地運送至他地而言，自國外運至國內，固屬之，於國內之甲地運至乙地，祇要在其犯罪計畫之內，同屬之，故於走私入境之情形，所謂之運輸行為，當自外國之某處起運，包含中間之出、入境（海關），迄至國內最後之收貨完成止，皆涵括在內，不能割裂認為國內接貨階段，屬犯罪已經完成之事後幫助作為。（最高法院 102 年臺上字第 3120 號判決）」、「販賣毒品罪，不以販入之後，復行賣出為必要，只須意圖營利而販入或賣出，有一於此，犯罪即應成立。在李○○等四人成立販賣第一級、第二級毒品罪後，上訴

---

❷❶ Wessels/Beulke, AT, 42. Aufl., 2012, Rn. 583; 德國實務立場相同 (BGHSt 6, 248)。深入的討論，見黃惠婷，〈幫助犯之參與時點〉，《台灣法學》，第 123 期，頁 130 以下。

❷❷ Roxin, AT II, §26 Rn. 259 ff. 因為德國刑法分則還有包庇罪 (§267) 與阻撓刑罰罪 (§268)。若肯定成立幫助犯，會導致援助者可能受到比這兩個罪還重的刑罰，而違反罪刑法定。(Rn. 260.) 儘管德國實務嘗試透過行為人的主觀想像與意志來判定究竟應該成立何者，但不僅這個區分標準顯然不夠清楚，援助者是否有想過自己是在包庇還是幫助犯其他罪，恐怕也是個問題。一個空洞的公式，等於是交由法官補充。(Rn. 261.) 我國學者支持此說者，如林束茂，《刑法綜覽》，2012，頁 1-258 以下。

人始無償幫忙記帳，所為似為『事後幫助』之範疇，能否論以販賣第一級、第二級毒品之幫助犯，尚非全無疑義。（最高法院 99 年臺上字第 2043 號判決）」

2. 幫助故意

甲女為單親媽媽，卻遭裁員而失業。因經濟拮据，某日看到報紙上的分類小廣告稱，只要將在金融機構開立的帳戶存摺及提款卡交給廣告中所示某公司之公關人員，每個帳戶即可獲得 3 千元獎勵金。於是甲女至 4 家銀行分別開立 4 個新帳戶後，撥打廣告中的聯絡電話，與姓名不詳的男子約好在某路口超商，甲女交付 4 個帳戶的存摺及提款卡予該名姓名不詳的男子，獲得 1 萬 2 千元現金。不久後，甲女接獲警察機關的通知書，認為其乃提供人頭帳戶予詐騙集團，涉及詐欺罪之幫助犯。有關甲女應否論以詐欺罪之幫助犯，請回答下列問題：㈠請說明何謂幫助故意？㈡甲女向警方表示，根本不認識她交付存摺及提款卡之男子，也不知道該男子拿走她的存摺及提款卡之用途為何。試問甲女能否論以具有詐欺罪之幫助故意❷❶？

問題解析

一、由於幫助犯不是正犯，幫助行為不是能夠造成法益侵害或危險的構成要件行為（否則無異誅心），也因此，在區分正犯與共犯的體系下，我們必須接受幫助犯的不法內容是透過由正犯實行的犯罪所決定的；那麼，對幫助故意內容，自然相對應的包括對於決定不法內容的構成要件事實的認識，而非僅要求認識正犯的行為（即將）違反刑法保護的規範。不論教唆犯或幫助犯，如果唆使或援助他人實行故意犯罪的意志無法進一步

---

❷❶ 99 年高考法制考題。

具體化，仍不足以成立教唆犯或幫助犯；教唆或幫助故意均必須指向正犯的特定犯罪行為。

二、不過，學說一方面對幫助犯同樣要求雙重幫助故意❷，另一方面亦認為：幫助故意相較於教唆故意，其所要求的「特定」程度較低，只需要認識主行為的「重要特徵」，即為已足❷。換句話說，儘管大多數案例中的幫助者會認識到本書於教唆犯的論述所提到的「不法的必要特徵」，尤其是物質幫助，就事實性的貢獻或技術建議而言，有效的幫助往往有賴於幫助者清楚知悉被幫助者的犯罪計畫，但此非必然。例如：借給他人一把槍去實行強盜，天知道他會不會事後殺人滅口或是劫財劫色？雖然如此，出借行為還是可以成立幫助犯。簡單的理由是：教唆人是促成他人產生犯罪決意者，犯罪在教唆行為成立時就已確定；反過來說，幫助犯是幫助人自己發現被幫助者的犯罪決意，當然不可能進一步要求其掌握主行為的輪廓❷。

❷ 決定對於正犯的犯罪行為提供助力，並且具有促使正犯實現犯罪行為（既遂）的決意。第一個要件涉及過失幫助，如：房東出門時，將鑰匙留在門上，房客因而遭竊；第二個要件則與虛偽幫助有關，如：甲擬殺A，要求其友乙將毒藥注入飲料，乙雖口頭應允，並鼓勵其將A殺害，實際上乙內心不願甲身陷囹圄，乃暗中將無害之藥物注入飲料內，甲遂持該飲料供A飲用，A倖未遭毒手。（95年三等地特法制）幫助者既知被幫助者所實行的犯罪沒有既遂的可能，不能認為有幫助故意，不成立可罰的幫助犯。

❷ Krey, AT II, 2005, Rn. 309. (Fn. 103.) 並列出德國實務見解 BGHSt 42, 135, 138; 46, 107, 109；Roxin, AT II, 2003, §26 Rn. 273 f. 日本學說可參閱陳子平，《刑法總論》，2008，頁580。依柯耀程教授，不僅需有依附行為（即幫助行為）故意，且依附行為需指向類型性構成要件的實現。氏著，〈人頭帳簿〉，《月旦法學教室》，第36期，頁25。甘添貴與謝庭晃教授則認為：須對於「特定法益」發生侵害或危險有認識或容任。氏著，《捷徑刑法總論》，2006，頁286。

❷ Roxin, AT II, 2003, §26 Rn. 272. 詳細的說明，可參考黃惠婷，〈幫助故意〉，《台灣法學雜

三、有疑問者在於，提供帳戶型的「車手」，於提供帳戶時是否具有幫助詐欺
（得利）的故意？

透過上開對幫助故意的概念說明，面對實務常見的「人頭帳戶」問題，
調查與證明的方向，自應放在幫助者對於提供帳戶將被用做詐欺或恐嚇取財
等行為之工具，有無確切的認識 (sicherer Kenntnis)❷❷；換句話說，既然帳戶
的不法用途尚有擄人勒贖、逃漏稅捐、侵害智慧財產權、洗錢、賭博、地下
金融商品、高利貸等，犯罪事實的重要特徵實無法單由「使用帳戶」獲知。
據此，已可清楚否定提供帳戶者具有幫助故意。退萬步言，即使具有認識的
可能，為避免過度干預行為自由、擴張幫助犯的處罰範圍，諸如實務判決常
見的種種間接的（情況）證據❷❷，如果無法證明行為人對其行為援助何種犯
罪明確認識，即無法與特定的構成要件行為結合，不應一律認定為是可罰的
幫助行為。

誌》，第 111 期，頁 142。也因此，即便正犯出現客體錯誤或打擊錯誤，仍不會影響幫助故
意。此時依正犯故意犯罪的既未遂，決定幫助犯的既未遂。

❷❷ Kudlich, AT, 2006, S. 282.

❷❷「不實電話內容而詐欺取財之犯罪類型層出不窮，該等犯罪多數均係利用人頭帳戶來取得
贓款，並藉以逃避檢警查緝等情事，時經媒體廣為報導。……被告係成年人，具有相當智
識及社會經驗。(96 臺上 6088 判決)」對此，誠如學者所評：「……媒體已經報導這麼多，
政府已經宣傳這麼久，如果你是良民，你應該就知道帳戶不可以隨便給人使用。基於這樣
一個預設，法院在碰到案件時，經常就推定被告並非良民，推定他八成知道交付帳戶的對
象是詐騙集團。理論上應該接觸過形形色色的人與事的法院，在這裡卻經常看不見人心性
智愚的個別差異，看不見生活事實的多樣性。」徐偉群，〈提供人頭帳戶之詐欺罪責〉，《月
旦法學雜誌》，第 168 期，頁 268。

3.個別的問題

(1)透過典型的職業活動而為幫助

日常生活中的行為，如使正犯更易於實現構成要件，尤其行為的特徵僅是職業活動的表現，並未與犯罪行為相關時，「可罰的幫助」範圍如何？

某日，甲到乙經營的五金行買菜刀與繩索。甲在與乙言談中表示生活艱難，孩子跟自己吃苦很可憐等等。儘管相識多年，乙知道甲長期受憂鬱症所苦，但沒有意識到任何異常而將菜刀與繩索賣給甲。數天後，甲使用乙賣出的菜刀砍死小孩丙。試問：㈠甲在患有憂鬱症下之殺人行為，依據現行刑法之規定是否可減輕其刑？㈡乙出賣菜刀的行為是否可能成立犯罪❷❷❼？

甲決定要盜取其辦公室內之財物，由於需要油壓剪來破壞辦公室大門，於是甲向以修車為業之鄰居乙借用油壓剪。在言談中，乙知道了甲借用油壓剪的原因，然而乙對於甲如何使用油壓剪並不關心，也認為與自己無關，就任憑甲借走油壓剪。因此，乙並沒有向任何人提起這件事。後來甲以油壓剪破壞辦公室大門，進入後尚未取得任何財物就因不慎觸動保全警鈴而迅速被逮捕。試問如何論處甲、乙的行為❷❷❽？

問題解析

一、中性行為在德國的解決方式，可大別為透過欠缺幫助故意的方式所為的

---

❷❷❼ 98 年高考三級一般行政考題。

❷❷❽ 99 年高考三級法制考題。

主觀解決與透過客觀歸責理論所為的客觀解決[229]。如行為人於從事日常活動的過程中，對於犯罪事實欠缺清楚認識，依前者，可認為行為人欠缺幫助故意；依後者，則可認為行為人並未製造法所不容許的風險，或不具有保證人地位。不過，進一步審視即可發現，即使依客觀歸責理論處理，行為人既可能因為對於犯罪事實的特別認知而可歸責，中性行為其實是對犯罪事實有無幫助故意的問題[230]。

二、就此，我國最高法院 97 年臺上字第 3775 號判決亦指出：「按刑法上所謂幫助犯，係指對他人決意實行之犯罪有認識，而基於幫助之意思，於他人犯罪實行之前或進行中資以助力，予以實行上便利，使犯罪易於實行之人。是凡任何足使正犯得以或易於實行犯罪之積極或消極行為，不論其於犯罪之進行是否不可或缺，亦不問所提供之助益是否具有關鍵性影響，均屬幫助犯罪之行為。屬實際生活中日常活動之行為，一般固非出於助益犯罪實行之目的，然如該日常行為之行為人已認知正犯藉以實行犯罪之計畫卻仍為之，而提供正犯實行犯罪之助益，仍應成立幫助犯。」也因此，真正的問題是：當只是懷疑對方有可能犯罪時，法律應否允許提供援助者對他人不會故意犯罪有所信賴？

三、本書認為，如中性行為人對其行為具有「援助」他人犯罪的意義欠缺明確認識，在行為的用途無法確定下，僅因認識自身的行為「可能」被利

---

[229] 事實上，總計有八種解決方案先後被提出。Vgl. Niedermair, Straflose Beihilfe durch neutrale Handlungen?, ZStW 107 (1995), S. 507 ff.; Amelung, Die »Neutralisierung« geschäftsmäßiger Beiträge zu fremden Straftaten im Rahmen des Beihilfetatbestands, in: Festschrift für Grünwald, S. 9 ff.; Weigend, Grenzen strafbarer Beihilfe, in: Festschrift für Nishihara, 1998, S. 199 ff.

[230] 進一步的說明，參閱蕭宏宜，〈P2P 業者的刑事責任問題〉，《法令月刊》，第 59 卷第 9 期，頁 69 以下。

用來犯罪，刑法就將之評價為幫助行為，將會導致行為自由的不當限縮。換言之，如僅僅認識到援助行為被作為犯罪之用的機會，在無法證明援助行為有幾近確定的可能性將會被作為犯罪工具之用的情況下，不應推論援助者已有故意，而必須允許其可以信賴他人不為犯罪，否則社會生活將無以為繼。

四、詳言之，於「未必故意」的情形，幫助者對於正犯「可能」會從事犯罪行為，主觀上固仍具備透過正犯實現法益侵害的意欲，但確信程度較低，就中性行為的案例而言，應承認職業活動中的行為自由，相較於交易往來可能製造的風險，有更值得保護的優越利益，而無庸為他人實現的法益侵害或危險負責❷③①。否則，販賣藥品、菜刀與繩索者，既然可以想像（預見）販售的商品可能被當作犯罪工具，謹慎者豈非人人自危？

⑵共犯競合

> **❓** 甲、乙二人因故爭吵，甲遂教唆丙殺害乙，得丙同意後，甲又借手槍一把供丙使用，丙即持該手槍將乙擊斃。試論甲成立何罪❷③②？

依最高法院 45 年臺上字第 473 號判例：「教唆犯係指僅有教唆行為者而言，如於實施犯罪行為之際，當場有所指揮，且就其犯罪實施之方法，以及

---

❷③① 亦有學者認為幫助故意應排除未必故意, vgl. Amelung, a.a.O., S. 21 ff. 關於故意概念的類型區分，參閱徐育安，〈直接與間接故意之區分〉，《月旦法學雜誌》，第 162 期，頁 207 以下。

❷③② 99 年四等地特政風考題。類似案例：甲獲悉 A 近日新購得某骨董一具，價值甚昂，乃唆使其友乙潛入 A 宅偷取，獲乙首肯後，復以萬能鑰匙一把交予乙。數日後，乙持該把鑰匙順利進入 A 宅，於偷得該骨董後，匆忙離去時，不小心撞及 A 宅客廳茶几上之名貴花瓶，致該花瓶落地破碎。試問甲、乙應負何刑責？（102 年三等軍人轉任法律廉政）

實施之順序，有所計劃，以促成犯罪之實現者，則其擔任計劃行為之人，與加工於犯罪之實施初無異致，即應認為共同正犯，而不能以教唆犯論。又如在正犯實施前曾參加計劃，其後復參加構成犯罪事實之一部者，即屬分擔實施之犯罪行為，亦應認為共同正犯，而不能以幫助犯論。」實務的見解可以支持。儘管行為人先後以不同的形式參與犯罪，只要所有共犯行為都指向同一個正犯所實現的不法結果，即沒有理由對其多次評價，而只能透過法條競合，對其中產生較重要作用者，進行處罰。據此，正犯當然先於共犯；共犯之中，由於教唆行為的造意特徵，相較於精神幫助，可認為是對正犯更具有影響力的參與形式，在處罰上又優先於幫助行為[233]。實務立場相同：「本無犯罪之意思，因他人之教唆始起意犯罪，該教唆之人除於教唆後，又進而實行犯罪行為者，因其教唆行為已為實行行為所吸收，應論以正犯外，應僅為教唆犯[234]。」

✦ 六、欠缺特殊身分或關係的犯罪參與

刑法規定的不法構成要件中，絕大多數均不限定行為主體的資格，任何人都能成為此等構成要件的行為主體，例如：殺人罪或竊盜罪，我們稱為一般犯。至於其他在不法行為構成要件中，因為身分或其他特定關係，而被限制行為主體之資格者，則習慣被稱之為特別犯（或身分犯），如賄賂罪或生母殺嬰罪對「公務員」與「生母」的要求。除此之外，刑法分則構成要件中尚有一些犯罪之性質係在強調行為的「己手性」，亦即必須親自實行不法行為構

---

[233] 德國實務是透過法條競合的補充關係處理 (BGHSt 4, 244, 247)，學說亦支持。見陳志輝，《刑法上的法條競合》，春風煦日論壇，1998，頁82。

[234] 103 臺上 2852 判決。

成要件，才能彰顯其特別的行為非價 (besonderer Verhaltensunwert) 者，如近親性交罪、通姦罪、重婚罪等，則又被稱為己手犯❷❸❺。

　　詳言之，法條在設計的時候，如果沒有特別指明要規範誰，表示任何人都可以具備做壞事的行為主體資格；反之，有一些法條在設計的時候，已特別描述這件壞事必須由「誰」來做，而對行為人的範圍作了限定，此即屬特別犯（或身分犯）。

　　更白話的說，刑法上的壞事，有些人人都做得出來，有些就不一定；以殺人、放火、強盜為例，固然不管你是誰，但遇到收賄、枉法裁判等，就必須確定這個人是公務員、甚至法官，才有資格做這些壞事；沒有身分的人，根本做不出來！我們把這種透過身分的要求決定行為是否可罰的情形，稱為「純正特別犯」（純正身分犯）；構成要件之所以會對行為主體做出要求或限制，是因為行為主體的身分正是法益保護的基礎，換言之，只有具備身分者，才能製造法益侵害；不具備身分，則須透過有身分的其他人才有辦法實現構成要件。由於身分決定不法的有無，純正特別犯的身分又被稱為不法身分❷❸❻。

　　至於「不純正特別犯」（不純正身分犯），則是指有些壞事，雖然大家都做得出來，卻會因為做的人不同，而決定其處罰的輕重，如：殺直系血親尊親屬（刑法第 272 條）、公務員縱放人犯（刑法第 163 條）、業務過失傷害（刑

---

❷❸❺ 其他有爭議的構成要件如：刑法第 161 條、第 168 條、第 185-3。依實務見解：「學說所稱『己手犯』，係指某些犯罪，在性質上必須具有某種特定身分或關係之人，直接親自實行構成要件行為，始能成立該犯罪之正犯。正犯以外之人雖可對之加功而成立該罪之幫助犯或教唆犯，但不得為該罪之間接正犯或共同正犯，亦即該罪之正犯行為，唯有藉由正犯一己親手實行之，他人不可能參與其間，縱有犯意聯絡，仍非可論以共同正犯，如偽證罪即是。（101 臺上 4893 判決）」

❷❸❻ 如：刑法第 120 條至第 133 條、第 193 條、第 213 條、第 215 條、第 316 條、第 335 條、第 336 條、第 342 條、第 356 條。

法第 284 條第 2 項）等。舉例說，開小黃的計程車司機違規闖紅燈右轉，不慎撞傷行人，表面上看，其過失的行為舉止與不是開計程車為業的一般人並無差異，卻會成立「業務」過失傷害，而被罰得更重！我們把這種透過身分決定已經可罰的行為，其行為主體的刑罰輕重的情形，稱為「不純正特別犯」；構成要件對行為主體的資格儘管同樣有所要求或限制，但此等身分的有無，與能否製造法益侵害無關，而只是在造成法益侵害後，用來決定責任的輕重。換言之，任何人都可以製造法益侵害，只是，如果行為人具有特別的身分或關係，會進一步影響罪責的輕重，故不純正特別犯的身分又稱為罪責身分❷❸❼。

　　一般犯與特別犯的區別實益，在於正犯的適格性問題，舉兩個有趣的例子：甲、乙係情侶，甲開車肇事後，全身發抖，無法駕駛，乙代其駕車離開事故現場。此時，由於乙並非肇事者，不會成立肇事逃逸罪（刑法第 185-4 條）的正犯，而只能成立幫助犯。同理，甲酗酒後無法駕駛，以手槍強迫路人乙代為駕駛，乙並不會成立危險駕駛罪（刑法第 185-3 條）的正犯，甲也不會成立該罪的間接正犯！

　　按，純正特別犯或己手犯的行為主體資格均係在創設刑罰，不具此一身分或資格的參與者，「理論上」既不能成為單獨正犯，也不能與其他人成立共同正犯。刑法第 31 條第 1 項卻規定「身分或其他特定關係」也可以透過其他正犯的關係來實現，不僅共犯從屬，「正犯」也一起擬制從屬，確認了無不法身分者，得藉由「共同實行」的方式而取得正犯資格。

---

❷❸❼ 如：刑法第 272 條、第 274 條、第 276 條第 2 項、第 284 條第 2 項、第 134 條、第 163 條。

?

何謂刑法所規定純正身分犯？不純正身分犯？其意義為何？設若：公務員甲與其妻乙共同收受賄賂，甲、乙應如何處斷？甲與乙共同殺害甲父丙，甲、乙應如何處斷❷❸❸？

參考解答

一、純正身分犯與不純正身分犯的意義

（參考前述內容，於此僅補充一則實務見解）「刑法上之身分主要可分構成身分與加減身分，前者指構成要件上之身分，以具一定身分為可罰性基礎者，如公務員貪污之各種犯罪所規定之身分（學理上稱之為純正身分犯），其共同實行、教唆或幫助者，雖無特定身分，依刑法第三十一條第一項規定，仍以正犯或共犯論，僅得減輕其刑；後者以具一定身分為刑之加重減輕或免除原因者稱之，如殺直系血親尊親屬罪所定之身分（學理上稱之為不純正身分犯），其無特定身分之人，依刑法第三十一條第二項之規定，科以通常之刑。（最高法院 102 年臺上字第 1203 號判決）」

二、公務員甲與其妻乙共同收受賄賂

㈠針對不法身分的犯罪參與問題，刑法第 31 條第 1 項規定：「因身分或其他特定關係成立之罪，其共同實行、教唆或幫助者，雖無特定關係，仍以正犯或共犯論。但得減輕其刑。」

㈡公務員甲與其妻乙共同收受賄賂，涉及犯罪參與人不具有特定主體資格時，是否得以成立正犯的問題。2005 年刑法修正後，於第 31 條第 1 項特別將「共同『正犯』」的擬制成立予以明文化（條文：「無特定關係者以『正

---

❷❸❸ 95 年高考三級一般行政考題。

犯』論」），據此，甲、乙均成立收賄罪的共同正犯。

三、甲與乙共同殺害甲父丙

㈠針對罪責身分的犯罪參與問題，刑法第 31 條第 2 項規定：「因身分或其他特定關係致刑有重輕或免除者，其無特定關係之人，科以通常之刑。」就此不純正身分犯的犯罪參與規定，如：乙教唆甲殺甲父，或案例事實的甲、乙共同殺害甲父。

㈡依最高法院 27 年上字第 1338 號判例：「本條項非僅為無特定關係之人定科刑之標準，即論罪亦包括在內，不能離而為二，此細繹該條項規定之意旨自明。被害人原非上訴人之直系血親尊親屬，並無刑法第二百七十二條之身分關係，縱上訴人對於該被害人之直系血親卑親屬教唆其殺害，或與之共同實施殺害，不得不負共犯責任，但應仍就其實施或教唆之情形，適用刑法第二百七十一條第一項，論以普通殺人之教唆或正犯罪刑，不能論以殺直系血親尊親屬之罪，而科以普通殺人罪之刑。」據此，甲殺害其父丙，固應同時實現刑法第 271 條第 1 項故意殺人既遂罪與刑法第 272 條第 1 項殺直系血親尊親屬既遂罪，由於兩罪保護法益同一，為避免重複評價，依法條競合（之特別關係），僅適用殺直系血親尊親屬既遂罪。

㈢由於乙、丙間不具父子關係，乙僅與甲成立刑法第 271 條第 1 項共同殺人既遂罪，並且依上開判例，科以該條（通常）之刑。

?

　　甲為公務員，其非公務員之妻子乙因聽聞甲談及某處農地將變更為建築用地，乃暗中向建築商人丙索求某古董作為其夫幫忙之報酬。丙應允後，乙藉口係以數萬元之代價向丙價購所得，而囑不知情之甲於下班後至丙宅將該古董攜回。試問甲、乙應否負何刑責[239]？

　　公務員甲係安分守己的公務員，從不收受賄賂，丙欲行賄甲，即打電話給甲之妻乙，乙係一愛錢的婦人，即跟甲夫說，有人會將會錢拿給他，甲因而收受丙所交付之錢，問甲、乙如何處斷❷❹❶？

參考解答

一、甲所為欠缺收賄故意，不構成犯罪

　　依題旨，甲雖具備公務員的身分，然其對於收賄並「不知情」；既不知情，根本就欠缺收賄故意，從而也無法與外在收取利益的行為相結合，建構出收賄罪的不法內涵。客觀行為不具有貪瀆性，甲所為不構成犯罪。

二、乙「利用」有身分的公務員收賄之行為，原則上亦不構成犯罪

　　㈠依照多數學說對間接正犯的描述，間接正犯有兩個重要特徵，一是利用「人」作為犯罪工具，二是利用該工具「實現構成要件」。

　　㈡間接正犯既係利用他人完成「自己的犯罪」，則於利用他人從事身分犯罪的情形，亦應以利用人本人具備身分為前提。舉例：A 男強迫生母 B 殺嬰，利用人並不成立生母殺嬰罪的間接正犯，而僅成立普通殺人罪。質言之，在身分犯或己手犯的情形，構成要件對於非歸責（義務）主體的被利用者是否具備行為主體資格，根本不感興趣，焦點應該是在「幕後者」；如利用人欠缺身分，非難基礎即不存在，除非法有明文規定處罰，如作為截堵構成要件的「『使』公務員登載不實」（刑法第 214 條），否則利用人應不成立間接正犯。

❷❸❾ 96 年原住民特考一般行政考題。
❷❹❶ 95 年調查局法律實務組考題。

㈢然而，院字第 785 號解釋❷⁴¹卻針對收賄罪作了相異的處理，肯定無身分者利用有身分而不知情之人收賄，仍可成立間接正犯！

> 甲男與乙女為男女朋友，乙女任職於某公司擔任會計工作。甲男因生活奢華，需大量金錢，遂不斷甜言蜜語對乙女表示，為了兩人結婚後之創業基金所需，要求乙女利用職務之便挪用公司資金。乙女為甲男之言語迷惑，兩人共同策劃，在半年內挪用乙女公司資金共 1 千萬元。後來東窗事發，乙女被依刑法第 336 條第 2 項業務侵占罪移送法辦。試問甲男可否與乙女論以刑法第 336 條第 2 項業務侵占罪之共同正犯❷⁴²？

參考解答

一、業務侵占罪之成立，以因執行職務而持有他人之物為前提，依實務見解，必行為人先合法持有他人之物，而於持有狀態繼續中，擅自處分，或易持有為所有之意思，而逕為所有人之行為，始克相當。本題中，乙因為職員關係持有公司金錢，並意圖為自己或第三人不法之所有，做出易持有為所有的侵占行為，應構成業務侵占罪。

❷⁴¹ 司法院院字第 785 號解釋：「在主觀主義固不認間接正犯，但就現行刑法解釋，仍有間接正犯問題發生。原呈所舉兩例，皆當以間接正犯論。」（原呈謂：刑法上認有間接正犯與否，學說上本不一致，如認有間接正犯，無刑法上特定身分之人，利用有身分者犯因特定身分而成立之罪，能否成為該罪之間接正犯，更一問題。一說謂無身分者之欠缺身分之原因，如係事實上欠缺者，得以事實關係補充，例如女子利用無負責能力男子強姦他女子，得成立間接正犯；其係法律上欠缺者，則非事實關係所能補充，例如常人利用公務員無意中於其職務上取得之財物，但成詐欺取財罪，不能成收賄罪之間接正犯等，究應如何主張。）

❷⁴² 99 年高考三級政風考題。

二、甲成立業務侵占罪之共同正犯（刑法第 336 條第 2 項、第 31 條第 1 項）

㈠普通侵占罪，行為人必須易持有為所有，為純正身分犯；業務侵占罪，行為人係基於業務關係，易持有為所有，為純正身分犯與不純正身分犯的結合，學說上有稱為「雙重身分犯」者❷⁴³。

㈡題示情形的「雙重身分犯罪參與問題」，實務係依刑法第 31 條第 1 項處理（28 上 2536 判例、70 臺上 2481 判例）；本題中，無業務關係的甲與有業務關係的乙就侵占行為有共同犯罪計畫與共同實行行為，依前述實務見解，成立業務侵占罪之共同正犯。依 2005 年新修正刑法，乙並得減輕其刑。

七、必要的參與犯

㈠概念說明

必要的參與犯，意指刑法分則中存在若干構成要件，必須有兩個以上的行為人共同參與，才能夠實現。於 2005 年刑法修正前，由於「共犯」的概念涵蓋共同正犯，所以又稱為「必要共犯」。詳言之，有些犯罪行為，因其特定的方式或立法要求，導致構成要件的實現一定要有多數人的共同協力加工❷⁴⁴。

---

❷⁴³ 要構成第 335 條的侵占罪，必須行為人「易持有為所有」。關鍵既然在於必須「先持有他人之物」，這個條文自然是個純正身分犯。講白些，手上沒有東西，侵占罪根本無由成立。隔壁的公務或業務侵占罪，則是在必須「先持有他人之物」的要件外，更加上基於「公務或業務」之關係。既然有這層關係會被加重處罰，第 336 條自然屬於在純正身分犯的基礎之上所為的加重處罰規定，而被稱為「雙重身分犯」。

❷⁴⁴ 事實上，殺人罪或竊盜罪在觀念上也要求必須存在被殺者或被竊者，此等犯罪類型之所以不在對向犯（必要參與犯）的概念範疇，根本原因即在於欠缺多數人「共同協力或加工」的相互參與行為 (wechselseitige Teilnahme)。觀念參考 Geisler, Korruptionsstrafrecht und

簡單的例子如：「聚眾」妨害公務（刑法第 136 條第 1 項），就一定要聚集多數人，於公務員依法執行職務時施以強暴脅迫，若沒有多數人，根本無法該當「聚眾」；再如：通姦罪（刑法第 239 條），如果沒有兩個人（至少有一方有配偶），怎麼互為性交？

? 何謂共同正犯？甲、乙、丙、丁四人在公共場所打麻將賭博財物，是否構成共同正犯❷❹❺？

「共同正犯」與「對向犯」皆屬二人以上實行犯罪行為所成立的犯罪參與型態，試問二者組成結構有何差異❷❹❻？

問題解析

一、依最高法院 81 年臺非字第 233 號判例：「共犯❷❹❼在學理上，有『任意共犯』與『必要共犯』之分，前者指一般原得由一人單獨完成犯罪而由二人以上共同實施之情形，當然有刑法總則共犯規定之適用；後者係指須有二人以上之參與實施始能成立之犯罪而言。且『必要共犯』依犯罪之性質，尚可分為『聚合犯』與『對向犯』，其二人以上朝同一目標共同參與犯罪之實施者，謂之『聚合犯』，如刑法分則之公然聚眾施強暴、脅迫罪、參與犯罪結社罪、輪姦罪等是，因其本質上即屬共同正犯，故除法律依其首謀、下手實施或在場助勢等參與犯罪程度之不同，而異其刑罰

Beteiligungslehre, 2013, S. 246 f.

❷❹❺ 93 年三等警特考題。

❷❹❻ 97 年高考三級一般行政考題。

❷❹❼ 按，1992 年當時的刑法，所謂的「共犯」是採取廣義解釋，涵蓋共同正犯。

之規定時，各參與不同程度犯罪行為者之間，不能適用刑法總則共犯之規定外，其餘均應引用刑法第二十八條共同正犯之規定。而『對向犯』則係二個或二個以上之行為者，彼此相互對立之意思經合致而成立之犯罪，如賄賂❷❹❽、賭博、重婚等罪均屬之，因行為者各有其目的，各就其行為負責，彼此間無所謂犯意之聯絡，苟法律上僅處罰其中部分行為者，其餘對向行為縱然對之不無教唆或幫助等助力，仍不能成立該處罰行為之教唆、幫助犯或共同正犯，若對向之二個以上行為，法律上均有處罰之明文，當亦無適用刑法第二十八條共同正犯之餘地。」

二、由上可知，我國實務向來承認並使用「必要共犯」的概念，同時也與學說看法相同，將其再細分為聚合犯 (Konvergenzdelikte) 與對向犯 (Begegnungsdelikte) 兩大類❷❹❾。前者在概念上均屬於刑法分則所特別規定的正犯❷❺⓿；後者比較麻煩，多名參與者既然是由對立的方向以達成相

---

❷❹❽ 惟應注意：「貪污治罪條例第 6 條第 1 項第 4 款之圖利罪，以公務員為犯罪主體，無此身分者，得以依同條例之第三條之規定成立共同正犯者，固以聚合二人以上朝同一目標共同參與犯罪實行之『聚合犯』為限，不包括二個或二個以上之行為，彼此相互對立之意思經合致而成立犯罪之『對向犯』。惟自然人與法人，在法律上各具有獨立之人格，縱使該自然人為法人之負責人，因財產權係各自獨立，法人之財產法益並不完全等同於該法人負責人之財產法益。是公務員即非不得與無此身分之法人之負責人共同圖利該法人，而成立圖利罪之共同正犯。（101 臺上 4999 判決）」

❷❹❾ 此種分類方式應係源自百年前 Freudenthal 於《犯罪的必要參與》(Die Notwendige Teilnahme am Verbrechen) 一書所倡，s. Roxin, AT II, 2003, §26 Rn. 41. 進一步的概念說明，vgl. Geisler, Korruptionsstrafrecht und Beteiligungslehre, 2013, S. 257 ff.

❷❺⓿ 應注意的是：刑法分則中的複數行為主體，其內部關係未必等同於刑法總則犯罪參與中的共同正犯。舉例：就「結夥犯」概念使用而言，儘管結夥者彼此之間仍可能同時成立共同正犯，直接以「三人以上的共同正犯」描述結夥，等於將概念的區別標準單純訴諸人數的差異，完全無法反映出作為加重處罰事由的評價基礎。從犯罪心理學的角度觀察，應是基

同的目標而共同作用，多數見解與我國實務遂認為，為了避免破壞刑法就參與型式的處罰安排，對向犯應排除刑法總則關於犯罪參與規定的適用。舉例：行賄行為只能考慮是否成立行賄罪（不論是否處罰），不再另外成立收賄罪的共同正犯與教唆犯。爭議因此而生：這類主要透過對性犯罪「行為人──被害人」、「優勢──劣勢」的現象觀察所要求的「邏輯上必須的共同作用」(denknotwendig Zusammenwirken㉛)，如何一躍成為排斥刑法總則正犯與共犯規定的特殊參與形式？

(二)刑罰限制問題

即便立法者有意不罰對向犯中的相對人，如果相對人的行為方式超越其角色扮演 (rollenüberschreitender Weise)㉜，換言之，一旦必要參與者的行為逾越了實現構成要件必須的最低共同作用要求 (Mindestmitwirkung)，又該如何？舉例：某甲意圖損害債權人的債權，於自己的房子將受強制執行之際，主動對乙提議，欲將房屋低價賣給乙，乙明知甲的用意，卻因貪小便宜，應允購買。將甲的行為理解為係立法者所預想的構成要件事實範圍，因此不再成立教唆或幫助，技術上或許可通；但，稍微修改一下案例事實，如果是乙

於在場數人間產生的時空上緊密連結，從而導致犯罪更容易於實現，並且升高了法益的被害危險，換言之，是指社會大眾對於三人以上出現在犯罪現場，所造成的侵害恐懼感的體現。據此，我認為結夥的認定無庸比照共同正犯的要件，考慮客觀上是否對構成要件的實現提供重要的肇因貢獻；結夥的內涵與刑法總則的共同正犯並非相同，毋寧是放棄二元參與體系，以「在場」為前提所採行的「擴張行為人」概念思考。拙著，〈竊盜行為的犯罪參與問題〉，《月旦法學雜誌》，第 230 期，頁 213 以下。

㉛ Gropp, AT, 3. Aufl., 2005, §10 Rn. 160 f. 也有意識到此等「共同作用」的說法過於模糊，而刻意加上「必須出於自由意志」的要件者，vgl. Heinrich, AT, 3. Aufl., 2012, Rn. 1376.

㉜ Jescheck/Weigend, AT, §64 V 1., S. 698; Krey/Esser, AT, 4. Aufl., 2011, §30 Rn. 1031.

聽說甲有一棟房屋且手頭很緊，於是主動教唆甲低價賣屋呢？德國與我國實務見解認為對向犯「一律」排除刑法總則犯罪參與規定的適用作法相異，彼邦多數意見認為，後案中乙的行為方式顯然逾越了實現構成要件所必要的參與程度，應成立教唆犯❷⃝。

　　德國在概念思考與適用範圍上的差異，給了我們一個省思「對向犯」的契機：一方面可以認為，當刑法的規定是禁止販賣猥褻物品，也僅處罰販賣者時，透過反面解釋，應可推論立法者是刻意不罰買受者；既然如此，如果還把購買的行為理解為是「教唆或幫助」販賣，進而讓購買者也成為販賣者的共犯，不就破壞了原先的立法決定？另一方面，如果立法者的決定可以被推翻，例如貪污治罪條例對「不違背職務的行賄」不予處罰的立場改變，德國學說與實務所謂「最低限度的共同作用」不罰的原則，似乎也不是那麼理所當然，遑論認為立法者刻意不罰的結論，是來自反面解釋，並非果然存在什麼一般性的特殊參與排除法則。

　　詳言之，不罰的理由可能是：參與者對於自己的法益並不負有保護義務，並且，從共犯處罰根據（法益侵害導向的折衷惹起說）出發，共犯的成立必須以侵害一個相對於其自身，仍是受保護的法益為前提❷⃝。就此，除了重利

---

❷⃝更詳細的討論見林書楷，《刑法總則》，2014，頁 402 以下。應注意的是，若立法者預設不罰的必要參與者，剛好也是構成要件所要保護的對象（被害人）時，如：積極找人借款並表示願付高額利息（刑法第 344 條）、未滿 16 歲的未成年男女刻意找成年男女性交或猥褻（刑法第 227 條）等，即便行為方式有所逾越（積極參與自我侵害），對被害人仍不能適用刑法總則的犯罪參與規定處罰。

❷⃝ Roxin, a.a.O., §26 Rn. 44 f. 自己參與侵害自己的法益，刑法不加以處罰。（如：不處罰自殺、自傷或自毀所有物等行為；囑託他人殺、傷自己，如沒死，不會構成加工自殺罪（刑法第 275 條後段）或加工自傷罪（刑法第 282 條後段）的教唆犯。國內有學說指出，為何此種情形，構成要件所保護的被害人不會因其參與而具有可罰性，理由不在於對向犯的概念，

罪與未成年人合意性交猥褻罪外,如:媒介性交猥褻罪(刑法第 231 條第 1
項)、媒介未滿 16 歲之男女為性交猥褻罪(刑法第 233 條第 1 項)、販賣猥褻
物品罪(刑法第 235 條第 1 項),都是一樣的道理,不會成立教唆或幫助犯。
另一種不罰的理由,則是參與者處於類似緊急避難的立場❷55,如:教唆他人
藏匿自己(刑法第 164 條第 1 項)。就此,實務亦特別指出:「犯人自行隱避,
在刑法上既非處罰之行為,則教唆他人頂替自己以便隱避,當然亦在不罰之
列。(最高法院 24 年上字第 4974 號判例)」以彰顯對於人性自我保護的尊
重❷56。

　　總結而言,不論是必要的參與犯或其中的對向犯概念,其實都是對現象
的觀察,而不是真的一定能把參與型式切割為同方向的共同加工(聚合犯)
與不同方向的合致加工(對向犯),遑論進一步以此概念推導出不罰的結論。
簡之,對參與者是否處罰與能否適用刑法總則的犯罪參與規定,實際上是透
過立法政策的決定與個別的構成要件解釋而得知,並不是來自什麼高深的一

而是因為欠缺共犯的處罰基礎──該構成要件的法益對於從事教唆或幫助的被害人欠缺保
護價值,因為任何人都無法以具有刑法意義的方式攻擊自己的法益。許澤天,〈對向犯之研
究〉,《成大法學》,第 19 期,2010.6,頁 51。

❷55 Roxin, a.a.O., §26 Rn. 46 ff.

❷56 惟教唆他人於自己成為被告的案件偽證,實務卻持否定立場:「按刑法上之偽證罪,不以結
果之發生為要件,一有偽證行為,無論當事人是否因而受有利或不利之判決,均不影響其
犯罪之成立。而該罪所謂於案情有重要關係之事項,則指該事項之有無,足以影響於裁判
之結果而言。被告在訴訟上固有緘默權,且受無罪推定之保障,不須舉證證明自己無罪,
惟此均屬消極之不作為,如被告積極教唆他人偽證,為自己有利之供述,已逾越上揭法律
對被告保障範圍。最高法院二十四年上字第四九七四號判例謂『犯人自行隱避,在刑法上
既非處罰之行為,則教唆他人頂替自己,以便隱避,當然亦在不罰之列』,乃針對刑法第一
百六十四條第二項頂替罪所作之解釋,尚不得比附援引,藉為教唆偽證罪之免責事由。(97
臺上 2162 判決)」

般性（必要參與）原則或行為方式是否超越最低限度的共同作用。舉例：「購買」侵害著作權的光碟不會成立重製罪的教唆犯，為什麼唆使他人違法「散布」光碟，就會成立❼？

✦ 八、犯罪參與的中止問題

㈠概　說

> 甲見丁身懷數萬現金，遂起意夥同乙搶劫之，丁向其二人苦苦哀求，表示該現金為其幼子的救命錢，乙心生同情，道德勸說甲放棄，遭甲拒絕，乙無奈只好轉身離去，甲仍續行強盜丁之財物得手❼。

　　本書於論述「中止犯」時曾提及：如果行為人在犯罪還有機會實現的情況下，「自願放棄」犯罪行為的繼續完成，甚至不願意坐等犯罪計畫付諸實現，轉而積極的去阻止犯罪結果發生，那麼犯行失敗的原因既然是來自行為人自己的決定，刑法對於這種在態度上已然轉變的人，於未遂犯罪成立後，從刑事政策的需罰性角度考量，其刑罰的必要性顯然已經減少或消滅；既然

---

❼ 許澤天，前揭文，頁 60 以下（該文並介紹德國 Gropp 教授所謂「離心犯」與「向心犯」的處理方式）；林書楷，前揭書，頁 404 以下。評論亦見柯耀程，《刑法釋論 I》，2014，頁 595 以下。

❼ 100 年三等身障特考一般行政考題。類似案例：「甲、乙二人某日侵入丙之住宅搶劫，丙因其父身患重病，適從親友處張羅數萬元擬延醫救治，乃跪地懇求該二人憐憫其情，放其一馬。乙見狀於心不忍，將甲拉出室外，不意甲竟將乙推倒在地，仍返回屋內將該款強取而去。試問甲、乙應否負何刑責？（96 年原住民二等考題）」

犯罪後自首可以減輕其刑，對於犯罪時後悔而使犯行未實現的人，亦應予以減輕或免除刑罰。刑法第 27 條第 1 項因此規定：「已著手於犯罪行為之實行，而因已意中止或防止其結果之發生者，減輕或免除其刑。結果之不發生，非防止行為所致，而行為人已盡力為防止行為者，亦同。」

現在的問題是，如果這個打算放棄的行為人，並不是自己一個人做壞事，而是透過分工合作、利用、唆使或援助別人的方式，共同參與構成要件的實現呢？換句話說，如共同正犯、間接正犯、教唆犯或幫助犯中的一人或數人，於犯罪完成前，放棄或中止其犯罪的決意，而欲從參與關係中脫離時，在犯罪還有實現可能的前提下，是只要自發性的消極放棄就好，抑或不是自己說了算，仍必須積極的去阻止其他人，避免犯罪既遂？

刑法的決定是：「前項規定，於正犯或共犯中之一人或數人，因已意防止犯罪結果之發生，或結果之不發生，非防止行為所致，而行為人已盡力為防止行為者，亦適用之。（第 27 條第 2 項）」言下之意，數人參與犯罪的情形，雖然也可以適用同條第 1 項關於中止犯的效果，並且也一樣可以成立準中止犯，但，這必須以「結果不發生」作為前提；換句話說，若參與者沒有能力阻止其他人繼續犯罪，即不能減輕或免除刑罰，而仍應對於其他正犯繼續實行所實現的犯罪結果負責 ❷❺❾。

---

❷❺❾ 以共同正犯而言，由於是將所有的正犯看做是一個「犯罪共同體」，在中止犯的成立要件上，不論是刑法第 27 條第 2 項、多數學說還是實務，均認為：中止者僅僅放棄犯意而中止行為的繼續實行尚有不足，更須透過阻止其他共同正犯的實行而防止整體犯罪完成為必要；換言之，於著手實行「後」，共同正犯中的一人或數人雖然中止犯行，如果其他共同正犯繼續實行並造成犯罪結果時，仍不能成立中止犯。學說部分參考林山田，《刑法通論（下）》，2008，頁 97 以下；實務見解如：「共同正犯應就全部犯罪結果共負責任，故正犯中之一人，其犯罪已達於既遂程度者，其他正犯亦應以既遂論科。又中止犯仍為未遂犯之一種。共同正犯之一人或數人雖已中止其犯罪行為，尚未足生中止之利益，必須經由其中止行為，予

㈡犯罪參與關係的脫離

　　甲、乙、丙三人欲殺 A，卻無法得知 A 的行蹤。長期與 A 的親戚熟識的丙之友人丁，知道甲、乙、丙三人要殺 A，而在得知 A 的行蹤後，將該訊息告訴了丙。丙又將 A 的詳細行蹤告訴甲、乙，並約好某日共同到 A 的住處殺 A。當天，丙心裡感到害怕而未依約到 A 的住處，也不接甲、乙的電話。甲、乙擔心日後無法掌握 A 的行蹤，因此不等到丙前來就將 A 殺死。試問甲、乙、丙、丁的行為應如何論處❷⁶⁰？

問題解析

一、雖然刑法第 27 條第 2 項規定得有些嚴格，但因為同條第 1 項中止犯的適用必須「已著手於犯罪行為之實行」，故於數人犯罪參與關係的中止，若反悔退出的時間點是在其他行為人動手「前」，依我國實務見解，對於之後其他行為人的行為所造成的結果，即不須負擔責任；換句話說，如果犯罪參與者在其他人著手「前」脫離時，即與中止犯的規定無涉❷⁶¹。

其他共犯以實行之障礙；或勸導正犯全體中止；或有效防止其犯罪行為結果之發生；或其犯罪行為結果之不發生，雖非防止行為所致，而行為人已盡力為防止行為者，始能依中止未遂之規定減輕其刑。(101 臺上 628 判決；99 臺上 4632 判決、96 臺上 2883 判決均同旨)」

❷⁶⁰ 101 年鐵路特考高員三級政風考題。

❷⁶¹「脫離者於共謀或教唆、幫助後，其他人著手實行前向其他參與者表達脫離的意思並獲得瞭解時，對於之後其他人的實行行為，無須負責；若在陰謀階段脫離者，以有處罰陰謀罪規定為限，成立陰謀罪，若在預備階段脫離者，則以有處罰預備罪規定為限，僅成立預備罪」。參考陳子平，〈共同正犯的脫離與中止〉，《月旦裁判時報》，創刊號，頁 146。實務見解如：「按中止犯之成立，以已著手於犯罪行為之實行，因己意中止或防止其結果之發生為要件。倘事前同謀或參與犯罪之預備行為，但於著手於犯罪行為之實行前，中止其共同犯

二、不過，誠如林東茂教授所指出的：「在承認共謀共同正犯的前提下，著手前退出，如果退出者對於犯罪決議與後續的行動，都具有關鍵的影響力（如退出者是主要的謀士或提供凶器者），此退出者必須設法切斷自己在犯罪行為發展上的因果力。否則，一旦其他正犯既遂，此退出者亦為既遂❷。」申言之，放棄以著手點的前、後作為判準，改以「因果性的切斷」與「結果的發生」，統一解決共同正犯關係的脫離問題❸。

三、申言之，於多數人參與犯罪的情形，若其中一部分人欲中止犯罪的繼續實行，並不以成功阻止其他人完成犯罪為必要，脫離者若能消滅其脫離前所加工之因果影響力，亦得成立未遂犯。理由是：在因果影響力已切斷下，其他未反悔脫離的犯罪參與者可以認為是另起新意從事犯罪，此種情形好比在犯罪進行時因另一無關的犯罪人介入，導致因果關係進行上出現障礙一般，故可認為是（得減輕其刑）障礙未遂❹。

四、有疑義者在於，儘管結果已發生，能否因為脫離者的違法性或罪責已經減弱，基於預防必要性的刑事政策考量，讓其成立中止犯❺？多數學說認為：由於已經出現既遂結果，若仍讓脫離者成立中止犯，不僅會與現

罪之意思，亦未參與犯罪行為之實行，除另有處罰陰謀犯或預備犯之規定，應依該規定論處外，要無成立中止犯之可言。（95 臺上 3251 判決）」

❷ 林東茂，《刑法綜覽》，2012，頁 1-265。這個說法與日本通說（共犯關係脫離論）相同，所謂因果力的切斷，含物理性與心理性的因果力，前者如脫離者曾經提供槍枝，那就要積極取回槍枝；後者如脫離者是犯罪計畫的指揮者，即須積極的阻止其他人實行，而非僅口頭表示退出。更詳細的說明可見余振華，《刑法總論》，2011，頁 436 以下；徐育安，〈共同正犯之既遂、脫離與中止〉，《台灣法學雜誌》，第 181 期，頁 202 以下；謝庭晃，〈共同正犯中止與脫離的減免根據〉，《鳥瞰共同正犯，余振華教授刑法研究會叢書》，頁 199 以下。

❸ 陳子平，〈著手實行前共同正犯關係之脫離〉，《月旦法學雜誌》，第 203 期，頁 176 以下。

❹ 李茂生，〈共犯關係之脫離〉，《月旦法學雜誌別冊》，2000，頁 227。

❺ 甘添貴，《刑法之重要理念》，1996，頁 162、167 以下。

(二)犯罪參與關係的脫離

行法的規定衝突，更容易與中止犯的要件混淆，故以成立障礙未遂為宜❷；切斷關係者所為的真摯努力，則在量刑上予以考量。

五、關於刑法第 27 條第 2 項犯罪參與關係的中止問題，有力學說批評：對於參與犯的中止行為要求高門檻的成立要件（成功阻止結果發生），會否悖離中止犯的立法目的？

㈠依柯耀程教授：「對於共同參與的數人中，其中有一人或數人因己意懊悔，而欲中止其行為，或是也盡力為防果之努力，但終究因他人之行為而使得結果發生，如該行為人無法適用中止之規定，則無異是『一朝入江湖，終身洗不淨』。在這樣的認定關係下，只要有結果發生，不論參與者中有人願意中止，有人盡力防止結果的發生，卻僅因力有未逮，就須全盤抹滅該行為人之中止意思與防果之努力，此無異是叫人自暴自棄，所有詮釋中止的刑罰理論，在這種情形下，似乎都無用武之地，其既不願意為迷途知返之參與人，搭造一條黃金橋；連獨木橋都不肯，更遑論獎賞或宥恕❷。」

㈡依黃惠婷教授：「參與者既然已放棄自己的參與，則整體的犯罪能量已減少，基於高危險性而提高中止犯的門檻規定，實難以自圓其說。其次，在刑事政策上，行為人本身已儘可能地阻止犯罪，適足以減免刑罰，但新法規定參與犯是否成立中止犯，全憑是否有阻止整個犯罪發生，讓自己曾參與的部分完全失效而定。這樣的刑事政策在我國刑法體系中則是罕見；換言之，沒有人會因為不去阻止他人犯罪，而須負刑事責任！尤其對幫助犯而言，提供幫助者的犯罪能量並不高，幫助者即使退出或追回自己的物質幫助時，仍有可能因具有因果關係的精神幫助而無法成立中止犯❷。」

---

❷ 余振華，《刑法總論》，2013，頁 446 以下。

❷ 柯耀程，《刑法概論》，2007，頁 350。

❷ 黃惠婷，〈參與犯之中止犯問題〉，《台灣本土法學雜誌》，第 86 期，頁 29。

刑法構成要件解析

柯耀程／著

　　構成要件是學習刑法入門的功夫，也是刑法作為規範犯罪的判斷基準。本書的內容，分為九章，先從構成要件的形象，以及構成要件的指導觀念，作入門式的介紹，在理解基礎的形象概念及指導原則之後，先對構成要件所對應的具體行為事實作剖析，以便理解構成要件規範對象的結構，進而介紹構成要件在刑法體系中的定位，再次進入構成要件核心內容的分析，從其形成的結構，以及犯罪類型的介紹。本書在各部詮釋的開頭，通常採取案例引導的詮釋方式，並在論述後，對於案例作一番檢討，以使得學習之人，能夠有一個較為完整概念。也期待本書能成為一個對於構成要件的理解較為順手的工具。

三民網路書店 會員
獨享好康 大放送

書種最齊全
服務最迅速

超過百萬種繁、簡體書、外文書 5 折起

通關密碼：A2752

憑通關密碼
登入就送 100 元 e-coupon。
（使用方式請參閱三民網路書店之公告）

生日快樂
生日當月送購書禮金 200 元。
（使用方式請參閱三民網路書店之公告）

好康多多
購書享 3% ～ 6% 紅利積點。
消費滿 350 元超商取書免運費。
電子報通知優惠及新書訊息。

三民網路書店 www.sanmin.com.tw